DESCRIPTION

DES DIVERS PROCÉDÉS DE FABRICATION

DE LA

POUDRE A CANON.

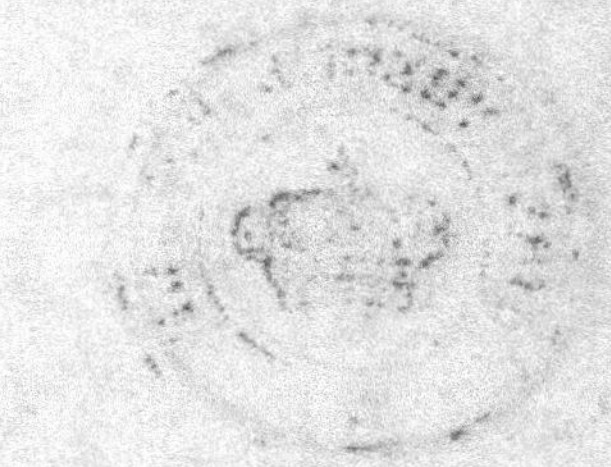

PARIS. — IMPRIMERIE DE BOURGOGNE ET MARTINET,
rue Jacob, 30.

DESCRIPTION

DES DIVERS PROCÉDÉS DE FABRICATION

DE LA

POUDRE A CANON,

DE SES EFFETS

DANS LES BOUCHES A FEU

ET DES DIVERS MOYENS D'ÉPREUVE,

PAR

C. TIMMERHANS.

PARIS,

A. LENEVEU, LIBRAIRE

POUR L'ART MILITAIRE, LA MARINE, LES PONTS-ET-CHAUSSÉES
ET LES MINES,
18, RUE DES GRANDS-AUGUSTINS.

1839.

POUDRE A CANON.

— — — — — — — — —

1. La poudre à canon est un mélange exact de salpètre, de soufre et de charbon.

Le feu étant communiqué à la poudre, une réaction très-vive entre ses principes constituants développe presque instantanèment une masse de gaz dont la tension est très-élevée.

C'est ainsi que la poudre en se comburant, donne naissance à un moteur bien autrement puissant que tous ceux anciennement connus pour lancer les projectiles à de grandes distances avec une force de percussion considérable.

2. L'invention de la poudre est assez généralement attribuée au chimiste anglais Roger Bacon, qui vivait au commencement du 13me. siècle. D'autres prétendent que la poudre était connue longtemps avant cette époque de divers peuples de l'Asie.

Quoiqu'il en soit, ce n'est que pendant le 14me. siècle qu'on en fit usage dans la guerre : les Espagnols s'en servirent au siége de Gibraltar, en 1308 ; en France on vit des bouches à feu en 1338 à Puy-Guillaume, château fort en Auvergne ; en 1340 un magasin à poudre fit explosion à Augsbourg, et la même chose arriva au moulin à poudre de Spandau en 1344, et à celui de Lubeck en 1360; enfin dans la guerre de Venise contre Gènes en 1378, son usage est patent, et fait sur une échelle déja assez grande.

3. L'action de la poudre s'explique facilement.

Les gaz comprimés dans un petit espace, et fortement tendus par l'excessive chaleur que la combustion dégage, exercent contre le projectile dans l'âme du canon des percussions et des pressions qui y accumulent une très-grande vitesse.

4. L'effet produit dépend principalement de la qualité et du dosage des matières, de leur manipulation, de la vitesse de combustion de la poudre, et de la résistance à vaincre.

5. Les bonnes poudres doivent satisfaire à trois conditions principales, savoir :

1°. De se conserver en bon état dans les magasins et dans les transports.

2°. De ne pas être trop offensives aux armes.

3°. De produire des effets utiles, réguliers, et les plus grands qui seront possibles, en observant la seconde condition.

LIVRE I.

MATIÈRES PREMIÈRES.

DU SALPÊTRE.

6. Le salpêtre , nitrate potassique, $n\,^2k$, est un sel neutre qui se compose de 46,56 de potasse (oxide potassique) et de 53 , 44 d'acide nitrique , ou en atômes , de 2 atômes d'acide nitrique $= 677,036$, et d'un atôme d'oxide potassique $= 589,92$. — Il est blanc , et d'une saveur fraiche , piquante , et un peu amère. Il cristallise en prismes hexaèdres terminés par des sommets dièdres. Les cristaux , très-cassans , ont une densité de 1,933 , et sont d'une transparence imparfaite.

Ils renferment une multitude d'intervalles longitudinaux contenant de l'eau mère qui y est retenue par l'attraction capillaire. C'est pour en dépouiller le nitre qu'il est avantageux de troubler sa cristallisation pour obtenir du sel en grains. — Exposé à l'air, le salpêtre ne s'altère que parcequ'il est impur, ou que l'air est très-humide.

Son point de fusion est de 350° C ; en le chauffant au rouge il perd d'abord de l'oxigène, ensuite l'acide nitrique se décompose entièrement, et la potasse reste. — Sa solubilité augmente de beaucoup à mesure que la température de l'eau s'élève, au point que dans l'eau bouillante on peut dissoudre 18,5 fois autant de salpêtre que dans l'eau froide. — Ce caractère que ne partagent point les autres sels avec lesquels on le trouve mêlé sert de base au mode de son raffinage.

7. L'acide nitrique , n , se compose , abstraction faite de l'eau

dont il contient toujours 15 p. °/₀, de 26,15 de nitrogène (azote), et de 73,85 d'oxigène ; ou en atômes, de **2** d'azote = 177,036, et de 5 d'oxigène = 500. Il est très-liquide, blanc, fumant à l'air, sapide et corrosif ; à 18⁴ C il a une densité de 1,510. Il bout à 86° C., et à 50° C. sous zéro il se fige. Chauffé au rouge il se décompose en acide nitreux et en oxigène.

L'acide nitrique qu'on rencontre dans le commerce est extrait du salpêtre, en traitant ce sel par l'acide sulfurique à une température élevée.

8. La potasse k se compose de 16,95 p. d'oxigène, et 83,05 de potassium, ou d'un atôme de potassium = 489,92, et d'un d'oxigène = 100. Elle est blanche, très-caustique, plus dense que l'eau, fusible un peu au-dessous de la chaleur rouge, indécomposable par la chaleur, et très-soluble dans l'eau.

La potasse du commerce est du carbonate mêlé de sulfate et de chlorure potassiques ; on l'obtient par l'incinération des végétaux de la manière suivante :

Dans des fosses en terre, ayant leurs parois bien damées, on place des arbres et des plantes qu'on laisse consumer à petit feu.

Les cendres qui en proviennent sont lavées de la manière qui sera indiquée plus tard pour les plâtras salpêtrés.

La lessive ayant passé plusieurs fois sur des cendres neuves, et marquant 15° à l'aréomètre de Beaumé, est évaporée, et laisse pour résidu une masse d'un brun foncé qu'on nomme le *salin*. Ce dernier est calciné dans des fours à réverbère, et en sort à l'état de potasse, qui, lorsqu'elle est bonne, doit être blanche, légère, poreuse et sonore.

DES NITRIÈRES.

9. Dans des pays chauds, tels que les Indes, l'Egypte, l'Espagne, etc., les nitrates de chaux, de magnésie, et de potasse se forment naturellement dans le terrain même. Il est

probable que le salpêtre se produit alors à quelque profondeur au-dessous de la surface du terrain, et que, dissous plus tard par les eaux pluviales, la grande chaleur de ces climats et l'effet capillaire des terres portent les eaux chargées de salpêtre vers les couches superficielles où elles se vaporisent, et où le salpêtre se dépose sous forme solide.

En lessivant alors les terres salpêtrées, et en faisant évaporer les eaux de lavage on obtient les nitrates susdits.

10. Les opinions des chimistes sur la production des nitrates sont divergentes : les uns soutiennent que la naissance de l'acide nitrique est due au nitrogène qui se dégage des parties animales en putréfaction, et se combine à l'état de gaz naissant avec l'oxigène de l'air, sous des circonstances favorables.

D'après eux, il est indispensable que les terres qui se nitrifient, contiennent des parties animales, car ils n'admettent pas que la combinaison de l'oxigène et de l'azote, que l'air atmosphérique contient, puisse avoir lieu, parcequ'on ne réussit à combiner ces gaz que par l'étincelle électrique, et sous l'influence de l'eau.

Les autres, et parmi eux Longchamp et Davy, nient la nécessité de la présence des parties animales, et soutiennent que les carbonates calcique, magnésique, et surtout potassique, dans un état de division très-grande, et humectés, absorbent l'air, le condensent, et le transforment à la longue en acide nitrique. Quoiqu'il en soit, on convient généralement que les conditions suivantes sont nécessaires à la formation des nitrates :

1°. La présence d'une base puissante, telle que la chaux, la magnésie ou la potasse. Elle doit être dans un état de division très-grande, afin de pouvoir aisément absorber l'air et le condenser.

2°. L'humidité : elle sert, soit à la décomposition des matières animales, soit pour dissoudre les gaz et augmenter ainsi leurs affinités.

3°. Une température élevée environ de 15 à 25° ; sous 0° la nitrification est nulle ou insignifiante.

4°. La lumière sans exposition au soleil.

3°. Le libre accès de l'air : lorsque l'air ne peut pénétrer les matières mises en tas, les corps combustibles se combinent entre-eux, et le nitrogène en s'unissant avec l'hydrogène produit de l'ammoniaque; mais lorsque l'air y circule librement, les mêmes éléments s'oxident et se transforment en acide carbonique, en eau, etc., tandis que le nitrogène passe à l'état d'acide nitrique qui se combine avec les oxides, et forme des sels.

11. Dans les pays tempérés et froids il n'y a que quelques localités abritées, les grottes, les écuries, les caves, etc., où les nitrates se produisent suffisamment pour être exploités. Des établissemens où on réunit les matières propres à la nitrification sous les conditions nécessaires, (nitrières artificielles) produisent beaucoup de nitrates calcique et magnésique, et peu de nitrate potassique, tandis que dans les nitrières naturelles des Indes le dernier prédomine. Les frais de transformation des premiers nitrates en nitrate potassique, et d'extraction de ce dernier, sont très-considérables, et rendent ordinairement peu profitable, à moins d'une production très-active, l'obtention du salpêtre dans les nitrières artificielles.

C'est à ces causes qu'est due la grande importation de salpêtre des Indes en Europe, importation qu'on évalue approximativement à 5,000,000 kgs. par année.

12. Parmi les nitrières artificielles on distingue celles en couches, et celles en murs. Les premières sont en usage en Suède, en Suisse et en France, les autres en Prusse.

13. *Nitrières en Suède.* Dans une petite cabane en bois, dont le sol est planchéié, ou fait d'une argile compacte, on place en tas un mélange de terre ordinaire, de sable calcaire, et de cendres lessivées; le tas est ensuite arrosé avec de l'urine de bœuf ou de vache, et remué de temps à autre, en rejetant les terres alternativement du côté gauche et du côté droit.

Le tas a ordinairement 2 à 2 1|2 pieds de hauteur sur toute l'étendue de la cabane; celle-ci est munie de volets pour empêcher le soleil d'y pénétrer.

14. *Nitrière de Longpont.* Elle est placée dans une carrière où l'air circule facilement.

On y fait une couche de 3 à 4 pieds de hauteur , par lits successifs , de terre et de fumier , chacun environ de 4 pouces
d'épaisseur , en finissant par une couche de terre. On arrose
cette couche avec les eaux des étables ; au bout de deux ans
elle se trouve convertie en terreau qu'on approche de l'entrée
de la carrière , où on le laisse deux années encore , en le
mêlant de temps à autre avec le fumier d'animaux.

15. *Les murs de Prusse.* Sur un sol argileux et battu , on
construit des murs de 3 pieds de largeur à la base , d'un pied
de largeur à leur sommet arrondi , et de 3 pieds de hauteur.
On les dirige (parceque la nitrification est plus active dans
la partie du mur tournée vers le Nord) de l'Est à l'Ouest ,
et on les garantit du soleil et des eaux pluviales par un toit
en paille.

Pour construire les murs on se sert de 4|5 de terre prise
au-dessous du gazon , et de 1|5 de cendres de bois , ou encore
de vieux plâtras de démolition , de terre d'écurie , de bergerie ,
de caves , ou de champs où les moutons ont parqué , de fumiers ,
de chaux , de cendres , etc., le tout est entremêlé de broussailles pour le diviser et pour mieux y faire pénétrer l'air ainsi
que l'urine de bœuf ou de vache dont on l'arrose.

L'exploitation des nitrières dure du mois de mars jusqu'à la
fin de l'automne. Dès que le salpêtre s'effleurit à la surface , on
râcle cette dernière , et on réunit toutes ces terres pour les
laver.

EXTRACTION DU NITRATE POTASSIQUE.

16. L'extraction du nitrate potassique comprend plusieurs
opérations distinctes , qui sont :

a Le lavage des matières salpêtrées afin de séparer les
nitrates des matières insolubles.

b La transformation des divers nitrates en nitrate potassique en mêlant avec les eaux de lavage un sel de potasse

c L'évaporation des eaux de lavage pour que le salpêtre
puisse se cristalliser.

d Le raffinage du salpètre.

17. *Lavage des terres salpêtrées.*

Pour faire le lavage des terres avec économie de combustible, il est essentiel de n'employer que la moindre quantité d'eau possible, afin d'en avoir moins à évaporer lorsqu'on veut cristalliser le salpètre. Pour cela il est nécessaire de verser à plusieurs reprises de moindres quantités d'eau que celles qu'il serait nécessaire d'y verser pour en extraire, en une seule fois, tout le salpètre qu'on veut en retirer ; en outre il est avantageux de passer plusieurs fois les eaux de lavage sur de nouvelles terres salpêtrées, pour les amener toutes au degré de saturation nécessaire. — Prenons un exemple pour éclaircir ceci, et supposons dans un cuvier, muni d'une chante-pleure, 200 décimètres cubes de terres salpêtrées contenant 8 p. % ou 8 kilogs. de salpètre.

En y versant 100 litres d'eau qui suffisent pour submerger les matières, et en ouvrant après 12 heures de contact la chante-pleure, il n'y aura que 50 litres de liquide, contenant 4 kilogs. de nitre qui s'écouleront ; les 50 autres seront retenus par l'effet capillaire des terres. — En versant de nouveau 50 litres d'eau sur celles-ci, et en ouvrant, après le tems nécessaire, la chante-pleure, on retirera du cuvier 50 litres de liquide contenant 2 kilogs. de salpètre, et ainsi de suite, de sorte que chaque nouveau lavage, avec la même quantité d'eau, soutirera des terres la moitié du reste du salpètre qu'elles contenaient encore. Si on se borne à quatre lavages, on aura employé $100 + 3 \times 50$ litres d'eau, donc 200 litres contenant $4 + 2 + 1 + 0,50 = 7,50$ kg. de salpètre, se seront écoulés du cuvier. — Si on avait voulu retirer en une seule fois ces 7,5 kg. de salpètre, il aurait fallu employer 800 litres d'eau, par la raison que les 50 litres qui seraient restés dans les terres n'auraient dû contenir que 0,5 kg. de nitre. — Il suit de là qu'en adoptant l'un ou l'autre mode, les quantités d'eau à évaporer pour obtenir la même quantité de salpètre sont comme $200 : 750 = 1 : 3,75$.

On voit aisément que l'on pourrait encore augmenter cette

économié en se servant de plusieurs cuviers contenant des matières salpêtrées, et en repassant les eaux qui s'écoulent du premier successivement sur les autres. — Soient par exemple, deux cuviers contenant des terres salpêtrées : en versant les 100 litres provenant des deux premiers lavages des terres du premier cuvier sur les terres du second que je suppose également de 200 décimètres cubes, contenant 8 kgs. de nitre, l'on en retirera 50 litres de liquide qui contiendront $\frac{8+6}{2} = 7$ kgs. de salpêtre, c'est-à-dire, la moitié du salpêtre contenu dans les eaux de lavage employées, et dans les terres sur lesquelles on les a versées. — Si l'on avait voulu extraire cette quantité de salpêtre en une seule fois des terres d'un cuvier, on aurait dû y verser 400 litres d'eau qui en auraient laissé écouler 350, de sorte que les quantités d'eau à vaporiser pour obtenir la même quantité de salpêtre seraient dans ce cas $= 350 : 50 = 7 : 1$.

18. Pour lessiver les terres d'après les principes posés, on place, sur des chantiers élevés de $0^m,1$ à $0,^m12$ au dessus du sol, des tonneaux qui à leur partie inférieure sont percés d'un trou dans lequel on introduit une chante-pleure. On maintient cette ouverture libre en la garnissant d'un bouchon de paille. Ces précautions prises, on remplit les tonneaux de matières salpêtrées, et on en presse un peu la surface supérieure, jusqu'à ce qu'elle présente une légère concavité qui empêche les eaux de s'écouler trop rapidement le long des parois. On immerge ensuite ces terres, et on y laisse l'eau pendant le temps nécessaire à la dissolution du salpêtre. Les tonneaux sont ordinairement placés sur trois rangs, dont le premier contient les terres neuves, le second celles qui ont déjà subi un lavage, et le troisième celles qui ont été lavées deux fois. Le long de chaque bande règne une rigole qui conduit les eaux dans des recettes.

19. On lave encore les terres dans des caisses en bois de chêne (Figs. 1, 2, 3, pl. Ire) de 4 m. de longueur, 1 de hauteur, 2 de largeur à la partie supérieure, et 1,3 à la partie inférieure.

Ces caisses sont percées le long de l'une des grandes faces, et presqu'au niveau du fond, de trous *a. a.*, munis de chante-pleures ; le fond est en plan incliné, et s'élève de $0,^m1$ vers la paroi non percée ; dans l'intérieur des caisses on pose obliquement sur les ouvertures une planche percée d'un grand nombre de trous, que l'on couvre d'une claie d'osier pour ne pas boucher ces derniers.

Les caisses doivent être solides et munies de ferrures, comme la figure l'indique ; elles sont placées sur un plancher *g g* qui aboutit à un cheneau *h*, creusé en rigole, et légèrement incliné vers la recette.

Pour procéder au lavage on se sert de deux caisses chargées avec des terres neuves ; on verse sur les terres de la première l'eau nécessaire, qu'on y laisse séjourner jusqu'au lendemain. On y verse successivement de nouvelles eaux avec lesquelles on agit de même ; celles qui sont trop faibles passent sur les terres de la seconde caisse, et toutes sont ainsi amenées à une densité telle qu'elles marquent 10° à 14° à l'aréomètre de Beaumé.

CONVERSION DES NITRATES ÉTRANGERS EN NITRATE POTASSIQUE.

20. Les eaux de lavage que l'on obtient ainsi contiennent, outre le salpêtre, divers autres nitrates et chlorures, des matières organiques solubles, et quelquefois des carbonates acides. Les nitrates qu'on y rencontre ordinairement sont ceux de chaux et de magnésie, et les chlorures, ceux de sodium (sel marin), de potassium, de calcium et de magnésium.

Les eaux de lavage des bons plâtras de Paris contiennent environ :

Nitrate et chlorure potassiques. . . . . — 10
Nitrates calcique et magnésique. . . . . — 70
Chlorure sodique. . . . . — 15
Chlorures calcique et magnésique. . . . . . . — 5
                                                  ——
                                                  100

21. Pour convertir les nitrates étrangers en nitrate potassique, on mêle aux eaux de lavage une dissolution de carbonate ou de sulfate potassique, ou l'on fait passer les eaux sur des lits de cendres.

Lorsqu'on emploie un sel de potasse, l'on préfère le carbonate au sulfate, parceque les carbonates calcique et magnésique qui se forment sont insolubles dans l'eau, à moins que celle-ci ne contienne de l'acide carbonique, tandis que des sulfates calcique et magnésique qu'on obtiendrait en employant le sulfate potassique, le premier est assez soluble dans l'eau, et le second l'est moins.

22. On dissout le carbonate potassique dans le double de son poids d'eau, et on mêle cette dissolution avec les eaux de lavage; par le changement de base il se forme alors des carbonates calcique et magnésique qui se déposent, et en décantant la liqueur, celle-ci ne contient plus que du nitrate potassique (1), des chlorures potassique et sodique, des parties organiques solubles, et des carbonates que l'excès d'acide tient en dissolution.

23. Lorsqu'on veut employer les cendres, on se sert d'un cuvier à double fond, dont le premier est percé de trous; on place sur ce fond de la paille qu'on recouvre d'une grosse toile sur laquelle on charge par lits successifs des cendres mouillées qu'on comprime. La surface supérieure est un peu creusée pour y placer une corbeille à travers laquelle on verse les eaux de lavage qu'on laisse séjourner le temps nécessaire sur le cendrier.

24. Dans quelques localités on faisait jadis simultanément le lavage des terres salpêtrées et la conversion des nitrates étrangers en nitrate potassique. A cette fin les cuviers étaient chargés par lits successifs alternativement de matières salpêtrées et de cendres; on entremêlait les terres de broussailles pour

---

(1) Le carbonate potassique décompose également les chlorures calcique et magnésique.

qu'elles pussent bien s'imbiber de l'eau dont on les arrosait, et on y laissait séjourner cette eau pendant 24 heures.

Ce mode est aujourd'hui abandonné, parceque le carbonate calcique qui se formait par la décomposition des sels étrangers empêchait l'écoulement des eaux de lavage.

PREMIÈRE CUITE.

25. Dans le but de débarrasser la lessive obtenue des chlorures, des carbonates acides, et des parties organiques en dissolution, on lui fait subir des cuites qui concentrent la liqueur, et font précipiter en grande partie les chlorures moins solubles dans l'eau chaude que le salpêtre ; en même temps les carbonates se précipitent dès que par l'action de la chaleur, d'acides ils sont devenus neutres ; et enfin les parties organiques sont décomposées, et leurs résidus entraînés sous forme d'écume à la surface du liquide.

Pour faire la première cuite, on met la liqueur dans un chaudron de cuivre sur un feu modéré, et l'on a soin à mesure qu'elle se vaporise d'y ajouter de nouvelle liqueur par petites portions, afin de prévenir un refroidissement trop considérable.

Au centre de la liqueur on suspend un petit chaudron évasé pour recueillir en grande partie les précipités qui sont amenés de la périphérie vers le centre par le mouvement des eaux que l'ébullition occasionne ; on vide ce petit chaudron de temps à autre.

Dès que la liqueur entre en ébullition, il apparaît à sa surface une grande quantité d'écume blanche due aux parties organiques, qu'on enlève. Plus tard le liquide se trouble, l'excès d'acide carbonique qui rendait solubles les carbonates de chaux et de magnésie, se volatilise, et ceux-ci devenus neutres sont insolubles, et se précipitent dans le petit chaudron et sur les parois du grand. Vers la fin de la cuite, et à mesure que la liqueur se concentre, les chlorures qui ne sont pas beaucoup plus solubles dans l'eau chaude que dans l'eau froide, se précipitent en grande partie, et on les retire avec l'écumoire. Arrivé à ce point, on modère un peu le feu pour obtenir la cristallisation des sels étrangers avec régularité. La cuite dure de 18 à 24 heures, jusqu'à ce que la liqueur marque 32° à l'aréomètre de Beaumé, ou que les gouttes qu'on en fait tomber sur un corps froid et uni se figent. On y mêle enfin un peu de sang de bœuf dont l'albumine, en se coagulant, entraîne les parties impures vers la surface, puis on décante avec des puisoirs la liqueur pour la verser dans des bassins plats de cuivre, où le salpêtre se cristallise dès que la température des eaux s'abaisse.

On enlève les cristaux et on les lave avec de l'eau froide, en les mettant à cette fin dans des paniers d'osier, ou dans des caisses à fonds percé.

Le salpêtre que l'on obtient ainsi est appelé salpêtre de 1re cuite.

Dans de grandes fabriques la cristallisation du salpêtre de 1re cuite se fait absolument comme il sera expliqué plus tard, en parlant du raffinage du salpêtre.

Les eaux surnageantes, appelées eaux mères, contiennent encore un peu de salpêtre. On les utilise en les mêlant avec des eaux de cuite, jusqu'à ce qu'à la fin les eaux mères étant devenues trop pauvres, ce qu'on reconnaît lorsqu'elles sont fortement colorées, on les verse sur les plâtras.

Quant au salpêtre que contiennent les dépôts terreux et les écumes, on les en dépouille au moyen de lavages.

DU RAFFINAGE DU SALPÊTRE.

---

26. Nous avons déjà fait observer que le nitrate potassique est beaucoup plus soluble dans l'eau chaude que dans l'eau froide, caractère que ne partagent pas, à beaucoup près, au même degré, les autres sels avec lesquels on le trouve mêlé.

Voici des tables de solubilité des sels que l'on trouve ordinairement dans les eaux de cuite :

I. TABLE DE SOLUBILITÉ DU NITRATE POTASSIQUE DANS 100 PARTIES D'EAU.

TEMPÉRATURE.	QUANTITÉ DE NITRE DISSOUS DANS 100 PARTIES D'EAU.
0°,0 Centigrades.	13,32 d'après Cotty.
5°,0 — » — » — »	16,60.
10°,0 — » — » — »	20,55.
15°,0 — » — » — »	25,49.
20°,6 — » — » — »	31,75.
25°,0 — » — » — »	39,85.
30°,0 — » — » — »	45,90.
35°,0 — » — » — »	54,35.
40°,0 — » — « — »	63,80.
45°,0 — » — » — »	73,95.
50°,0 — » — » — »	85,00.
55°,0 — » — » — »	97,70.
60°,0 — » — » — »	110,70.
65°,0 — » — » — »	124,51.
70°,0 — » — » — »	137,60.
75°,0 — » — » — »	154,10.
80°,0 — » — » — »	170,80.
85°,0 — » — » — »	187,90.
90°,0 — » — » — »	205,05.
95°,0 — » — » — »	225,60.
100°,0 — » — » — »	246,15.

II. TABLE DE SOLUBILITÉ DU CHLORURE SODIQUE.

TEMPÉRATURE.	QUANTITÉ DE SEL DISSOUS DANS 100 PARTIES D'EAU.
13°,88 — ‭ᴅ‬ —	35,81 d'après Gay-Lussac.
16 ,88 — ᴅ —	35,88.
59 ,92 — ᴅ —	37,14.
109 ,73 — ᴅ —	40,08.

III. TABLE DE SOLUBILITÉ DU CHLORURE POTASSIQUE.

TEMPÉRATURE.	QUANTITÉ DE SEL DISSOUS DANS 100 PARTIES D'EAU.
0°,0 — ᴅ — ᴅ	29,2.
19°,3 — ᴅ — ᴅ	34,5.
52°,4 — ᴅ — ᴅ	43,6.
79°,6 — ᴅ — ᴅ	50,9.
109°,6 — ᴅ — ᴅ	59,3.

Quant aux chlorures magnésique et calcique qui, au reste, ont été décomposés en opérant la conversion des nitrates étrangers en nitrates de potasse, ils sont extrêmement déliquescents.

Le point d'ébullition d'une solution saturée de salpêtre, et la quantité de ce sel que 100 parties d'eau peuvent alors dissoudre, sont indiqués par divers auteurs ainsi qu'il suit :

POINT D'ÉBULLITION.	QUANTITÉ DE SALPÊTRE DISSOUS DANS 100 PARTIES D'EAU.	AUTEURS.
114°,3 —	284.0 —	Griffiths.
115°,0 —	300,0 —	Ure , Peclet.
121°,25 —	336,0 —	Gay-Lussac.
116°,87 —	350,0 —	Meyer.

27. Lorsqu'on fait dissoudre ensemble du nitrate potassique et du chlorure sodique , la solubilité du premier devient un peu plus grande ; la raison en est (Berzelius , Chimie , tome 1 , p. 462) que jusqu'à un certain degré il s'opère alors un échange entre les bases et les acides , de manière qu'on a dans la dissolution quatre sels au lieu de deux , savoir : les nitrates potassique et sodique , et les chlorures des mêmes bases dont les trois derniers sont très-déliquescents.

Une dissolution saturée de nitre versée sur du salpêtre qui contient du sel marin , dissout encore une nouvelle quantité de salpêtre , environ $\frac{1}{77}$ et plus du poids du sel marin.

28. Le raffinage du salpêtre de 1re. cuite , qui contient ordinairement 25 p. °$/_0$ de parties étrangères composées principalement de chlorures sodique et potassique , se fonde sur les degrés de solubilité que je viens d'indiquer.

On voit en général qu'on peut y parvenir , soit en le lavant avec de l'eau froide , qui dissoudra peu de salpêtre et beaucoup de chlorures , soit en fesant subir à la liqueur des cuites qui en la concentrant tiendront la majeure partie du salpêtre en dissolution , et précipiteront les sels étrangers. Ce dernier procédé compte plusieurs modifications ; celle qu'on suit en France est la suivante :

29. Une chaudière de cuivre troncconique est chargée , la veille du jour que le raffinage doit se faire , d'une partie de

salpêtre et d'une demi partie d'eau , prises au poids (ordinairement on prend 1200 kg. de salpêtre et 600 kg. d'eau). On
y laisse dissoudre le salpêtre pendant la nuit , en entretenant
sous la chaudière un feu modéré , puis on y verse de nouvelles quantités de salpêtre jusqu'à ce que son poids total soit
environ 5 à 6 fois celui de l'eau. Pendant qu'on ajoute successivement le sel , on active le feu , on brasse bien, et on
enlève l'écume à mesure qu'elle se présente. Les chlorures se
précipitent pendant l'opération sur le fond de la chaudière ,
ce qu'on tâche de favoriser en ajoutant à la liqueur de tems
à autre de l'eau froide , jusqu'à concurrence de 13 p. % du
salpêtre ; lorsqu'enfin presque tout le sel marin et le chlorure
potassique se sont précipités , on verse dans la chaudière
1 kg. de colle de Flandre dissoute dans de l'eau chaude ,
puis on brasse de nouveau et on enlève l'écume que la colle
a produite , et qui contient des parties impures.

Lorsque l'écume cesse de paraître , on enlève en partie le
combustible du fourneau , en n'y laissant que ce qui est nécessaire pour entretenir une chaleur de 88° centigrades.

La liqueur qui marque alors de 67 à 68° à l'aréomètre de
Beaumé , est portée sur le cristallisoir (fig. 4 et 5 , pl. I)
où on l'agite à l'aide de rabots pendant toute la durée de l'opération. On ramène successivement sur les bords du cristallisoir le salpêtre cristallisé qui se précipite sous forme d'aiguilles
minces , et on l'enlève promptement à mesure qu'il blanchit.
Au bout de 7 à 8 heures , ou mieux , lorsque la température de la liqueur s'est abaissée à quelques degrés près
jusqu'à celle de l'air ambiant , l'opération est achevée ; on
enlève alors les eaux mères pour leur faire subir un traite-
ment ultérieur. Les cristaux obtenus sont mis dans un bac ,
ou dans une caisse à fond percé , dans laquelle on les lave
plusieurs fois avec de l'eau froide , puis séchés dans un bassin
de dessiccation , après avoir séjourné préalablement encore
pendant quelques jours dans les caisses où ils ont été lavés.

Pendant la dessiccation , qui dure environ 4 heures , on remue constamment le salpêtre , et l'opération est finie lorsqu'il

n'adhère plus à la pelle ; on le renferme alors dans des barils en les passant auparavant à travers une toile de laiton.

On obtient ainsi environ 0,58 à 0,60 p. °/₀ du salpêtre brut en salpêtre raffiné, et le déchet en salpêtre est de 20 p. °/₀.

30. Le capitaine prussien Meyer (Vortraege über die Artillerie-Technik, 1ᵉʳ vol.) trouve ce mode de raffinage vicieux, et donnant un déchet considérable : la quantité de salpêtre, dit-il, que l'on met dans la chaudière, est beaucoup trop considérable pour être dissoute dans la quantité d'eau qu'on y verse : en effet, 100 parties de la liqueur à la température de 115° à 120°, point de son ébullition, ne dissoudront que 350 parties de nitre, et si cette quantité augmentait même un peu à cause du sel marin que le salpêtre contient, on resterait toujours loin de 5 à 600 parties qu'on verse dans la chaudière. L'insuffisance de la quantité d'eau qu'on emploie devient d'autant plus sensible que l'évaporation diminue cette dernière, et fera précipiter nécessairement avec le sel marin une grande quantité de salpêtre, environ le tiers de la quantité totale (a).

L'eau froide qu'on ajoute à la liqueur pendant l'opération produit un abaissement de température qui fait précipiter du salpêtre dissous, tandis que du sel marin se dissout de nouveau.

Le capitaine Meyer propose le procédé suivant pour lequel il suppose avoir un salpêtre contenant 15 p. °/₀ de sel marin. Dans 1000 parties d'eau, on dissout, en élevant successivement la température, 3,000 parties de salpêtre contenant 450 parties de sel marin ; tout le salpêtre et environ 400 par-

---

(a) Le raisonnement du capitaine Meyer ne me semble pas rigoureux : d'abord dans 3000 kg. de salpêtre brut que l'on doit dissoudre dans 600 kg. d'eau il peut se trouver jusqu'à 25 p. °/₀ de sels étrangers, de sorte qu'il ne resterait que 2250 kg. de salpêtre qui exigent 643 kg. d'eau ; mais quand le salpêtre contient du sel marin, il se dissout du premier une plus grande quantité dans un poids donné d'eau que lorsqu'il est pur, et cela explique comment 600 kg. d'eau peuvent suffire pour dissoudre 3000 kg. de salpêtre brut ; les additions subséquentes d'eau froide remplacent d'ailleurs et au-delà l'eau qui se vaporise.

ties de sel marin (26) se dissoudront, et il restera 50 parties de ce dernier qu'on peut retirer du fond du vase. On peut alors faire évaporer 150 parties d'eau avant que le salpêtre commence à se précipiter ; mais si, pour plus de sûreté, on ne fait évaporer que 100 parties, on fera néanmoins précipiter 40 parties de sel marin qu'on peut enlever.

(Voyez les tableaux de solubilité de ces sels, et faites les proportions nécessaires.)

En versant ensuite le liquide, qui contient encore tout le salpêtre et 360 parties de sel marin, sur le cristallisoir, et en y ajoutant de l'eau, d'une part pour compenser les pertes, et de l'autre pour porter la masse du liquide à la quantité nécessaire pour maintenir à $0°,360$ parties de sel marin en dissolution, c'est-à-dire à environ 1000 parties, la majeure partie du salpêtre se précipitera, l'autre restera en dissolution dans le liquide.

Cette dernière sera :

$$A\ 150° \ — \ 255.$$
$$— \ \ \ 10° \ — \ 205.$$
$$— \ \ \ \ 5° \ — \ 166.$$
$$— \ \ \ \ 0° \ — \ 133.$$

et le déchet en salpêtre variera de 10 à 6 p. $°/_0$.

31. En Suède (Berzelius, chimie) on fait bouillir la dissolution de nitre jusqu'à ce qu'on voie paraître une croûte saline, et qu'une petite quantité de la liqueur projetée sur un corps froid cristallise. On enlève la croûte saline qui consiste en sel marin, et après avoir filtré la dissolution, on y ajoute $1/48$ d'eau ; alors le sel marin, dont il se cristalliserait une partie par le refroidissement de la dissolution bouillante, trouve assez d'eau pour rester dans la liqueur. On porte ensuite celle-ci sur le cristallisoir où on l'agite constamment afin d'obtenir de petits cristaux qu'on lave avec de l'eau froide. Le nitre obtenu est fondu dans un pot de fonte, et versé lorsqu'il a cessé d'écumer dans des moules en tôle.

32. Lorsqu'on veut raffiner le salpêtre par des lavages avec de l'eau froide, (procédé de Beaumé) on le pile, et l'ayant mis

dans un cuvier muni d'une chante-pleure , on y verse trois ou quatre fois son poids d'eau froide qu'on laisse séjourner 6 à 7 heures ; on répète ce lavage deux à trois fois avec de plus petites quantités d'eau froide qu'on y laisse moins de tems , et enfin on dissout le salpêtre dans environ la moitié de son poids d'eau bouillante , on décante , et on porte la liqueur sur le cristallisoir. Lorsqu'on a eu soin de remuer constamment ce liquide pendant la cristallisation , on obtient 80 p. $^0/_0$ de salpêtre en cristaux très-fins qu'on lave , et qu'on dessèche à la manière ordinaire.

33. Le raffinage d'un salpêtre contenant moins de 11 p. $^0/_0$ de chlorures , par exemple de celui des Indes qui en contient ordinairement 5 , est extrêmement simple : il suffira de le dissoudre dans 2|3 de son poids d'eau bouillante dans une chaudière (cette quantité portée à la température de l'ébullition de la liqueur saline , est suffisante pour dissoudre tout le salpêtre , si même il ne contenait pas de chlorures) et de le faire cristalliser de nouveau en ayant soin d'obtenir de très-petits cristaux qu'on lave et qu'on sèche de la manière ordinaire. La liqueur surnageante retient tous les chlorures et une partie de salpêtre variant de 8 à 10 p. $^0/_0$ suivant la température du liquide et le contenu de sel marin , attendu que le salpêtre est plus soluble dans de l'eau saturée de ce sel que dans de l'eau pure.

ESSAI DU SALPÊTRE.

34. Le mode qui sert à reconnaître le degré de raffinage du salpêtre est ordinairement celui qui suit :

Dans un bocal contenant 4 hectogrammes de salpêtre , on verse un demi litre d'eau saturée de ce sel très-pur , on agite continuellement avec une petite baguette de verre , et on filtre.

Ayant ensuite versé une nouvelle quantité de liqueur saturée sur l'échantillon , on l'agite pendant environ 15 minutes , et on passe le tout sur le filtre qui a servi au premier lavage.

Il est bon de répéter une troisième fois. L'échantillon étant bien égoutté, on enlève le filtre avec précaution, et on le déploie sur une double feuille de papier gris qu'on a étendue sur un boisseau plat; celui-ci est garni de rognures de filtre, qui recouvrent un lit de matières absorbantes, comme de la craie, de la chaux, des cendres, etc. On laisse l'échantillon dans cet état pendant 24 heures, puis on enlève le nitre du filtre avec précaution, et on le sèche dans un bocal de verre sur un bain de sable.

Enfin on pèse exactement le nitre séché, et la différence de ce poids à celui du nitre soumis à l'épreuve, augmenté de 2 p. % du poids de l'échantillon ou de 8 grammes, donne la quantité de matières étrangères.

On ajoute 2 p. % au poids de l'échantillon parce que l'eau saturée de salpêtre laisse précipiter 2 p. % de cette matière en dissolvant une légère quantité de sel marin.

Pendant l'opération la température doit rester la même, et il est bon de faire à la fois deux essais identiques pour en comparer les résultats.

35. Aujourd'hui on essaie en France le salpêtre en employant comme réactif le nitrate argentique qui décèle la présence du chlorure sodique dont on tolère 0,33 grammes par kilogramme ou 0,033 p. % dans le salpêtre raffiné. Pour s'assurer qu'il n'en contient pas d'avantage on prend une dissolution de 10 grammes de salpêtre qui contiennent 0,0033 de chlorure sodique, et on y verse 1 gramme d'une solution de nitrate argentique qui contient 0,0095746 grammes de ce dernier : l'argent de ces 0,0095746 grammes de nitrate est précisément la quantité qui peut se combiner avec le chlore des 0,0033 grammes de chlorure sodique pour former un chlorure argentique qui se précipite. Si donc on filtre la liqueur et qu'on la divise en deux parties égales, on reconnaît qu'il y a excès de sel marin lorsqu'une dissolution de nitrate argentique versée dans l'une des deux précipite encore du chlorure argentique, et qu'il y a au contraire moins de sel marin, lorsqu'une solution de ce

dernier sel qu'on laisse tomber par gouttes dans l'autre précipite du chlorure argentique (a).

DU CHARBON DE BOIS.

36. Tous les bois ont pour base la fibre ligneuse, et en contiennent de 95 à 96 p. % au moins. Entre les fibres sont logés

(a) En effet 1 atome de sodium $= 290{,}897$ combiné avec deux
atomes de chlore $= 442{,}652$ donne 1 atome de chlorure sodique $= 733{,}549$,
d'où il suit que $0{,}0033$ grammes de ce dernier contiennent $0{,}001991$
grammes de chlore.

En second lieu 1 atome d'argent $= 1351{,}607$ combiné avec 1 atome
d'oxigène $= 100$ donnent 1 atome d'oxide argentique, qui avec un atome
d'acide nitrique $= 677{,}036$ produisent 1 atome de nitrate argentique $= 2128{,}643$.

En admettant à présent que les $0{,}001991$ gr. de chlore contenus dans
les $0{,}0033$ gr. de sel marin se combinent avec x gr. d'argent, et que
pour fournir ces x gr. il faille y gr. de nitrate argentique, il vient :

$$442{,}652 : 1351{,}607 = \overset{\text{gr.}}{0{,}001991} : \overset{\text{gr.}}{x}.$$

$$1351{,}607 : 2128{,}643 = \quad x \quad : y. \quad \text{D'où } y = 0{,}0095746 \text{ grammes.}$$

L'épreuve n'est exacte que dans le cas où la totalité des chlorures
consiste en sel marin; si au contraire les 10 grammes de salpêtre contenaient $0{,}0033$ gr. de chlorure potassique et point de sel marin, il
faudrait $0{,}0075324$ gr. de nitrate argentique pour précipiter le chlore;
enfin pour un mélange de chlorure sodique et de chlorure potassique
pesant $0{,}0033$ gr., il faudra une quantité de nitrate argentique intermédiaire entre $0{,}0095746$ et $0{,}0075324$, par exemple s'il y avait
$0{,}0017$ gr. de sel marin et $0{,}0016$ gr. de chlorure potassique, il faudrait $0{,}008752$ gr. de nitrate d'argent.

Il résulte de là que de ce qu'il faut employer $0{,}0095746$ de nitrate
d'argent pour précipiter tout le chlore contenu dans 10 gr. de salpêtre,
on ne peut nullement conclure que celui-ci contient $\dfrac{1}{3000}$ de sel marin,
mais qu'on est cependant certain que le chlore contenu dans le salpêtre
ne pèse que $0{,}001994$ gr., et que la totalité des chlorures sodique et
potassique ne dépasse pas $0{,}0033$ grammes dans 10 grammes de nitre,
c'est-à-dire $\dfrac{1}{3000}$.

des vaisseaux capillaires qui servent à la circulation de la sève. Celle-ci est, d'après Raspail, de deux espèces qu'il appelle l'une la sève inorganique, l'autre la sève organisatrice. La première consiste en solutions salines que les racines du végétal soutirent du sol, et qu'elles transmettent à l'étui intérieur du tronc qui à son tour, par le mécanisme de son organisation vasculaire, le porte à la naissance des rameaux. De là la sève parvient d'une manière semblable jusqu'aux appendices foliacés qui aspirent l'acide carbonique de l'air dont le carbone s'unit à la sève, et la rend propre à la végétation. La sève devenue organisatrice descend par des vaisseaux qui lui sont propres, et arrive aux emboîtemens intérieurs pour fournir à leur accroissement la substance élaborable.

37. Lorsque par l'action du feu, et en ménageant ou en interceptant l'accès de l'air, on dépouille le végétal de toutes ses parties volatiles, il reste une matière noire ou brunâtre, inodore, insipide, insoluble dans l'eau, qui est presque du carbone pur, et qu'on appelle charbon. Lorsqu'au contraire on comburera le bois en donnant à l'air un libre accès, toutes les parties constituantes de la fibre ainsi que les parties volatiles de la sève disparaîtront, et il restera un résidu solide, nommé cendres, qui contiendra des sels non décomposés et des oxides qui se trouvaient les uns et les autres dans la sève.

38. La qualité du charbon exerce une grande influence sur la vivacité de combustion et par conséquent sur les effets de la poudre, et c'est une erreur de supposer que par l'addition du soufre on puisse corriger la mauvaise qualité du charbon. Il est donc pour l'artilleur du plus haut intérêt de bien connaître les différens procédés de carbonisation et leur influence sur la qualité du produit.

En poussant trop loin la carbonisation, ce qui a lieu lorsqu'on élève la température jusqu'à la chaleur rouge, tout l'hydrogène se dégage du charbon, et celui-ci devient alors bon conducteur de la chaleur, et par là même moins inflammable ; en effet lorsqu'un corps est bon conducteur de la chaleur, il devient difficile d'élever la température, à l'endroit où l'on communique le feu, au point que la combustion y ait lieu, parce que la chaleur se répand aussitôt dans toute la masse du corps. En carbonisant dans des vases clos, et en y soumettant le bois à une température successivement croissante, on peut arrêter l'opération quand on veut, et obtenir ainsi des charbons plus ou moins hydrogénés, c'est-à-dire, plus ou moins combustibles, dont l'aspect, d'abord d'un roux clair, passe par toutes les nuances du brun, et devient enfin noir, comme celui des charbons qu'on obtient par les autres procédés.

39. Le bois séché à l'air contient environ :

$$
\begin{array}{rll}
38 & \text{parties de} & \text{carbone,} \\
32 & \text{»} & \text{d'oxigène,} \\
4 & \text{»} & \text{d'hydrogène,} \\
1 & \text{»} & \text{de sels et d'oxides,} \\
25 & \text{»} & \text{d'eau libre.} \\
\hline
100 & &
\end{array}
$$

Et si par une dessiccation complète on a dégagé l'eau, 100 parties de bois contiendront :

$$
\begin{array}{rll}
50,67 & \text{parties de} & \text{carbone,} \\
42,67 & \text{»} & \text{d'oxigène,} \\
5,33 & \text{»} & \text{d'hydrogène,} \\
1,33 & \text{»} & \text{sels et oxides.} \\
\hline
100,00 & &
\end{array}
$$

Le bois n'est jamais entièrement privé de son eau libre. Celui qu'on carbonise pour la fabrication de la poudre en contient ordinairement encore de 10 à 15 p. %.

40. Il est avantageux de dépouiller le bois avant de le carboniser de la sève et des résidus que celle-ci laisse après son dessèchement. — En Angleterre on l'expose pendant 10 à 12 ans à l'air, et aux pluies qui dissolvent les résidus de la sève, et les entraînent, de sorte qu'il ne reste à la fin que la fibre ligneuse d'une couleur grisâtre. On y parvient plus rapidement en le renfermant dans des vases clos, et en le faisant traverser par des vapeurs d'eau.

41. On coupe le bois dans sa sève, c'est-à-dire lorsque l'an-

cienne sève s'est changée en bois, et que la nouvelle est encore liquide. Les mois de mars et d'avril pendant lesquels la sève se développe et les arbres commencent à bourgeonner, sont ordinairement les plus favorables. On rejette les branches trop minces ou trop grosses; les premières brûlent (lorsqu'on ne distille pas le bois) avec trop de facilité et se consument presqu'entièrement en cendres, et la carbonisation des branches trop grosses est ordinairement incomplète, c'est pourquoi on les fend dans le sens de leur longueur. Toutes les branches sont préalablement dépouillées de leur écorce.

42. Le choix du végétal dont on tire le charbon n'est point indifférent : lorsque le bois est d'une contexture serrée, il donne un charbon pesant, dur et sonore, qui conserve encore en partie l'organisation du végétal. Si, par contre, le bois est tendre et contient beaucoup de principes volatils, il donne ordinairement un charbon léger, spongieux, friable, et d'une combustibilité très-grande. Il doit être, pour la fabrication de la poudre préféré au premier.

Mʳ. Proust a donné un moyen simple de vérifier les bonnes qualités du charbon destiné à la fabrication de la poudre; il est trop intéressant pour le passer ici sous silence. On fait un mélange de 72 grains de salpêtre et de 12 grains de charbon soigneusement broyés, et on le tasse dans un petit tube de cuivre de 2 1/2 pouces de longueur et de 3 lignes de diamètre; après avoir amorcé le haut du tube avec de la poudre de chasse, on place à quelques lignes au-dessous de son bord supérieur une rondelle de liège qui est destinée à le maintenir flottant dans un vase plein d'eau, puis on y met le feu après l'avoir placé dans l'eau.

M[r]. Proust a trouvé les résultats suivans :

NATURE DU VÉGÉTAL QUI A DONNÉ LE CHARBON.	DURÉE DE LA COMBUSTION DU MÉLANGE.	POIDS DU RÉSIDU.
Chanvre.	10 secondes	12 grains.
Tiges d'asphodèle. .	10 »	12 »
Sarment	12 »	20 »
Tiges de pois chiches.	13 »	21 »
Pin.	17 »	30 »
Bourdaine.	20 »	24 »
Fusain.	21 »	27 »
Coudrier.	23 »	30 »
Tiges de piment. .	25 »	36 »
Cannes de maïs. . .	25 »	38 »
Châtaignier. . . .	26 »	36 »
Noyer.	29 »	33 »
Grains de maïs. . .	55 »	43 »
Coke.	50 »	45 »
Sucre.	70 »	48 »

Les plantes ci-dessus désignées jusqu'au coudrier compris , semblent convenir , mais ordinairement on emploie le bourdaine , le peuplier , le saule , l'aulne , le marronier , le châtaignier ; en France on se sert presqu'exclusivement du bourdaine. — — En Espagne on emploie le charbon de chanvre , et l'on voit par le tableau ci-dessus , que cette préférence est fondée en ce que ce végétal donne un charbon très-combustible , et laissant peu de résidu.

43. La carbonisation peut se faire de différentes manières : en faulde , dans des fours , dans des fosses , ou enfin par distillation dans des vases clos.

Nous dirons un mot de chacun de ces modes et nous entrerons

d'abord dans quelques détails sur le dernier qui est aujourd'hui assez généralement adopté dans la fabrication de la poudre. Mais avant de le faire nous donnerons quelques considérations générales sur l'opération même.

44. Lorsqu'on expose, le végétal à l'action du feu, en l'abritant de l'accès de l'air, par exemple, en le distillant dans des vases clos, on peut en séparer le carbone presque à l'état de pureté. Dans le principe de l'opération, l'eau libre se dégage sous forme de vapeurs blanchâtres, qui sont suivies par d'autres vapeurs aqueuses naissant de la combinaison de la majeure partie de l'oxigène et de l'hydrogène du végétal ; viennent ensuite, à mesure que la température s'élève et que l'affinité de l'oxigène pour le carbone devient prédominante, l'acide et l'oxide carboniques, et enfin les carbures d'hydrogène qui ne sont produits qu'à la suite des corps oxigénés, et qui continuent à se dégager jusqu'à la fin de la distillation. Pendant l'opération il se forme également de l'acide acétique, une huile empy-reumatique, une huile volatile, et de la résine qui sont dissous dans les vapeurs aqueuses et entraînés avec elles, et il reste enfin dans le récipient du charbon presque pur.

45. Les gaz qui se dégagent sont presque tous inflammables ; auparavant on les utilisait, dans la distillation du bois, en les conduisant au foyer pour alimenter le feu, et on reconnaissait que la carbonisation était achevée lorsqu'il ne s'en produisait plus. Ce procédé offrait de grands inconvéniens : la pression atmosphérique l'emportant à la fin sur celle des gaz, l'air du foyer entrait dans leurs conduits et y causait des détonations. Aujourd'hui on laisse généralement échapper les gaz au dehors de l'usine.

46. On juge des progrès de la distillation à la couleur des gaz enflammés ou non : dans le principe les vapeurs aqueuses apparaissent avec une couleur blanchâtre ayant des reflets bleus ; viennent ensuite les gaz acide carbonique et oxide carbonique ; ces vapeurs sont dans le principe noirâtres, et ensuite d'un jaune pâle ; dès qu'on y met le feu elles sont d'abord rouges, et deviennent, à mesure que l'oxide carbonique l'emporte sur

l'acide carbonique, bleuâtres, puis d'un bleu foncé, enfin arrive l'hydrogène carburé d'une limpidité croissante, et s'éclaircissant de plus en plus. Enflammé, il est d'abord violet, puis jaunâtre, puis prenant toutes les teintes du blanc, et enfin d'une blancheur éclatante. Arrivé à ce point la flamme diminue et finit par cesser totalement ; mais on arrête l'opération bien avant pour ne pas retirer tout l'hydrogène du charbon. En Angleterre on cesse l'opération dès que la couleur du gaz est devenue violette. La couleur du charbon distillé est roussâtre, et l'on peut en modifiant l'opération, obtenir toutes les nuances du brun. Le produit est ordinairement de 30 à 40 p. $^0/_0$, et il semblerait résulter d'expériences faites en France que lorsque ce produit est de 40 p. $^0/_0$ la poudre faite avec ce charbon détruit promptement les armes, et qu'il vaudrait mieux élever la température et abréger la durée de l'opération afin que le charbon devienne moins inflammable.

47. Le procédé de carbonisation du bois par la distillation fut inventé par l'Evêque Landloff au commencement des guerres de la révolution ; essayé en France en 1802, on en obtint d'abord de mauvais résultats, et il fut abandonné.

La carbonisation se fait dans des cylindres de tôle ou de fonte de fer, dont chacun des bouts est fermé d'un couvercle en tôle à double fond qu'on remplit d'une matière mauvais conducteur de la chaleur, telles que des cendres, du sable, etc. (En France c'est seulement l'extrémité antérieure, la bouche par où l'on introduit le bois, qui est fermée ainsi, l'autre est fermée par un disque de fonte à travers lequel passent les tubes.) Les cylindres, au nombre de 2 à 6 (en France 2) sont placés horizontalement sur le foyer, peu distans l'un de l'autre, environ $0^m,2$, de sorte que le calorique les enveloppe de toutes parts ; pour conserver ceux en tôle on les revêt d'une chemise de terre de four.

Le cylindre en fonte dont on se sert en France a 2^m de longueur $0^m,70$ de diamètre et $0^m,025$ d'épaisseur aux parois. En Angleterre le cylindre est plus petit, et n'a que 1,25 m. de longueur 0,62 m. de diamètre ; on peut y charger environ

40 kgs. de bois; on a observé dans ce pays que dans les petits cylindres d'une capacité de 40 kgs. la qualité du charbon est meilleure que dans les grands contenant de 100 à 150 kgs.

Le disque qui ferme la partie postérieure est traversé par 4 tubes de fer dont deux servent au dégagement des gaz, et les deux autres à introduire des baguettes au moyen desquelles on juge des progrès de la carbonisation, en même temps qu'elles servent à reconnaître si l'action du feu a été uniforme. S'il n'en était pas ainsi on ramènerait le feu aux endroits qui ne sont pas assez carburés. Lorsque la partie inférieure de la paroi convexe du cylindre a trop souffert, on tourne ce dernier, et les tubes servent alors dans un ordre inverse.

Un cylindre en fonte dure 3 fois plus qu'un cylindre en tôle, mais il exige plus de combustible. En France on emploie pour combustible la tourbe qui ne donne que peu de flamme, et qui a une chaleur rayonnante très-considérable, ce qui est avantageux. Il est essentiel de conduire le feu, lorsqu'il est une fois bien allumé, de sorte qu'il conserve pendant le reste de l'opération à peu près la même intensité. Le charbon ne doit jamais acquérir la chaleur rouge ce qui le rendrait incandescent; une température de 250° semble convenable.

48. Les brins de bois sont écorcés, et d'une épaisseur de 6 à 40 millimètres : il reste entre leurs extrémités et le fond de la cornue un vide d'environ 0^m,1 afin que les vapeurs puissent librement se dégager par ces extrémités. Pendant l'opération on recueille l'acide pyroligneux, qu'on débarrasse de son huile empyreumatique, afin d'avoir de l'acide acétique pur, dont l'obtention couvre en partie les frais de l'opération. — On recueille également le goudron. En Angleterre les tubes qui conduisent les gaz sont terminés par des boules criblées de trous ; au commencement de l'opération tous les trous sont couverts par l'eau dans laquelle on plonge la boule, peu à peu on diminue l'eau, de manière cependant que le dégagement des gaz atteigne son maximum sans que les trous soient libres. — Plus tard, et à mesure que la tension des gaz diminue, on les plonge de nouveau sous l'eau, pour que l'air ne puisse pas entrer

dans le cylindre , et lorsqu'on laisse refroidir le charbon , on bouche entièrement les trous.

La durée de l'opération varie suivant la capacité du cylindre et la qualité du produit ; un feu modéré et prolongé ajoute à cette dernière. En Angleterre l'opération , faite dans des cylindres en fonte , dure de 7 à 8 heures ; en France une heure de plus. Dans des cylindres de tôle , l'opération est abrégée d'une heure , et si dans le même cylindre on carbonise le même jour une seconde fois , on gagne encore une heure , parce que le cylindre est déjà chauffé.

Le produit varie de 30 à 40 p. % ; en France il diffère peu de ce dernier nombre (voyez Cotty).

Les baguettes encore chaudes sont mises dans des vases en tôle fermés hermétiquement afin d'empêcher l'absorption de l'eau dont l'air atmosphérique est chargé , (en France on vide les cornues seulement le lendemain) , on en fait un triage , et on rejette celles qui sont inégalement carbonisées , ou qui sont couvertes d'une suie brillante.

Le charbon distillé , de bonne qualité , est d'un noir moins vif que le charbon ordinaire ; trituré , il a à peu près l'aspect d'un velours noir usé , et laisse sur le papier des traces qui ont des reflets bruns ; il montre beaucoup de petites fentes transversales , mais point dans le sens de la longueur de la baguette ; il se casse sans se fendre , est moins sonore que le charbon noir , montre de l'élasticité , et projeté dans le feu , brûle avec une petite flamme jaune ou bleue ; au toucher il est comme la mine de plomb.

Le bon charbon roux se dissout presqu'entièrement dans une solution d'hydrate potassique.

49. Le procédé de carbonisation en faulde est généralement employé pour le charbon de cuisine. On dispose le bois sur le sol , autour d'un pieu , en un tas conique qu'on recouvre d'une enveloppe de gazon ou de terre. On retire le pieu et on y jette du petit bois sec , et quelques tisons ardens. La masse ne tarde pas à s'enflammer , et dès que la flamme sort par le haut de la cheminée , celle-ci est aussitôt bouchée avec du

gazon. Au bout de 30 heures le fourneau paraît entièrement
rouge. On étouffe alors le feu en le couvrant d'une couche de
terre très-épaisse.

Ce procédé qui donne de 17 à 18 p. % de produit en charbon, ne convient guère à la fabrication de la poudre, parce
que le bois est ordinairement carbonisé d'une manière inégale, et que le charbon est entremêlé de terre et de petites
pierres.

50. Les fours destinés à la confection du charbon, ont
une voûte cylindrique en briques, et sont ouverts par les
deux bouts ; l'âtre est plat et aussi formé de briques. Les
deux extrémités du mur sont percées de deux portes.

Pour carboniser par ce procédé, on place dans le four le
bois, et on l'allume d'un côté. Quand le feu est en activité,
on ferme la porte du côté où l'on a allumé, et la fumée sort
par la porte opposée. On laisse brûler le bois, et on repousse
le charbon à mesure qu'il tombe sur l'âtre. Quand le bois est
presqu'entièrement carbonisé on ferme la seconde porte. Au
bout d'un quart d'heure on retire le charbon et on le fait
tomber dans des étouffoirs en tôle.

51. Lorsqu'on veut carboniser le bois dans des fosses, on
emploie le plus avantageusement celles de forme cylindrique,
ayant environ $1^m,15$ de profondeur, $1^m,50$ de diamètre dans
œuvre (Fig. 6 et 7, pl. 1re) et dont les parois et le fond sont
maçonnés en briques. Le bois est placé sur des barres horizontales disposées dans le haut de la fosse. A mesure qu'il se
combure, il tombe à travers les barres dans un espace où l'air
est raréfié et partant peu propre à la combustion, de sorte
que cet espace se remplit de charbon qui contient peu de
cendres.

On étouffe le charbon avec un couvercle de tôle (fig. 10,
11, 12, pl. 1) qu'on recouvre de terre comme on le voit
dans la fig. 9.

Ces fosses cylindriques valent mieux que celles ordinairement en usage, qui ont 3 m. de largeur, autant de longueur,
et $1,^m2$ de profondeur. Ces dernières ont trop de capacité,

et ne résistent pas aussi bien à la poussée des terres que celles qui ont la forme d'un cylindre.

On ne vide la fosse que quelques jours après , afin de prévenir l'inflammation spontanée du charbon.

Ce procédé qui donne aussi environ 17 p. %. de produit , et celui de carbonisation du bois dans le four , ont le grand inconvénient de donner un charbon mêlé de cendres , et d'entraver vers la fin de l'opération le libre dégagement des produits volatils ; il résulte de là que ce charbon est souvent recouvert d'une couche brillante due à ces produits qui s'y sont précipités , et que de plus il contient encore généralement du carbonate potassique , environ 1,5 p. %. qui donne à la poudre la mauvaise qualité d'absorber aisément l'humidité.

52. Le charbon , corps poreux , a une faculté absorbante marquée pour les gaz , au point qu'il absorbe de plusieurs gaz un grand nombre de fois son propre volume , leur condensation à l'intérieur de la masse rend libre une grande quantité de chaleur que le charbon , mauvais conducteur du calorique , empêche de se répandre au-dehors ; il peut en résulter une élévation de température telle qu'une inflammation spontanée du charbon en soit la suite. Au bout de 24 à 36 heures les gaz ne sont plus absorbés , à l'exception de l'oxigène dont l'absorption continue , mais dans une progression décroissante.

L'absorption augmente avec la pression atmosphérique , et n'a pas lieu dans le vide ; la chaleur ou la diminution de la pression expulse les gaz du charbon sans qu'ils aient été altérés, preuve que l'absorption est un phénomène purement mécanique·

On a fait en 1828 à Metz des expériences intéressantes sur l'absorption de l'air , qui ont donné lieu aux observations qui suivent :

1° Pour qu'il y ait inflammation l'accès de l'air est indispensable ; il faut même que le contact soit le plus grand possible afin que le charbon exerce promptement son pouvoir absorbant.

2° Les charbons les plus récemment faits sont aussi ceux qui s'enflamment le plus rapidement. Il ne faut pas qu'ils soient exposés à l'air en couches trop minces.

3o Les charbons distillés qui avant leur trituration ont exercé leur pouvoir absorbant ne s'enflamment pas , à moins que leur masse ne soit considérable .

4° L'inflammation est d'autant plus imminente que la masse de charbon qu'on expose au contact de l'air est plus considérable.

5° Les charbons distillés en vases clos s'enflamment plus aisément que ceux obtenus par d'autres procédés.

6° Par un temps sec et chaud l'absorption est plus active que par un temps froid et humide.

7° Le mélange de soufre ou de salpêtre avec le charbon s'oppose à son inflammation , et celle-ci ne peut avoir lieu que lorsque la masse du mélange est considérable.

Les charbons absorbent également les vapeurs aqueuses contenues dans l'air et les condensent ; au bout de quelques jours le charbon en bâtons absorbe 3 p. $^{0}/_{0}$ de son poids d'eau, quantité qui s'augmente successivement jusqu'à 8 p. $^{0}/_{0}$; le charbon en poudre absorbe jusqu'à 15 p. $^{0}/_{0}$, et si on l'éteint avec de l'eau , 28 à 30 p. $^{0}/_{0}$ sans humidité apparente.

DU SOUFRE.

53. Le soufre est un corps simple , qui , dans son état naturel , a une belle couleur citron. Il est fragile et se laisse aisément réduire en poudre. Le frottement lui fait acquérir une légère odeur , et l'électrise négativement. Sa densité est de 1,99. Son point de fusion entre 107 et 109° centig. Il s'enflamme à 120° et il bout vers 400°. En élevant graduellement la température on observe qu'à partir de 100° le soufre , d'abord très liquide , s'épaissit de plus en plus jusqu'à 220°—250° ; passé ce terme sa viscosité diminue graduellement jusqu'à 400° (point d'ébullition), à 250° il est très-visqueux , brun , rougeâtre , et possède la singulière propriété de conserver , par suite d'un refroidissement prompt dans l'eau , sa mollesse , sa transparence et sa

teinte rembrunie ; ce n'est qu'au bout de quelques jours qu'il reprend son état naturel, — Il est enfin mauvais conducteur de la chaleur.

Le soufre, très-inflammable, se consume avec une petite flamme bleuâtre : des expériences ont prouvé qu'une grande partie du soufre brûle lorsqu'on met de la poudre sur une brique suffisamment chauffée, et cela sans communiquer le feu au salpêtre et au charbon.

54. On tire le soufre des pyrites ou sulfures métalliques, par sublimation. On le trouve aussi, presque pur, dans le voisinage des volcans. L'Italie en produit beaucoup, celui d'Ancône est surtout estimé. L'artillerie se procure le soufre brut dans le commerce, et lui fait subir, avant d'en faire usage, un raffinage, soit par fusion dans des chaudières en fer, soit par distillation.

55. On raffine le soufre par la fusion dans une chaudière en fer, en plaçant cette dernière sur un fourneau ayant peu de tirage. Le soufre, brisé en petits morceaux, est jeté successivement dans la chaudière, et de temps à autre, remué avec une spatule de bois. Avant que tout le soufre soit fondu, on retire le feu, et, en couvrant bien la chaudière, on laisse s'achever la fusion par la chaleur que la masse a contractée. Pendant ce temps on écume de temps à autre, et on le coule après 3 à 4 heures, avec les précautions nécessaires, dans des moules en bois ou en métal.

Il est indispensable d'user de toutes les précautions pour empêcher que le soufre ne prenne feu. On trie celui que l'on veut raffiner, et on règle le feu en conséquence. Le soufre vert exige une température plus élevée que celui qui est brun, le soufre jaune tient le milieu. On mêle ordinairement ces diverses qualités dans une proportion convenable avant de les mettre dans la chaudière.

56. La distillation du soufre est le procédé de raffinage ordinairement employé dans la fabrication de la poudre. Pour cela on peut se servir de l'appareil de M. Michel, manufacturier à Marseille.

Cet appareil (Fig. 13, Pl. 1ère.) se compose d'une chaudière en fonte placée sur un fourneau, et d'une vaste chambre qui sert de récipient.

On charge ordinairement la chaudière en fonte *a* de 5 à 600 kgs. de soufre (quoiqu'elle en puisse contenir 7 à 800). La chaudière repose à demeure sur un foyer *f* au-dessous duquel se trouve le cendrier *c*. Au-dessus de la chaudière, la maçonnerie forme un conduit qui imite le col d'une cornue ; sur le devant de ce conduit se trouve une porte épaisse de fonte qui sert à extraire le résidu, et à introduire le soufre dans la chaudière. On maintient la porte à l'aide d'une barre de fer retenue par deux tenons scellés dans la maçonnerie. La vapeur de soufre, sortant de la chaudière, pénètre, par le conduit *a*, dans la chambre *d d d* où elle se condense sur les parois en fleur de soufre.

La chambre a deux soupapes, qui laissent échapper les gaz en excès tout en empêchant l'accès de l'air atmosphérique dans le récipient. Les murs de la chambre s'échauffent successivement par le contact de la vapeur, et lorsque leur température est assez élevée, le soufre déjà condensé se fond de nouveau, et s'écoule le long des parois sur le fond de la chambre. Si donc on veut obtenir de la fleur de soufre, il est nécessaire que le feu soit modéré et que la chambre ait beaucoup de capacité. Si, au contraire, l'on veut obtenir le soufre raffiné à l'état liquide, il faut activer le feu et employer une chambre peu spacieuse.

En distillant 100 kgs. de soufre par heure, dans une chambre de 64 mètres cubes de capacité, et en continuant jour et nuit, on obtiendra du soufre liquide.

En distillant 100 kgs. de soufre par heure dans une chambre de 320 mètres cubes de capacité, et en ne travaillant que le jour, on obtiendra de la fleur de soufre.

La fleur de soufre est peu propre à la fabrication de la poudre, parce qu'elle contient des acides sulfureux et sulfurique qui ne se trouvent pas dans le soufre qu'on obtient par la fusion. Il faudrait pour employer la fleur la laver à plusieurs reprises.

57. La distillation du soufre peut devenir très-dangereuse par la grande facilité avec laquelle il s'enflamme. La haute température, le grand volume de gaz, et leur condensation subite lorsque le soufre se combine avec l'oxigène causent souvent des détonations que l'on doit prévenir en ouvrant de temps à autre les soupapes ou en les laissant constamment ouvertes d'un quart. On diminue le danger par une fusion préalable du soufre.

Le soufre non raffiné contient ordinairement de la silice, des sulfates d'oxides métalliques et des combinaisons de soufre avec des métaux ; ces substances ne peuvent se volatiliser, et restent dans la chaudière à l'exception du sulfure d'arsenic qu'il est très-difficile de séparer du soufre. Une couleur nuancée d'orange, et une densité trop forte font présumer la présence de ce corps ; on s'en assure alors en mêlant le soufre avec quatre fois son poids de salpêtre, et en introduisant le mélange dans un creuset chauffé, dans le couvercle duquel on a ménagé une petite ouverture ; on dissout le résidu salin, et on y verse de l'acide sulfurique étendu d'eau ; ayant ensuite vaporisé l'eau, on verse sur le résidu de l'alcool, et on plonge dans le liquide une lame de zinc qui se couvre d'une couche noire écailleuse si le soufre contient de l'arsenic.

L'essai ordinaire du soufre consiste à en brûler une partie pour s'assurer qu'il ne laisse pas de résidu qui est ordinairement de la silice ou du fer.

Lorsque le soufre doit servir à la confection de pièces d'artifice, l'arsenic ne nuit point ; le soufre qu'on emploie à la fabrication de la poudre en doit être privé, parce que le dosage en est altéré, et qu'en second lieu l'arsenic attaque le métal des bouches à feu.

DU DOSAGE

58. Les dosages de la poudre ont varié souvent, le plus anciennement connu est le suivant :

Salpêtre,	0,750
Soufre,	0,125
Charbon,	0,125

Les dosages employés aujourd'hui dans quelques pays sont :

PAYS.	SALPÊTRE.	CHARBON.	SOUFRE.
Angleterre	0,750 .	0,150 .	0,100.
Autriche.	0,700 .	0,170 .	0,160.
Prusse.	0,750 .	0,135 .	0,115.
Russie.	0,750 .	0,150 .	0,100.
Belgique et Hollande. .	0,750 .	indéterminé.	indéterminé.

En France on s'est aussi servi des dosages ci-après :

DÉSIGNATION DE LA POUDRE.	SALPÊTRE.	CHARBON.	SOUFRE.
Poudre de Bâle. . . .	0,7600.	0,1400	0,1000.
» Grenelle . .	0,7600.	0,1200	0,1200.
» Guyton . .	0,7600.	0,1500	0,0900.
» » . .	0,7732.	6,1344	0,0914.
» Riffault . .	0,775.	0,150	0,075.
» Bouchet . .	0,770.	0,135	0,095.

On dit que le premier de ces derniers dosages donne la poudre
la plus forte, mais les grains n'ont pas la dureté nécessaire, ce
qui a lieu chaque fois que l'on diminue la quantité de soufre.

Les dosages français aujourd'hui employés sont :

DÉSIGNATION DE LA POUDRE.	SALPÊTRE.	CHARBON.	SOUFRE.
Poudre de guerre. . . .	0,750. .	0,125. .	0,125.
id. de chasse. . .	0,780. .	0,120. .	0,100.
id. de mine. . . .	0,650. .	0,150. .	0,200.
id. de traite. . . .	0,620. .	0,180. .	0,200.

Ces dosages, consacrés par une longue expérience, paraissent convenables. On s'en est assuré dans ces derniers temps en y appliquant la théorie des proportions chimiques. Pour faire bien comprendre cette application, je la ferai précéder de quelques considérations générales.

59. Le dosage de la poudre doit être tel, que ses trois principes y entrent suivant les proportions chimiques nécessaires pour produire par leur réaction mutuelle le maximum de chaleur avec la plus grande quantité de gaz possible.

C'est ainsi que le carbone doit y entrer dans une proportion suffisante pour produire, avec l'oxigène, du gaz acide carbonique. Si l'on prenait plus de carbone, on obtiendrait, en partie ou entièrement, le gaz oxide carbonique au lieu d'acide carbonique, et le calorique dégagé dans cette combinaison serait de beaucoup moindre.

En mettant le feu à un mélange nitro-charbonneux, le salpêtre est d'abord décomposé; il en est de même de l'acide nitrique, dont l'oxigène se combine avec le carbone, et donne naissance, soit à l'acide carbonique, soit à l'oxide carbonique, suivant la quantité de carbone qui se trouve dans le mélange. La potasse reste, parce que (8) la chaleur seule est impuissante pour la décomposer, et se combine avec l'acide carbonique.

60. Si donc la poudre n'était composée que de salpêtre et de charbon, l'oxigène que contient la potasse serait perdu pour la masse des gaz; bien plus la potasse se combinerait avec l'acide carbonique, et diminuerait cette masse de nouveau; mais si au mélange nitro-charbonneux ou ajoute une quantité convenable de soufre, il y aura décomposition complète de l'acide nitrique et de la potasse; et il naîtra, de la réaction des principes de la poudre, des combinaisons d'oxigène et de carbone, de l'azote et du sulfure potassique; le soufre, ayant une grande affinité pour le potassium, décomposera la potasse, et cette décomposition s'opérant sous l'influence de la grande affinité du carbone pour l'oxigène, autre composant de la potasse, sera très-active, et fera dégager une grande quantité de calorique qui élèvera la température des gaz.

Le soufre augmente donc en définitive les deux facteurs de l'action des gaz, leur densité et leur température, et c'est là le véritable rôle qu'il joue dans la poudre dans laquelle il est d'ailleurs nécessaire pour donner aux grains la dureté requise et pour s'opposer à l'absorption de l'eau.

61. Nous venons de dire que la tension des gaz est la plus forte possible, lorsque de la réaction des principes de la poudre, il naît de l'acide carbonique, de l'azote et pour résidu le sulfure potassique. Cela suppose cependant que la poudre est parfaitement sèche, et que la réaction de ses principes, pris en proportions convenables, a été complète. Ces deux conditions n'étant jamais remplies que d'une manière imparfaite, il en résulte des modifications dans la nature des produits de la combustion. Le plus souvent on y rencontre encore conjointement avec l'acide carbonique, de l'oxide de carbone, des combinaisons de l'hydrogène contenu dans le charbon ou provenant de la décomposition de l'acide, avec du soufre et du carbone, enfin du carbonate potassique produit de la combinaison d'une partie non décomposée de potasse avec l'acide carbonique.

Les raisonnements qui précèdent rendent maintenant très-facile de déterminer rationnellement le dosage de la poudre ; en effet l'atôme de nitrate potassique, contenant six atômes d'oxigène, exige trois atômes de carbone pour former de l'acide carbonique et pour rendre libre les deux atômes d'azote qu'il renferme ; l'atôme de potassium exige un atôme de soufre pour produire du sulfure potassique, il suit de là que la poudre doit contenir sur un atôme de nitrate potassique trois atômes de carbone et un atôme de soufre, et que de la réaction complète de ces principes il naîtra :

Gaz.

Trois atômes d'acide carbonique.
Deux atômes d'azote.

Résidu solide.
Un atôme de sulfure potassique.

Soit maintenant, pour déterminer en poids les proportions des composants,

p le poids atomique du nitrate potassique.

p' — — — du carbone.

p'' — — — du soufre.

Nous aurons :

Du mélange.

$$p + 3\,p' + p'' : p \;= 100 \text{ gr.} : x \text{ gr. nitre.}$$
$$p + 3\,p' + p'' : 3\,p' = 100 \text{ gr.} : y \text{ gr. charbon.}$$
$$p + 3\,p' + p'' : p'' = 100 \text{ gr.} : z \text{ gr. soufre.}$$

Proportions dans lesquelles on n'a qu'à substituer à p, p' et p'' leurs valeurs pour avoir x, y et z.

— 62. Les compositions atomiques des différents corps qui nous importent sont les suivantes :

1. L'oxide potassique $\overset{.}{k} = \begin{cases} 1 \text{ Atome d'oxigène} = 100{,}000 \\ 1 \quad \text{»} \quad \text{de potassium} = 489{,}916 \end{cases}$

Poids atomique du $\overset{.}{k} = 589{,}916$

2. L'acide nitrique $\overset{\cdots}{n}{}^{\text{2}} = \begin{cases} 2 \text{ atomes de nitrogène} = 177{,}036 \\ 5 \text{ atomes d'oxigène} = 500{,}000 \end{cases}$

Poids atomique du $\overset{\cdots}{n}{}^{\text{2}} = 677{,}036$

3. Le nitrate potassique $\overset{\cdots}{n}{}^{\text{2}}\overset{.}{k} = \begin{cases} 1 \text{ atome d'oxide potassique.} \quad . \quad . \quad . \quad . = 589{,}916 \\ 1 \text{ atome d'acide nitrique.} \quad . \quad . \quad . \quad . = 677{,}036 \end{cases}$

Poids atomique du salpêtre $= p. = 1266{,}949$

4. L'oxide carbonique $\overset{.}{c} = \begin{cases} 1 \text{ atome d'oxigène.} = 100{,}000 \\ 1 \quad \text{»} \quad \text{de carbone.} = 76{,}438 \end{cases}$

Poids atomique du $\overset{.}{c} = 176{,}438$

5. L'acide carbonique $\overset{..}{c} = \begin{cases} 2 \text{ atomes d'oxigène.} = 200{,}000 \\ 1 \text{ atome de carbone.} = 76{,}438 \end{cases}$

Poids atomique du $\overset{..}{c} = 276{,}438$

6. Le sulfure potassique s k $=$ $\begin{cases} 1 \text{ atome de soufre.} & =201,165 \\ 1 \quad \alpha \quad \text{de potassium} & =489.916 \end{cases}$

Poids atomique de s k $=$691,081

7. Le carbonale potassique c̈ k̇ $=$ $\begin{cases} 1 \text{ atome d'acide carbo-} \\ \quad\quad \text{nique.} \quad . \quad . \quad . \quad . \quad =276,438 \\ 1 \text{ atome de potasse.} \quad =589,916 \end{cases}$

Poids atomique du c̈ k̇ $=$866,354

Nous avons donc

$$p \quad = \quad 1266,949$$
$$p' \quad = \quad\quad 76,438$$
$$p'' \quad = \quad\quad 201,165$$

Et mettant ces valeurs dans les proportions obtenues, nous trouverons que sur 100 parties prises au poids, la poudre doit contenir :

$$x \; = \; 74,639 \text{ de nitrate de potasse.}$$
$$y \; = \; 13,509 \text{ de carbone.}$$
$$z \; = \; 11,852 \text{ de soufre.}$$

Et que les produits de la réaction complète des trois corps seront :

En gaz.

3 atòmes d'acide carbonique $=$ 829,314
2 atòmes d'azote $\quad$ — $\quad =$ 177,036

____

1006,350

En résidu solide.

1 atòme de sulfure potassique $=$ 691,081.

63. On voit par les calculs qui précèdent que si le charbon employé était du carbone pur, le dosage théorique serait presque entièrement conforme au dosage de Prusse, et s'écarterait peu des dosages Français et Anglais dont il tiendrait le milieu. Mais il faut observer que le charbon de bois contient encore des sels alcalins, constituant les cendres qui sont le résidu de sa combustion, et une partie d'hydrogène dont on ne peut le débarasser que par l'action d'une chaleur très-intense — enfin si le charbon a été obtenu sans que le bois ait été exposé à une tem-

pérature très élevée , comme l'est, par exemple, le charbon roux,
alors il contient une grande quantité de fumerons dont la fibre
végétale est imparfaitement décomposée , et qui renferment
beaucoup d'acide ulmique (1).

Il résulte de là que lorsque sur 100 parties du mélange il
faut avoir 13,509 de carbone , il ne suffit pas de prendre la même
quantité de charbon végétal , mais que la quantité de carbone
contenu dans ce dernier doit être égal à 13,509.

D'après ce qui précède il semblerait que la quantité de charbon employée dans le dosage Français est trop faible , et qu'il
vaudrait mieux de s'approcher du dosage Anglais. On peut en
déduire encore qu'on doit augmenter la proportion de charbon
lorsqu'il est distillé roux.

64. En comburant dans l'appareil décrit § 40 divers mélanges nitro-charbonneux contenant une quantité plus ou moins
grande de charbon , Mr Proust a obtenu les résultats suivans :

QUANTITÉ DE CHARBON. LE POIDS TOTAL DU MÉLANGE ÉTANT = 72 GRAINS.	DURÉE DE LA COMBUSTION EN SECONDES.	POIDS DU RÉSIDU EN GRAINS.
1/8	30	40
1/7	25	32
1/6	10	12
1/5	9	10
1/4	7	10
1/3	7	10
1/2	40	11.

(1) Dumas (traité de chemie appliquée aux arts) indique la composition
de cet acide comme il suit :

57,64 carbone
4,70 hydrogène
37,56 oxigène
————
10,00

Tous les charbons donnent les mêmes résultats ou des résultats proportionnels. Voici encore un exemple avec du charbon de pin :

QUANTITÉ DE CHARBON.	DURÉE
	DE LA COMBUSTION.
1/8	32 secondes.
1/7	20 »
1/6	17 »
1/5	10 »
1/4	10 »
1/3	9 »

Les résidus sont composés de carbonate , mais les quatre derniers contiennent de l'hyponitrite et du charbon.

Le second ne contient pas de charbon , mais beaucoup d'hyponitrite de potasse ; le premier renferme non seulement une grande quantité de ce sel , mais même du nitrate , ce qui prouve qu'au dessous d'un sixième , la dose de charbon était insuffisante , et qu'au dessus elle était trop forte.

65. Les résultats , sous le double rapport de la quantité et de la nature des gaz , que M. Proust a obtenus en comburant différens mélanges nitro-charbonneux , sont rapportés dans le tableau suivant :

GAZ PRODUIT EN POUCES CUBES.	MÉLANGES ESSAYÉS.					
	60 GRAINS DE NITRE ET 8,5 GRAINS DE CHARBON.	60 GRAINS DE NITRE ET 10 GRAINS DE CHARBON.	60 GRAINS DE NITRE ET 12 GRAINS DE CHARBON.	60 GRAINS DE NITRE ET 15 GRAINS DE CHARBON.	60 GRAINS DE NITRE ET 20 GRAINS DE CHARBON.	60 GRAINS DE NITRE ET 30 GRAINS DE CHARBON.
Oxide nitrique.	11,0 .	14,0 .	14,0 .	14,0 .	12,0 .	12,0 .
Nitrogène.	17,5 .	24,5 .	24,5 .	24,5 .	24,5 .	24,5 .
Acide carbonique .	34,0 .	38,0 .	34,0 .	30,0 .	30,0 .	30,0 .
Oxide carbonique et carbure dihydrique.	0,0 .	0,0 .	4,0 .	8,0 .	20,0 .	20,0 .
Totaux.	62,5 .	76,5 .	76,5 .	76,5 .	86,5 .	86,5 .

Ce tableau fait voir que le second mélange qui contient le nitre et le charbon dans la proportion de 6 : 1 est le meilleur , car , quoique les suivans produisent plus de gaz , ils donnent cependant lieu à moins d'acide carbonique, ce qui indique une combustion incomplète , et par suite une température moins élevée.

66. — M. Proust en faisant des essais pour déterminer la dose de soufre convenable , a trouvé les résultats suivans :

Le charbon employé dans les mélanges soumis aux essais était du charbon de chanvre.

NITRE. Grains.	CHARBON. Grains.	SOUFRE. Grains.	DURÉE DE LA COMBUSTION EN SECONDES.	GAZ PRODUITS EN POUCES CUBES.	OBSERVATIONS.
			1re SÉRIE.		
60 .	15 .	0 .	9 .	62 .	Dans ces trois séries les gaz sont évalués trop bas. L'air contenu dans la cloche, où on les a reçus a perdu de son oxigène en détruisant de l'oxide nitrique (deutoxide d'azote.) Il faudrait ajouter environ 15 pouces cubes à chaque résultat.
id. .	id. .	4 .	7 .	76 .	
id. .	id. .	6 .	6,5 .	76 .	
id. .	id. .	8 .	6 .	76 .	
id. .	id. .	10 .	6 .	80 .	
id. .	id. .	12 .	7 .	84 .	
id. .	id. .	14 .	7 .	84 .	
id. .	id. .	16 .	8 .	82 .	
			2me SÉRIE.		Dans chaque série les trois derniers dosages contiennent un excès de soufre qui se volatilise pendant leur détonation.
60 .	12 .	0 .	10 .	62 .	
id. .	id. .	4 .	7 .	66 .	
id. .	id. .	6 .	6,5 .	72 .	
id. .	id. .	8 .	6 .	76 .	
id. .	id. .	10 .	6 .	80 .	
id. .	id. .	12 .	6,5 .	82 .	
id. .	id. .	14 .	7 .	82 .	
id. .	id. .	16 .	7 .	82 .	
id. .	id. .	18 .	8 .	80 .	
			3me SÉRIE.		Le résidu des trois premiers dosages à soufre contient du sulfite et de l'hyponitrite potassiques. Avec les autres le sulfure et le poly - sulfure potassiques s'y rencontrent seuls.
60 .	10 .	0 .	25 .	62 .	
id. .	id. .	2 .	11 .	00 .	
id. .	id. .	4 .	8 .	68 .	
id. .	id. .	6 .	6,5 .	70 .	
id. .	id. .	8 .	6 .	76 .	
id. .	id. .	10 .	6 .	76 .	
id. .	id. .	12 .	6,5 .	80 .	
id. .	id. .	14 .	7 .	82 .	
id. .	id. .	16 .	8 .	82 .	
id. .	id. .	18 .	8 .	82 .	

Il résulte encore de ce tableau qu'avec un mélange qui contient le nitre et le soufre dans la proportion de 6:1, on a la décomposition complète du salpêtre, sans dégagement de soufre, et sans formation d'un poly-sulfure.

67. L'addition du soufre dans le rapport d'un $1/8$ du mélange donne encore une combustion aussi rapide que celle d'une quantité moindre, et la plus grande masse de gaz ; ceci résulte des deux tableaux suivans de M. Proust, rapportés comme les autres par M. Dumas, dans son traité de Chimie appliquée aux arts :

1er TABLEAU.

DOSAGES.		DURÉE de la combustion en secondes.	Produits en gaz.
1, nitre 60 grains-charb. 15 grains	»	9	76
2, » 60 » 15 » soufre 10		6	91
3, » 60 » 12 » .. »		10	76
4, » 60 » 12 » soufre 10		6	91
5, » 60 » 10 » .. »		25	76
6, » 60 » 10 » soufre 10		6	91
7, » 60 » 8 4/7 » .. »		30	62
8, » 60 » 8 4/7 » soufre 10		7	88

2me TABLEAU.

Nitre .	70	»	73,2	»	75	..	76,2
Soufre .	12	»	12,2	»	12,5	..	12,8
Charbon	18	»	14,6	»	12,5	..	11,0
Poudre	100	»	100	»	100	..	100.

Produits en gaz :

Évalués en pouces cubes 107 — 100 — 113 — 112 —.

Le dernier tableau résulte de la réduction des mélanges 2, 4, 6, et 8 du 1er à une quantité égale de 100 gains.

68. En résumant tout ce que vient d'être dit sur le dosage, on s'assure qu'une poudre qui contient les trois principes : nitre, charbon et soufre, dans la proportion de 6 : 1 : 1,

donne lieu, par sa combustion, à la réaction la plus complète des ses principes, à la combustion la plus rapide, au plus grand dégagement de calorique, et enfin à la plus grande masse de gaz. C'est donc la proportion de $6:1:1$ qui est réellement la meilleure, et qui doit être préférée.

69. D'autres considérations telles que le prix de la charge, la nature de l'emploi, etc. peuvent influer sur le dosage. Nous en avons un exemple dans la poudre de mine, dans laquelle l'excès du résidu n'est point un inconvénient, comme dans celle qui sert aux armes à feu.

LIVRE II.

FABRICATION DE LA POUDRE.

70. On n'emploie plus la poudre à canon à l'état de simple mélange des trois matières réduites à un grand état de division, mais on donne à ce mélange la forme de grains anguleux ou ronds. On obtient par là plusieurs avantages que j'indiquerai dès à présent en peu de mots.

1°. Dans la poudre grenée la flamme pénètre plus aisément la masse à travers les interstices que laissent les grains ; un simple mélange quoique comprimé, laisse également des interstices entre les parcelles, mais ils sont d'une grandeur insuffisante au libre passage de la flamme, de sorte que l'inflammation ne peut s'y communiquer que de couche en couche, comme cela a lieu quoique beaucoup moins rapidement dans la combustion de la lance à feu faite avec les mêmes matières que la poudre, seulement dans une proportion un peu différente.

2°. Le tamisage de la poudre grenée à travers les sachets, ou entre les douves du baril, n'est plus autant à craindre ; le transport de la poudre et son emploi deviennent par conséquent moins dangereux par son grenage.

3°. La poudre grenée n'absorbe pas aussi facilement l'eau que le ferait un simple mélange des matières.

4°. Enfin chaque parcelle de la masse conserve mieux les trois matières dans la proportion requise.

Dans un simple mélange, le dosage serait constamment détruit par le mouvement : les diverses couches de poudre d'un baril, par exemple, s'arrangeraient évidemment dans l'ordre de leurs densités, les couches inférieures contiendraient bientôt les

matières les plus denses en excès , et le défaut contraire aurait
lieu dans les autres.

La granulation de la poudre exige que la matière à grener
soit assez compacte, ce qu'on ne peut obtenir qu'en lui laissant
un certain degré d'humidité (d'autant plus considérable que la
pression a été moindre) qu'il faut faire disparaître ensuite.
La dessication enfin produit du poussier qui doit être enlevé.

Toute fabrication de poudre exige par conséquent les opérations suivantes :

1°. La pulvérisation des matières premières.

2°. Leur mélange et leur compression en une masse compacte.

3°. Le grenage de la masse.

4°. Le séchage des grains.

5°. La séparation du poussier d'avec les grains , ou l'épous-
setage.

Dans plusieurs pays on ajoute à ces opérations le lissage de
la poudre de guerre (la poudre de chasse est lissée partout) ; cela
offre un excellent moyen de varier , en la diminuant , la vitesse
de combustion de la poudre , moyen d'autant plus avantageux
que les poudres lissées se conservent beaucoup mieux que les
autres.

PULVÉRISATION DES MATIÈRES.

71. Anciennement la pulvérisation des matières et leur mélange
se faisaient à la fois dans les moulins à pilons ; ce procédé
dangereux , en ce que des explosions pouvaient avoir lieu , avait
en outre l'inconvénient que le soufre et le salpêtre étaient
souvent mal pulvérisés , surtout le premier , qui lorsqu'il est mêlé
à d'autres matières , est très-difficile à diviser.

Aujourd'hui dans les moulins à pilons on pulvérise séparément chaque matière ; on en agit de même dans la plupart des
moulins à meules , enfin dans le procédé des tonnes on triture

d'abord séparément le charbon dont la réduction est la plus difficile ; on y ajoute ensuite le soufre en morceaux , et on en opère simultanément la trituration et le mélange avec le charbon ; enfin on ajoute au mélange binaire le salpêtre passé à travers une toile métallique , qui est ensuite divisé et mêlé à la fois avec le soufre et le charbon.

Les moyens ordinaires qu'on emploie pour diviser les matières sont les pilons , les gobilles en métal , et les meules.

Les deux premiers agissent par le choc et les dernières écrasent les matières qui sont soumises à leur action. La meule si elle est d'un poids convenable est un moyen très-puissant pour pulvériser les matières , et l'emporte sur le pilon ; le choc des gobilles métalliques enfin pousse la division des matières jusqu'à une limite telle que le mélange qui a été soumis à leur action acquiert l'aspect et la fluidité d'un liquide.

MÉLANGE ET COMPRESSION DES MATIÈRES EN UNE MASSE COMPACTE.

72. Cette opération compte plusieurs procédés dont les principaux sont : celui des pilons , celui des martinets , celui des tonnes , celui des meules , et enfin le procédé du général anglais Congrève.

PROCÉDÉ DES PILONS.

73. Un moulin à pilons , comme tout autre moulin à poudre , est ordinairement mu par l'eau , et on le place au courant d'une rivière ou à la chûte d'un ruisseau ; un ou plusieurs côtés de sa cage ainsi que la toiture doivent offrir peu de résistance afin d'affaiblir l'action des gaz lors d'une explosion ; les côtés faibles se composent d'un mur peu élevé que dépassent quelques

montants en bois *ss* sur lesquels on cloue extérieurement des planches. Le toit du moulin a une forte inclinaison dans le but de rendre plus rapide l'écoulement des eaux, et d'empêcher la neige d'y séjourner.

Le mécanisme du moulin consiste en une grande roue à aubes planes *a*, dont l'arbre *b* repose, par ses tourillons, sur deux massifs *c c*, l'un à l'extérieur, l'autre à l'intérieur du bâtiment; le bout de l'arbre à l'intérieur porte un rouet *d d* dont les dents engrènent avec les fuseaux de deux lanternes *e e*, ayant mêmes axes que les arbres de levées *f f*; ceux-ci reposent, par leurs tourillons, sur les chaises *f' f'* et élèvent chacun un certain nombre de pilons *g g g* à l'aide d'autant de levées *h h h* qui percent l'arbre de levées, et qui y sont distribuées sur une hélice. Les matières, auxquelles on veut faire subir l'action des pilons, sont mises dans des mortiers creusés dans deux fortes pièces de chêne *i i*, *l l*, (piles à mortiers). Les pilons sont forcés à s'élever verticalement par deux pièces en bois *i i*; *i i* (moises ou prisons) fixées sur deux montants *k k*.

L'ensemble d'une rangée de mortiers avec leurs pilons se nomme *batterie*; chaque moulin en contient deux dont les piles sont réunies par des traverses *m*.

74. La roue est en dessous et à aubes planes; cette espèce de roue convient beaucoup aux chûtes entre deux et trois mètres, surtout lorsque la vitesse d'un point de la circonférence de la roue s'approche de trois mètres comme cela a lieu dans notre moulin où le centre de l'aube a une vitesse de $2{,}917^m$ (note 1re); en effet la roue en dessous à aubes planes donne le maximum d'effet lorsque sa vitesse est les 2/5 de celle de l'eau affluente, (note 2me) comme cela a lieu dans notre cas (*a*) où la hauteur de la chute nécessaire est 2,45. Une vitesse de $2{,}72^m$ pour une roue en dessus serait trop forte pour que celle-ci économisât convenablement la force motrice, car ces roues ne doivent, d'après Sméaton, avoir qu'un mètre de

(*a*) En effet la vitesse de l'eau affluente est $V = \sqrt{2g} \times 2{,}45 = 7{,}07$ dont les 2/5 font 2,82.

vitesse lorsqu'elles sont petites , et tout au plus deux lorsqu'elles sont grandes ; la chûte est également trop considérable pour qu'une roue en dessous à aubes courbes puisse offrir de l'avantage.

75. Les mortiers , fig. 18 , pl. 1 , ont une forme qui permet à la matière de remonter aisément le long de leurs parois , de sorte que toutes les parties du mélange éprouvent successivement l'action des pilons ; ils sont creusés dans deux fortes poutres de chêne de six décimètres d'équarrissage consolidées par des bandages de fer. Le fond de chaque mortier reçoit un tampon (culot) de bois dur qui résiste mieux au choc , et qui empêche l'introduction de la matière entre les fibres du bois où elle agirait comme coin pour fendre ce dernier. Autrefois il y avait douze mortiers par batterie ; aujourd'hui ce nombre est réduit à dix , de cette manière il y a moins de pilons soulevés à la fois , et l'axe de l'arbre de levée éprouve une fatigue moins grande par les chocs des levées contre les mentonnets des pilons. Il est très-essentiel que l'assise des piles de mortiers ne puisse céder , car le choc du pilon en serait amorti.

76. Les pilons, fig. 16 et 17 , pl. 1, sont des solives en bois de hêtre , terminées à leur extrémité inférieure par un tenon arrondi a , qui est reçu dans une boite de laiton b (fig. 16). Le tenon est muni d'un coin qui le serre dans la boite. Le corps du pilon est percé d'une mortaise qui reçoit un mentonnet d contre lequel s'appuie la levée pour soulever le pilon ; une clef e sert à maintenir le mentonnet dans la position horizontale , et une cheville h le retient dans sa mortaise.

La boite, fig. 16 et 18 , de la forme d'une poire , est faite d'un alliage de 100 parties de cuivre et de 22 parties d'étain.

Le poids du pilon armé de sa boite est de quarante kilogrammes ; la boite seule en pèse vingt.

77. L'arbre de levées est cylindrique , et percé d'outre en outre par dix parallélipipèdes de bois qui forment vingt levées ; celles-ci sont placées sur vingt génératrices équidistantes , et

avancent uniformément dans le sens de l'axe de l'arbre. Dans une révolution de ce dernier chaque levée soulève deux fois le pilon correspondant, et il y a constamment trois pilons soulevés (lorsque la batterie avait 12 mortiers il y en avait 4); l'arbre de levées porte une lanterne *e* dont les fuseaux, au nombre de seize, engrènent avec les dents du rouet *d* qui en compte quarante huit, d'où il résulte que sur trois révolutions que fait l'arbre de levées, la roue hydraulique en fait une. Si donc l'on veut que les pilons battent 55 à 60 coups par minute, il faut que l'arbre de levées fasse 27,5 à 30 révolutions, et la roue hydraulique 9,18 à 10 dans le même temps. Les fuseaux de la lanterne et les dents du rouet sont faits d'un bois dur.

78. Le pilon, pendant que la levée le fait monter, s'incline et presse en sens inverse contre les prisons inférieure et supérieure, cette pression provoque un frottement qui augmente la résistance verticale du pilon, et absorbe conséquemment une partie de la force motrice. Celle-ci subit une nouvelle perte par le frottement de la levée contre le mentonnet; pour éviter la première perte, il est nécessaire de soulever le pilon dans le sens de la verticale qui passe par son centre de gravité, et pour réduire la seconde au minimum, il faut que la levée soit découpée suivant la développante du cercle dont le rayon est la distance de l'axe de l'arbre au point sur lequel agit la levée; on satisfait à ces conditions en faisant agir la levée sur un boulon ou roulette logée dans une mortaise du corps du pilon dont l'axe coupe celui de ce corps, et en découpant la levée suivant la développante du cercle ayant pour rayon la distance des axes de l'arbre de levées et du pilon.

79. Le travail utile de la machine partant le degré de division, de mélange et de compression des matières soumises à l'action du pilon dépend évidemment du travail mécanique que le pilon à chaque chute exerce sur la matière, et du nombre de coups que la charge d'un mortier, supposée invariable, subit; l'action mécanique du pilon à chaque chute est égale à la moitié de sa force vive, qui, elle-même, est égale au poids du pilon multiplié par la hauteur de sa chute, d'où il suit que

le travail utile du moulin pendant une seconde est égal au nombre de pilons qui tombent pendant ce temps , multiplié par la hauteur de leur chûte ; en supposant que la roue hydraulique fasse 9,5 révolutions par minute , il y a pour les deux batteries 19 chûtes de pilon dans une seconde , et comme ceux-ci tombent d'une hauteur de 0,4^m l'on a pour le travail utile :

$$T = 0,40 \times 40 \times 19 = 304 \text{ kilogram-mètres.}$$

Ce travail utile n'est que les deux tiers du travail-moteur qu'il faut exercer sur la circonférence de la roue hydraulique , le tiers restant est absorbé par les résistances nuisibles (note 3) qui sont ici :

a Le frottement des pilons contre les prisons ;

b »   levées contre les mentonnets,

c »   tourillons de l'arbre de levées ;

d »   »   de l'arbre de la roue hydraulique,

e Les chocs des levées contre les mentonnets.

En donnant aux levées la courbure de la développante du cercle ayant pour rayon la distance de l'axe de levées à l'axe du pilon , et en soulevant ce dernier suivant la verticale passant par son centre de gravité , les résistances nuisibles n'absorbent plus que le $\frac{1}{17}$ du travail du moteur.

La vitesse d'un point de la circonférence de la roue est très-facile à trouver lorsqu'on connaît le nombre de coups n que doit battre le pilon par minute, celui n' des fuseaux de la lanterne , et celui n'' des dents du rouet ; en effet le nombre de levées étant double de celui des mortiers , il en résulte qu'à chaque révolution de l'arbre de levées un pilon fait deux chûtes et que le nombre de coups n du pilon par minute est la moitié de celui des révolutions que l'arbre achève dans le même temps $\frac{n}{2}$; mais le nombre des tours que fait l'arbre étant à celui que fait la roue comme $n' : n''$, il s'en suit que le nombre de révolutions de la roue est $\frac{nn''}{2n'}$; en multipliant cette quantité par $2\pi R$, R étant le rayon de la roue , on a la vitesse d'un point de la circonférence.

80. L'opération que subissent les matières par l'action du

pilon dont l'objet est de les diviser, de les mélanger, et de les comprimer pour leur donner une consistance convenable, s'appelle le *battage*; on y procède ainsi qu'il suit :

Ayant mis dans chaque mortier le charbon en bâtons que comporte sa charge de dix kilogrammes (*a*), on l'arrose d'un kilogramme d'eau, et on le broie pendant vingt à trente minutes; après l'avoir retourné préalablement dans le mortier à l'aide d'un bâton recourbé (touilloir), afin de répartir l'eau uniformément dans toute la masse; pendant ce temps le pilon ne bat que quarante coups par minute; le charbon étant pulvérisé, on ajoute le salpêtre et le soufre, convenablement pulvérisés, et le dernier mis sur le premier dans le même boisseau, on arrose de nouveau la masse d'un demi-kilogramme d'eau, et après avoir mélangé les trois matières à la main, on recommence le battage. Pendant sa durée on s'assure souvent que les pilons ne battent pas à fond, c'est-à-dire, qu'ils ne frappent pas le cul du mortier sans interposition de matière.

81. Après quelque temps il se forme au centre une masse qui adhère fortement au mortier, et qui n'est plus déplacée; si on la laissait dans cet état, le mélange serait peu exact, il faut donc la détacher, ce qui a lieu lors des rechanges qu'on répète toutes les heures. Les rechanges consistent à changer la matière de mortier, pour cela on vide le premier mortier, et on y met le contenu du second, celui-ci reçoit ce que le troisième contenait, et ainsi de suite jusqu'au dernier dans lequel on verse la charge du premier qu'on a provisoirement déposée. De temps à autre, et de suite après un rechange, on verse dans chaque mortier un quart de kilogramme d'eau, et on remue bien la masse, avant de recommencer le battage, le nombre d'arrosages est variable selon la température, ordinairement on arrose après la huitième et la onzième heure.

Il est très-important que la matière retourne bien dans le mortier, pour atteindre ce but il faut que la forme du mortier soit d'une exactitude géométrique, et que la matière ait une mobilité convenable qui dépend de la quantité d'eau qu'elle

______
(*a*) Anciennement on ne pilait pas le charbon seul.

contient ; le nombre d'arrosages et le moment opportun de les faire doivent donc être réglés avec discernement.

82. Le personnel nécessaire pour un moulin à deux batteries se compose de quatre poudriers et d'un maître ; celui-ci règle la vitesse de la roue , il fait des rondes fréquentes pour surveiller la marche du moulin , resserre les clefs de mentonnet ou de levées qui se sont relâchées , fait les derniers arrosages en temps opportun ; les poudriers chargent les mortiers et font les rechanges. Le maître et les poudriers n'entrent dans le moulin que lorsque leur travail y réclame leur présence.

83. La durée du battage en France était anciennement de 24 heures , et elle y fut d'abord réduite à 21 heures ; les pilons avaient alors un poids de 32,8 kilogrammes , et battaient 50,4 coups par minute ; la hauteur de leur chute était $0,432^m$, (16 pouces) , la charge du mortier était de $9,78^{kgs}$. , enfin les rechanges avaient lieu toutes les trois heures, (a) mais il faut observer que le salpêtre était mis en morceaux dans le mortier , et que le soufre était dans un état de pulvérisation incomplète.

A la révolution on réduisit la durée du battage d'abord à 14 heures , et plus tard à douze et même à trois , lorsque les besoins l'exigeaient ; aujourd'hui la durée du battage est de 11 heures.

Le poids du pilon , la hauteur de sa chûte , et le nombre de coups par minute ont subi également de légères modifications : le pilon pèse aujourd'hui quarante kilogrammes , il tombe de $0,36^m$ ou de $0,40^m$, et il bat assez généralement 55 à 60 coups par minute.

84. A mesure qu'on a abrégé , la durée du battage la division des matières et leur mélange intime ont été nécessairement moindres , et leur densité absolue (le poids spécifique de la galette) a diminué : M^r. Magnin rapporte, (Expériences sur les poudres faites à Esquerdes , page 7.) qu'il possède un échantillon

____

(a) Bélidor , architecture hydraulique , livre II. chapitre III.

de poudre de 1689 , dont le grain est dur et un peu lisse , et dont la densité est 1,650 , c'est-à-dire 0,15 de plus que la densité des poudres actuelles qui est environ de 1,5.

La densité relative au contraire , c'est-à-dire celle de la poudre grenée , ne semble plus augmenter lorsqu'on prolonge le battage au-delà de 14 heures pour la poudre de guerre ordinaire , Gassendi , aide mémoire , tome 2 , page 707.

85. La durée du battage ne détermine pas d'une manière certaine le travail utile obtenu ; en effet , la vitesse des pilons dépend de la quantité d'eau qui agit sur la roue , et de la vitesse que celle-ci possède au moment du choc , partant de la hauteur de la chûte qui peut varier , et de celle plus ou moins grande à laquelle on soulève la vanne ; si on ajoute à cela que la durée du chargement des mortiers et des rechanges n'est pas constante , on voit aisément que la fixation seule de la durée du battage ne détermine nullement avec rigueur l'effet utile qu'on veut obtenir.

Mais si l'on connaissait le nombre de coups de pilon , que subit la charge de chaque mortier pendant l'opération entière , et la hauteur de la chûte du pilon , alors l'effet utile produit n'aurait plus rien d'indéterminé , et l'on connaîtrait d'une manière certaine le nombre de kilogrammètres d'effet utile qu'il a fallu pour le battage d'un kilogramme de poudre.

86. Pour avoir le nombre total de coups de pilon il suffit de connaître celui des révolutions de l'arbre de la roue , ce qu'on peut savoir à l'aide d'un compteur fixé sur cet arbre. Un compteur de cette espèce , de l'invention de M. Bottée , se trouve représenté sur la planche XXIII du traité de l'art de fabriquer la poudre à canon de Bottée et Riffault , et décrit à la page 306 de cet ouvrage.

87. En supposant maintenant que le chargement ainsi que chaque rechange exigent un quart d'heure , nous aurons pour la durée réelle du battage :

Anciennes poudres :

24 heures moins $9 \times \frac{1}{4}$ heures ou 21 heures 45 minutes.

21 heures moins $8 \times \frac{1}{4}$ heures ou 19 heures.

Poudres depuis la révolution :

14 heures moins 15 $\times \frac{1}{4}$ heures ou 10 heures 45 minutes.

11 —   moins 12 $\times \frac{1}{4}$ —   8 heures.

3 —   moins 4 $\times \frac{1}{4}$ —   2 heures.

Il résulte des données qui précèdent que dans les moulins français du 17ᵐᵉ. siècle , une charge de 9,78 kilogrammes subissait :

$$50,4 \times 60 \times 21 \, \tfrac{1}{4} = 65772$$
$$\text{Ou } 50,4 \times 60 \times 19 \quad = 57456$$

coups de pilon selon qu'on suppose la durée du battage de 24 ou de 21 heures , et que depuis la révolution de 1789 le nombre de coups a été réduit à :

$$55 \times 60 \times 10 \, \tfrac{3}{4} = 35950$$
$$55 \times 60 \times 8 \quad = 26400$$
$$55 \times 60 \times 2 \quad = 6600$$

Ou à :

$$60 \times 60 \times 10 \, \tfrac{3}{4} = 38700$$
$$60 \times 60 \times 8 \quad = 28800$$
$$60 \times 60 \times 2 \quad = 7200 \text{ coups de pilons ,}$$

suivant qu'on suppose 55 ou 60 coups par minute.

88. Dans les anciens moulins le pilon pesait 32,8 kgs. la hauteur de sa chûte était 0,432ᵐ , et l'effet utile d'un seul choc était par conséquent $32,8 \times 0,432 = 14,2$ kilogrammètres ; actuellement le pilon pèse 40 kilogrammes , il tombe d'une hauteur de 0,40ᵐ , et son effet utile à chaque chûte est de 16 kilogrammètres ; en multipliant l'effet utile d'un seul choc par le nombre de chûtes du pilon , on a l'effet utile total produit sur la charge du mortier , et en divisant ce dernier par le nombre de kilogrammes dont se compose la charge , l'on a le nombre de kilogrammètres d'effet utile dépensé pour le battage d'un kilogramme de la masse ; le calcul donne :

Anciens moulins.

La durée du battage étant	un kilogramme de galette exige
de 24 heures ,	95497ᵏ·ᵐ·
21 —	83423

Moulins depuis la révolution.

La durée du bat- tage étant de :	Le nombre de chutes du pilon	Un kilog. de galette exige
14 heures	60	61920k.-m.
11 —	60	46080
8 —	60	11520
14 —	55	57520
11 —	55	42240
3 —	55	10560

Il résulte de ces calculs le fait très-intéressant que le travail exercé sur la matière pour la convertir en galette n'est aujourd'hui que la moitié de ce qu'il était anciennement.

89. L'effet utile n'étant que les deux tiers de l'effet dynamique exercé sur la roue, il faut multiplier ces chiffres par $3/2$ pour avoir le nombre de kilogrammètres d'effet dynamique qui sont nécessaires pour convertir en galette un kilogramme de matières. Les nombres peuvent devenir utiles dans la comparaison des différents procédés.

90. Il serait maintenant intéressant de pouvoir comparer l'effet utile employé en France dans le battage d'un kilogramme de matières, avec celui qu'on a jugé ailleurs nécessaire pour le même objet; malheureusement les données nécessaires au calcul rapportées par les auteurs, sont ou incomplètes, ou méritent peu de confiance, voici celles que j'ai pu me procurer.

En Saxe la charge du mortier est de 4,67kgs., le poids du pilon 40kgs., la hauteur de sa chûte 0,38m; la durée du battage est de 14 heures, et le nombre total des coups de pilons que reçoit la charge d'un mortier est de 23520, d'où il suit qu'on y emploie 76556 kilogrammètres d'effet utile pour convertir en galette un kilogramme de matières.

En Autriche les matières dans un état de division incomplète, sont mises dans le mortier dont la charge est de 45 livres (25,20 kilogrammes environ), le poids du pilon 40 kgs.; trois pilons tombent alternativement dans le même mortier, et battent

ensemble 126 coups par minute ; la durée du battage est de
36 à 50 heures (probablement 36 pour la poudre à gros grains ,
et 50 pour la poudre fine.)

En supposant maintenant la durée réelle du battage les deux
tiers du temps fixé , et la hauteur de la chûte du pilon comme
en France , l'on trouverait qu'en Autriche on emploie 115200
kilogram. mètres pour le battage d'un kilogramme de matières ; mais , je le répète , les données qui ont servi de base
à ce calcul sont très incertaines , car j'ignore si les 45 livres
que Rouvroy indique pour la charge du mortier sont des livres
de Dresde ou de Vienne ; j'ignore également si le poids du pilon
est de 40 kgs. , et il est à peu près certain que la hauteur de
la chûte du pilon est moindre que $0,4^m$.

Si les calculs qui précèdent étaient exacts il en résulterait
que les actions mécaniques exercées pendant le battage sur une
quantité égale de matières , en Autriche , en Saxe , et en France
sont comme les nombres 115200 : 76556 : 46080 ou comme
1 : 0,66 : 0,4.

91. Quelque imparfaite que soit maintenant cette comparaison ,
on peut cependant en tirer la conclusion que la durée du
battage a été trop abrégée en France , et qu'il a du en résulter
une poudre difficile à conserver , offensive aux bouches à feu ,
surtout aux canons de gros calibre , et donnant cependant pour
ces armes un effet utile sensiblement inférieur à celui des
poudres mieux battues et moins combustibles. Il se pourrait
fort bien que les plaintes qu'on fait si souvent en France sur
le peu de résistance des canons de fort calibre doivent être
attribuées en grande partie à un poids spécifique trop faible de
la galette , et qu'elles cesseraient si l'on revenait à l'ancienne
durée du battage , ou si l'on abandonnait le procédé des pilons
et qu'on y substituât celui des meules ; de cette manière les
poudres françaises auraient une densité absolue égale à celle des
poudres des autres puissances , dont les bouches à feu offrent
incontestablement une résistance plus grande que les canons
français.

PROCÉDÉ DES MARTINETS.

____

92. Dans ce procédé , en usage en Suisse , les pilons sont remplacés par des martinets qui battent les matières dans des mortiers de bois.

Un arbre garni de cames saisit la partie du manche qui dépasse le martinet , le soulève et le fait tomber dans le mortier dès que par le mouvement rotatoire du maillet la came s'est dégagée du manche. Les supports des manches des martinets sont placés parallèlement à l'arbre à cames ; ils sont percés pour recevoir les tourillons autours desquels les manches fournissent leur mouvement de rotation. La direction de la chûte du martinet est assurée par deux montants placés à quelque distance de l'axe de rotation. — Un système à bascule , dont l'arc se trouve placé sur la traverse qui réunit les deux montants , sert à soulever le martinet , lorsque l'on veut faire des rechanges. La forme de la partie inférieure du martinet est semblable à celle du pilon , et elle est recouverte d'une armure de fer. Le poids du martinet est beaucoup plus considérable que celui du pilon ; sa chûte est de $0^m,25$ et se répète 85 fois par minute.

Les mortiers sont creusés dans une pièce de bois comme le sont ceux des moulins à pilons ; leur forme est à peu près la même , mais leur capacité est moindre.

La charge ordinaire d'un mortier est de 6 à 7 kgs. — Pendant le battage elle tourne parfaitement , et elle sort du mortier en petits morceaux de la grosseur d'une noix.

Les batteries sont de 5 à 6 mortiers. Le moteur est l'eau , la roue est à augets en dessous et a un diamètre de 3^m à $3^m,25$.

93. Le travail utile qu'un martinet opère dans chaque chûte est facile à calculer , il est égal à la moitié du produit du moment d'inertie du martinet multiplié par le carré de la vitesse angulaire acquise à la fin de sa chûte. Cette vitesse angulaire est facile à trouver : en effet la distance du martinet à l'axe de rotation doit être celle du centre d'oscillation afin que l'axe de rotation ne reçoive point de secousses, et cette distance est égale au quotient du moment d'inertie du martinet avec son manche divisé par le moment du poids de ce système et tous deux pris par rapport à l'axe de rotation. D'un autre côté le martinet tombant d'une hauteur de $0^m,25$ sa vitesse à la fin de sa chûte sera $v = \sqrt{2g \times 0,25} = 2^m,21$, connaissant aussi la vitesse du centre d'oscillation, on en déduit la vitesse angulaire

$$v' = \frac{v}{d},$$

d étant la distance du martinet à l'axe. Le problème à résoudre est par conséquent réduit à trouver le moment d'inertie du martinet muni de son manche et le moment du poids de ce système, tous deux pris par rapport à l'axe de rotation du corps percutant. Le moment d'inertie du martinet est égal à sa

masse $= \dfrac{p}{g}$ multiplié par le carré de la distance du martinet à l'axe ou d'²; le manche est un parallélipipède dont le moment d'inertie pris par rapport à l'axe des tourillons est

$$\frac{p}{g}\left(d'^2 + \frac{l^2 + e^2}{12} \right),$$

d' étant la distance du centre de gravité du manche à l'axe, l la longueur du manche et e son épaisseur.
Soit, pour servir d'exemple,

Le poids du martinet	p =	75ᵏ
. . . . . manche	p' =	120
La longueur . .	l =	2ᵐ,50
L'épaisseur du manche	e =	0,25
La distance de son		
centre de gravité à		
l'axe	d' =	1,25
Distance du marti-		
net à l'axe . .	d =	2,00
L'accélération de la		
gravité . . .	g =	9,81
Vitesse angulaire .	v' =	1,1

L'on aura pour le moment d'inertie du martinet $\dfrac{75}{9,81} \times 2^2 = \dfrac{300}{9,81}$

Pour le moment d'inertie du manche $\dfrac{120}{9,81}\left(1,25^2 + \dfrac{0,25^2 + 2,5^2}{12}\right)$

$$= \dfrac{250,625}{9,81}$$

Et par conséquent pour le moment total d'inertie

$$I = \dfrac{300 \times 250,625}{9,81} = 56^k,12$$

En multipliant par la moitié du carré de la vitesse angulaire, l'on trouve pour le travail utile à chaque chûte $56^k,12 \times \dfrac{1,1^2}{2} =$

34 kilogrammètres. Si les poids et dimensions ci-dessus indiqués étaient exacts et qu'on connût le nombre total de percussions que subit la charge d'un mortier, on trouverait aisément, comme je l'ai fait pour les pilons, le nombre de kilogrammètres de travail utile dépensé dans le battage d'un kilogramme de matières.

94. Les résistances nuisibles qui absorbent une partie du travail du moteur sont :

1° Le frottement des tourillons de l'arbre de la roue.

2° Le frottement des tourillons de l'arbre à cames.

3° Le frottement des tourillons du manche.

4° Les chocs des cames contre les bouts des manches.

5° Le frottement des cames contre ces mêmes bouts.

Je ne fais qu'indiquer les résistances nuisibles dont le calcul n'offre d'ailleurs aucune difficulté.

PROCÉDÉ DES TONNES ET DE LA PRESSE.

95. Dans ce procédé le mélange des matières, et souvent leur trituration, ont lieu dans des tonnes auxquelles on communique un mouvement de rotation autour de leur axe ; les matières y sont soumises au choc de gobilles en bronze qui rebondissent constamment sur la paroi latérale du tonneau, cette paroi est garnie à cette fin de litaux saillants en dehors de la surface et parallèles à l'axe de la tonne.

Les matières qui, par ce moyen, peuvent être divisées à un point extrême, et mélangées avec une grande exactitude, sortent du tonneau sous la forme d'une poudre impalpable et onctueuse.

On donne au mélange la consistance nécessaire au grenage, en le mouillant avec de l'eau, et en le comprimant avec force.

96. L'invention de ce procédé, appelé révolutionnaire, est due au pressant besoin de poudre, que la France avait au temps de sa première révolution. Abandonné plus tard, il fut modifié et de nouveau essayé en France en 1822 pour la poudre de guerre, et il y est encore en usage pour la poudre de chasse.

Les poudres de guerre fabriquées d'après ce procédé, furent abandonnées parce que elles s'étaient montrées trop offensives aux bouches à feu.

97. Ce procédé a été modifié à diverses reprises et déjà même lors de son introduction. Voici la dernière modification qu'on y a faite dans ces derniers temps.

Les matières, séparément triturées sous des meules et tamisées ensuite, sont mises en proportion convenable, dans des tonneaux de bois de $0^m,865$ de longueur et de $0,^m704$ de diamètre, dont la surface concave est garnie de six liteaux en bois, larges de $0^m,027$ et saillans en dehors de cette surface de $0^m,034$; chaque tonneau reçoit 75 kgs. de matière et 90 kgs. de gobilles de bronze, ayant 9 millimètres de diamètre.

La vitesse du mouvement du tonneau autour de son axe est de 25,4 révolutions par minute.

Pour lui imprimer ce mouvement, chaque tonneau est traversé par un axe de fer qui se termine de chaque côté par un tourillon, ces tourillons s'appuyent sur des supports et y tournent entre des collets de cuivre; l'une des extrémités de l'axe porte une lanterne dont les fuseaux s'engrènent avec une roue dentée horizontale, qui met à la fois 18 tonneaux en mouvement.

98. La machine est un manège de quatre chevaux qui impriment le mouvement à l'arbre vertical de la roue. Les che-

vaux parcourent un cercle de $3^m,5$ de rayon ; la roue d'angle a $7^m,8$ de diamètre et 224 dents , la lanterne a $0^m,70$ de diamètre et 26 fuseaux.

La durée de l'opération est de trois heures.

Le travail mécanique employé pour mélanger en trois heures $18 \times 75 = 1350$ kilogr. de matières est celui de quatre chevaux qui parcourent trois tours de manège ou $3 \times 2\pi \times 3,5 = 66^m$ par minute , et dont la vitesse est par conséquent $1^m,1$. En comptant que l'effort exercé constamment par chaque cheval soit de 45 kgs., nous aurons pour le travail des 4 chevaux pendant 3 heures , $3 \times 60 \times 60 \times 4 \times 45 \times 1,1 = 2138400$ km.

Les résistances nuisibles sont ici

1°. Le frottement du pivot de l'arbre vertical dans sa crapaudine.

2°. Celui des dents de la roue contre les fuseaux des lanternes.

3°. Celui des tourillons des tonneaux entre leurs collets.

Ces résistances absorbent environ $1/5$ à $1/4$ de ce travail , de sorte que pour le travail utile , il ne reste que 1603800km., lesquels je réduirai à 1500000 pour compenser d'une part les interruptions et parce que d'autre part la vitesse des chevaux est un peu trop forte.

Il résulte de ces calculs que le mélange d'un kilogramme de matière exige dans ce procédé environ 1100^{km} de travail utile.

En y ajoutant celui qui a été absorbé par la trituration des matières et celui qu'exige leur compression convenable , on aurait le travail total absorbé par la fabrication d'un kilogramme de poudre.

99. La matière étant retirée du tonneau , reçoit sous une forte pression la consistance requise pour pouvoir être grênée. A cette fin , on la comprime entre des plateaux de bois de noyer, dont l'une des faces est encadrée par un rebord , et dont l'autre a une feuillure destinée à recevoir le rebord du plateau inférieur ; la matière à comprimer est mise entre des plateaux successifs et en est séparée par des toiles mouillées ; ayant ainsi

formé une pile de 23 plateaux , on la soumet à l'action d'une presse qui réduit l'épaisseur des couches de neuf à deux millimètres.

Le procédé des tonneaux modifié , employé aujourd'hui en France pour la poudre de chasse est tel qu'il suit. (Cotty , supplément , pag. 547.)

TRITURATION PRÉLIMINAIRE.

100. Le soufre et le charbon , avant d'être mêlés avec le salpêtre , sont pulvérisés dans des tonnes par le choc de gobilles en bronze.

La tonne est un cylindre de $1^m,1$ de longueur sur $1^m,14$ de diamètre , ayant à l'intérieur 12 liteaux de bois qui ont une saillie de deux centimètres en dehors de la surface concave de la tonne.

Pour commencer la trituration, après avoir introduit dans le tonneau 18 kgs. de charbon et 150 kgs. de gobilles de 4 millimètres de diamètre , on imprime à la tonne un mouvement rotatoire de 28 à 30 révolutions par minute. Au bout de 12 heures , la pulvérisation du charbon étant achevée, on ajoute au charbon 15 kgs. de soufre en morceaux , dont la trituration et le mélange avec le charbon s'effectuent à la fois. Pour retirer le mélange binaire de la tonne , on remplace la porte , pratiquée dans sa surface convexe , par une toile métallique percée de 14 ouvertures par centimètre carré , et il suffit alors de faire faire à la tonne quelques tours pour en extraire la matière convenablement pulvérisée , et qui alors a une densité de 0,304.

On ajoute au mélange le salpêtre raffiné , dont la trituration et le mélange avec la composition binaire s'effectuent à la fois.

Le charbon étant des trois matières la plus difficile à pulvériser , subit aussi le plus long-temps l'action des gobilles , et le salpêtre étant très-facile à réduire à un grand état de division , il a été reconnu inutile de lui faire subir une pulvérisation préliminaire.

101. La trituration du soufre en présence du charbon, a été reconnue plus parfaite que si elle était faite isolément. On attribue ce résultat à ce que le soufre s'incorporant au charbon, n'échappe pas aussi facilement à l'action des gobilles que lorsqu'il est seul.

La densité du charbon augmente constamment à mesure que sa division est plus grande ; sa marche progressive est d'abord assez rapide, plus tard la prolongation de la trituration n'avance presque plus la division , et c'est alors qu'on l'arrête.

Voici les densités observées à différentes époques :

					Différence.
Au bout de	2 heures de trituration	0,220	»
»	»	4	»	»	0,243	0,023
»	»	6	»	»	0,280	0,037
»	»	8	»	»	0,282	0,002
»	»	10	»	»	0,294	0,012
»	»	12	»	»	0,296	0,002

MÉLANGE.

102. Le mélange de la composition binaire avec le salpêtre se fait dans une tonne en cuir, appelée le mélangeoir.

Le mélangeoir est formé de trois fonds verticaux en bois de chêne, montés sur un arbre en bois et dont l'écartement est maintenu par douze côtes en bois , vissées sur ses fonds. Toutes ces côtes sont ensuite recouvertes par un fort morceau en cuir qui y est attaché, de manière à former ainsi un cylindre qui présente deux compartiments. La tonne a $1^m,20$ de diamètre et autant de hauteur ; elle se ferme au moyen d'une porte vissée à écrous.

On verse dans chaque compartiment du mélangeoir 60^k de gobilles, ayant 4 millimètres de diamètre , et par dessus un boisseau contenant 25 kgs. de composition ternaire dans la proportion :

de   5,50 kgs. de composition binaire de charbon et de soufre.

19,50 kgs. de salpêtre raffiné.

Cela fait, on imprime à la tonne un mouvement de 25 à 30 révolutions par minute, mouvement qu'on continue pendant 12 heures.

Le mélange des matières étant alors très-intime, on le retire de la tonne en le tamisant à travers une toile métallique qui remplace provisoirement la porte en bois du tonneau.

103. La densité de la matière suit d'abord une progression assez rapidement décroissante, qui augmente ensuite et reste à la fin stationnaire.

Voici la densité observée à différentes époques.

Au bout de	1 heure	. . .	0,394
» »	2 heures	. . .	0,368
» »	3 »	. . .	0,355
» »	4 »	. . .	0,342
» »	5 »	. . .	0,340
» »	6 »	. . .	0,337
» »	7 »	. . .	0,338
» »	8 »	. . .	0,344
» »	9 »	. . .	0,352
» »	10 »	. . .	0,357
» »	11 »	. . .	0,356
» »	12 »	. . .	0,357

Ce n'est qu'au bout de 12 heures que l'on regarde l'opération comme terminée.

On le reconnaît à l'état pâteux de la matière, à sa propriété de s'attacher aux parois du tonneau et de ne former plus qu'une seule masse avec les gobilles. Il convient alors de la retirer. Pour cela, on enlève la porte pleine et on la remplace par une autre en toile métallique, en faisant faire cinq ou six révolutions au tonneau; toute la matière s'échappe à travers le tissu et est reçue dans une maye.

ARROSAGE.

------

104. Dans chaque maye , qui contient 50 kil. de matière , on verse avec un arrosoir , dont la pomme est percée de petits trous , un kilogramme d'eau.

COMPRESSION.

------

105. La compression se fait sous des meules verticales dont le moteur est l'eau , ou à l'aide d'une presse hydraulique.

Les meules sont en bronze et recouvertes chacune d'une bague de cuivre , elles reposent sur une plate forme en bois d'orme.

La meule a 1^m,50 de diamètre , 0^m,50 d'épaisseur et elle pèse 2500 kilogrammes.

La charge de la plate-forme est de 50 kilogrammes , elle y est répandue en une couche de 5 centimètres d'épaisseur. La vitesse des meules dans le principe augmente graduellement jusqu'à ce que celles-ci fassent huit révolutions par minute autour de l'axe vertical ; les meules conservent cette vitesse pendant une heure ou une heure et un quart. Après ce temps , on fait un second arrosage , en fixant derrière une des meules , un tube horizontal criblé de trous et plein d'eau ; la quantité d'eau qu'on répand ainsi sur la galette est encore d'un kilogramme. Pendant qu'on arrose , les meules continuent à se mouvoir.

L'arrosage étant fait , l'ouvrier retourne la matière à l'aide d'un ciseau garni de cuivre , puis il ralentit le mouvement des meules jusqu'à ce qu'elles ne fassent plus que quatre révolutions par minute. Il les laisse agir ainsi pendant trois quarts d'heure , au bout desquels il les arrête. La galette qui a alors une épaisseur de 18 millimètres et qui contient encore $\frac{1}{2}$ p. $^\circ$⁄₀ d'eau , est brisée en petits morceaux que l'on porte au grenoir.

106. Lorsqu'on emploie la presse hydraulique , on place la matière entre des feuilles mobiles de cuivre dont on forme une pile de 23 de hauteur , de sorte que deux feuilles soient toujours séparées par une couche de composition , qu'on a préalablement humectée , dans un boisseau , de 3 à 4 p. % d'eau. La pile est terminée par une feuille de cuivre et recouverte d'un plateau mobile en bois.

La caisse ainsi préparée et mise sur le plateau de la presse , on remplit l'intervalle entre le plateau mobile et le dessous du sommier de chantiers , dont les couches successives se recroisent , puis on fait agir l'eau pour soulever la caisse jusqu'à ce que cette dernière soit près de toucher le sommier. Les lits de chantiers s'étant par ce mouvement enfoncés dans la caisse de toute leur hauteur , auront comprimé la matière en minces galettes. On fait ordinairement deux pressées (sous une pression de 50 kil. par centimètre carré de la surface pressée) et les galettes sortent de la presse ayant une épaisseur qui varie de 10 à 30 millimètres , selon l'espèce de poudre ; ces galettes rompues en morceaux , sont propres à être grenées.

Les poussiers qui proviennent du fractionnement de la galette , sont de nouveau mis en galette , sans arrosage , à l'aide du laminoir.

LAMINOIR.

107. Le laminoir est formé de trois cylindres , reposant les uns sur les autres. Les deux cylindres extrêmes sont en cuivre , et celui intermédiaire est en bois. Une toile sans fin s'engage entre les deux cylindres supérieurs ; une autre toile sans fin embrasse le cylindre inférieur ; c'est sur cette toile que l'on place une couche de poussier de deux centimètres d'épaisseur. Lorsque la roue hydraulique donne le mouvement au cylindre inférieur , les autres cylindres tournent aussi sur eux-mêmes , et la toile chargée de poussier est entraînée entre les cylindres , d'où elle sort comprimée par la pression qu'elle y a subie

et que l'on peut augmenter par un mécanisme de leviers chargés de poids. Parvenue un peu en avant des cylindres, la galette se brise par son propre poids et tombe dans une caisse.

La couche de poudre est ainsi réduite en une galette extrêmement dure de 5 millimètres d'épaisseur, et dans cette opération elle est soumise à une pression de 25000 kil.

PROCÉDÉ DES MEULES.

108. Sur un massif en maçonnerie (Pl. 2, fig. 1), d'une hauteur
de 8 à 10 décimètres, repose une pierre circulaire N (la table),
garnie d'une bordure, en planchettes légèrement inclinées vers la
surface supérieure, qui servent à retenir les matières sur la table.
Le milieu de la table, un peu concave à sa surface supérieure,
est percé par un arbre vertical, mobile autour de son axe, dont
l'extrémité inférieure a un pivot qui tourne dans une crapaudine, et dont l'extrémité supérieure est maintenue par un collet
fixé sur une pièce de la charpente. L'arbre vertical est traversé
à angle droit, par un essieu en fer qui sert d'axe à deux
meules verticales et qui les entraîne dans le mouvement de
rotation de l'arbre vertical. Les fusées de l'essieu se meuvent dans
des boîtes de cuivre qui sont enchâssées au centre de chaque
meule. Des charrues, pièces en bois dont les manches verticaux sont fixés à une règle horizontale que porte l'arbre, glis-
sent derrière les meules et servent à remuer la matière et à la
ramener de nouveau sur le chemin que la meule parcourt. Un
homme muni d'un râteau remue également la matière sans interruption et empêche qu'elle ne se dérobe à l'action des
meules.

109. Les moteurs ordinaires du moulin sont les chevaux ou
l'eau.

Dans le premier cas, le cheval est ou immédiatement attelé
à l'essieu prolongé, et alors la partie du sol sur lequel le cheval marche doit être rehaussée ; ou la flèche d'attelage part de

l'arbre vertical dans une direction oblique vers le sol comme cela a lieu dans le manège suédois : et dans la poudrière de Wetteren , en Belgique , ce sont quatre liens qui partent : deux des extrémités d'une pièce horizontale fixée sur le haut de l'arbre vertical , et les deux autres des extrémités de l'essieu , et qui sont assemblés tous quatre au point où l'on veut atteler le cheval.

Cette disposition offre l'avantage réel de donner deux points d'appui à l'axe de rotation des meules , car il est évident que le système de liens soutient les extrémités des fusées qui , dans ce cas , se trouvent à une distance assez grande des meules. Enfin on peut prendre une disposition quelconque parmi les manèges connus.

110. La circonférence que le cheval parcourt ne peut avoir un rayon moindre que quatre mètres ; mais il est plus avantageux de lui en donner cinq ou même six ; cette dernière distance est celle qu'on a adoptée presque partout comme la plus convenable ; à la poudrière de Wetteren , elle n'est que de 4^m. Si le cheval est attelé à un bras de levier trop court , la direction de la traction fait un angle aigu avec le bras de levier et il y a décomposition de cette force en deux autres , l'une perpendiculaire au levier , l'autre dans la direction de ce dernier , qui est perdue pour le travail utile. Le cheval serait d'ailleurs continuellement gêné dans ses mouvements , en lui faisant parcourir des circonférences d'une trop forte courbure , ou ce qui revient au même , d'un rayon trop petit.

Lorsque le moteur est l'eau , l'arbre de la roue porte un hérisson qui , par l'intermédiaire d'autres roues , communique le mouvement à l'arbre vertical. Dans le mécanisme représenté fig. 1 , pl. 2 , l'arbre de la roue hydraulique porte un hérisson EE qui , par l'intermédiaire de la lanterne FF , communique le mouvement à l'hérisson GG , qui le transmet enfin à la lanterne HH , fixée sur l'arbre vertical , et par conséquent à ce dernier lui-même.

111. La distance des meules à l'axe de rotation doit être petite afin que la courbure de la circonférence qu'elles décrivent soit

forte ; alors les meules qui tendent constamment à continuer leur mouvement dans la direction de la tangente sont
sans cesse ramenées dans la direction de la courbe , et il en
naît une action broyante très prononcée, dont l'effet est très utile
dans la trituration et le mélange des matières. Les deux meules
se meuvent le plus souvent à des distances inégales de l'axe de
rotation ; de cette manière les matières déplacées vers l'axe par
la meule extérieure subissent l'action de la meule intérieure ,
et les matières que celle-ci a éloignées de l'axe viennent se
placer d'elles-mêmes sur le chemin que parcourt l'autre meule.
A la poudrière de Wetteren les points milieux des meules se
trouvent l'un à 67 l'autre à 93 centimètres de l'axe de rotation.

112. La cage du moulin à meules est souvent en charpente
et d'une construction légère. En France le côté opposé au coursier est en maçonnerie, les autres sont en charpente ; les côtés
et le toit sont munis de soupapes qui s'ouvrent par la pression
des gaz lors d'une explosion , et la rendent moins désastreuse.
Les portes s'ouvrent du dedans au dehors. En Angleterre le
toit est souvent en planches et le sol à l'intérieur du moulin
consiste en une couche d'argile battu.

113. Dans quelques moulins de Cambridge , on se sert d'un
mécanisme ingénieux pour inonder la matière tout d'un coup
lors d'une explosion : deux tables avec leurs meules sont renfermées dans deux bâtiments contigus séparés par le courant
d'eau qui fait mouvoir la roue hydraulique. Au dessus de la
table se trouve un vaisseau plein d'eau dont le fond est bouché
par un tampon suspendu à un levier ; les extrémités voisines des
deux leviers traversent les côtés des deux cages , où elles trouvent
leurs points d'appui , et sont réunies à charnière au dessus du
courant d'eau ; les extrémités opposées de ces leviers sont reçues
dans des entailles pratiquées dans la charpente à l'intérieur , de
telle sorte qu'elles puissent y avoir un léger mouvement ascensionnel qui suffit pour soulever le tampon , et pour laisser
échapper l'eau sur la table. Elles portent des entonnoires en fer
blanc qui se trouvent placés au dessus de la table, et contre la
paroi intérieure desquels les gaz agissent pour soulever les tam

pons. Il est évident que le mouvement ascensionnel de l'un des leviers est communiqué à l'autre et que les deux tables sont inondées à la fois.

114. En Allemagne et en Belgique on triture séparément le nitre et le soufre, quant au charbon, on l'ajoute en bâtons aux deux autres matières déjà mises sur la table; en Angleterre, on broie, dans quelques moulins, le soufre sous une meule, le charbon et le nitre sous une autre; dans d'autres établissemens et je crois dans ceux du gouvernement, les matières ne sont que grossièrement divisées avant d'être soumises ensemble à l'action de la meule. On en agit de même à la poudrière d'Esquerdes en France. Les avis sur l'utilité de ces divers procédés sont partagés, la trituration séparée de chaque matière rend la division plus grande, mais il se pourrait que la trituration et le mélange effectués à la fois rendissent ce dernier plus exact; en effet en triturant plusieurs corps à la fois, leurs fragmens se mêlent à chaque division et d'autant plus peut-être que cette division est moins avancée. Des essais faits en Hollande, pour lesquels on avait d'abord trituré les matières séparément et ensuite on les avait mêlées ensemble dans des tonnes avant de les porter sur la table, ont donné une poudre d'une qualité supérieure, et cela s'explique facilement lorsqu'on considère que comme moyen de mélange les gobilles et les tonnes sont incontestablement supérieurs à la meule.

Les matières étant mises sur la table, on les broie à sec pendant la première demie heure afin de faciliter leur mélange; dans beaucoup de moulins on les humecte légèrement dès le principe afin d'éviter un danger réel; on les arrose ensuite avec environ 2 °/₀ d'eau et on continue la trituration jusqu'à ce qu'il apparaisse du poussier à la surface de la matière ce qui indique que l'arrosage doit être répété; on a soin de répartir l'eau sur toute la masse soit avec un arrosoir à main soit en fixant derrière la meule un tube d'arrosage horizontal criblé de trous qu'on peut fermer à l'aide d'un robinet. Il est important de veiller à ce que la masse ne devienne ni trop sèche ni trop humide : trop sèche elle s'agglomère et adhère fortement à la meule et

il peut arriver alors que des parties de la meule et de la table
se frottent sans interposition de matière et occasionnent des
explosions ; trop humide le mélange se fait mal, la matière
glisse sur la table au devant de la meule et se dérobe à son action. Lorsque la trituration et le mélange des matières sont convenablement effectués, ce que l'ouvrier reconnaît à la consistance onctueuse de la masse, il ralentit le mouvement des meules
si celui-ci est trop rapide comme cela arrive lorsque le moteur est l'eau : la meule comprimant alors pendant un temps
plus long les portions de la masse qui sont successivement soumises à son action, la matière est comprimée plus fortement, et
prend la consistance nécessaire pour être grênée.

Pour obtenir un mélange intime, il est extrêmement important de bien saisir le moment opportun de l'arrosage et de le
faire avec une quantité d'eau convenable ; la quantité totale d'eau
est de 7 p. °/₀ environ, mais elle est essentiellement variable
suivant le temps : par un temps humide on peut la diminuer,
surtout lorsque les meules sont en pierre car celles-ci absorbent
alors l'humidité de l'atmosphère et la cèdent à la masse.

115. La quantité d'eau que la galette doit conserver pour
avoir la consistance nécessaire au grénage, est en raison inverse de la durée de l'action des meules ; il est extrêmement
avantageux de n'en conserver que la moindre quantité possible, en effet cette eau, lors du séchage de la poudre,
augmente de volume, et en s'évaporant se fraye un passage à
travers les particules du grain et de son enveloppe, ce qui rend
le grain poreux, friable et la poudre est alors difficile à conserver ; si enfin la poudre a été lissée, il arrive infailliblement
que le grain perd son lustre d'autant plus qu'il contenait plus
d'eau renfermée dans son intérieur.

Pour que la galette acquière une densité convenable il est essentiel de ne pas soumettre à la fois une trop forte quantité de
matière à l'action de la meule, cette quantité varie peu de 20
kgs. elle ne doit pas dépasser 30 kgs. même pour les meules
les plus lourdes. A la poudrière de Wetteren elle est de 25.

116. Le travail utile est celui qui sert à écraser la matière

amassée devant la meule et sur laquelle celle-ci doit être soulevée sans cesse. La force qui porte la meule en avant se décompose en chaque instant en deux autres : l'une dirigée normalement vers l'obstacle (l'arête qui sépare la couche comprimée de celle qui doit l'être) constamment renouvelé, et autour duquel la meule pivote sans cesse ; l'autre, verticale, qui soulève la meule et qui devrait la soulever à la hauteur de l'obstacle si celui-ci ne cédait pas à la compression ; le travail de cette dernière composante serait perdu pour l'effet utile, s'il n'était restitué aussitôt après et intégralement par le travail du poids de la meule.

La composante de la force motrice de la meule, normale à l'obstacle et le poids de la meule affaissent chacun la matière d'une quantité donnée et l'étendue de ces compressions multipliée par la force comprimante constitue le travail utile.

117. La différence entre le travail du moteur et le travail transmis est celui des résistances nuisibles qui sont ici les frottements des tourillons, des pivots, des fusées contre les boîtes des meules et enfin des engrenages. Le calcul des pertes de travail que ces résistances nuisibles occasionnent n'offre aucune difficulté, et on parvient aisément à connaître le travail utile lorsqu'on connaît le travail du moteur et les dimensions du mécanisme.

Dans la poudrière de Wetteren, j'ai calculé le travail utile et l'ai trouvé d'environ 36,000 kilogrammètres par kilogramme de galette (note 4).

118. On peut se demander si l'ouvrage fait dépend uniquement du travail utile du moteur, quelque soit le poids de la meule, ou si l'ouvrage est modifié par le poids de cette dernière. — La meule ne joue ici évidemment d'autre rôle que celui d'un outil dont la fonction est de transmettre la force motrice au point de la résistance utile ; si le poids de cette meule travaille à son tour, ce n'est qu'une restitution dont la valeur ne dépasse pas le travail qui a été absorbé dans l'élévation de la meule. Dès lors il semblerait que l'ouvrage fait doit être indépendant du poids de la meule, du moins jusqu'à une certaine limite, et en effet

nous voyons les plus grandes différences dans le poids de la meule : ainsi, par exemple, la meule employée en Russie pèse 14,000 kgs., tandis que celle en usage en Saxe ne pèse que 150 et l'on parvient cependant avec chacune de ces meules à fabriquer de la bonne poudre à canon. — Je pense toute fois qu'ici de même que pour les meules horizontales qui servent à moudre le grain, l'effet utile croît jusqu'à une certaine limite avec le poids de la meule, et je fonde cette opinion sur ce qu'il doit exister une durée de temps nécessaire à un agent mécanique pour exécuter le maximum de travail, et qu'une meule très légère qui exécuterait son mouvement avec une grande rapidité n'aurait pas le temps nécessaire pour comprimer convenablement la masse.

Il doit donc exister une relation entre le poids de la meule et sa vitesse, relation indispensable pour qu'un effet dynamique donné, tout le reste étant égal, effectue le maximum d'ouvrage.

Ce serait un problème extrêmement intéressant de déterminer l'effet utile nécessaire pour fabriquer sous la meule un kilog. de poudre d'une densité donnée, le poids indispensable pour obtenir cette densité et la relation la plus avantageuse entre le poids de la meule et sa vitesse, enfin la durée de temps la plus favorable à l'opération. Les résultats qu'on obtiendrait varieraient nécessairement avec la quantité de matières qu'on soumet à la fois à l'action des meules, et il doit exister pour une meule d'un poids et d'une vitesse donnés, une charge qui est la plus avantageuse.

Le problème ne peut être résolu qu'à la suite de nombreuses expériences ; mais il semble probable qu'une meule lourde et une charge peu considérable doivent être préférées.

119. Les dimensions, la forme et la matière des meules, leur poids, leur vitesse, la quotité de la charge de la table et enfin la durée de l'opération varient d'un pays à l'autre, et ne sont nullement déterminés d'une manière rationnelle. Leur diamètre varie ordinairement de $1^m, 2$ à $2, 6$; en Saxe il n'est que de $0^m, 5$.

120. Leur forme ordinaire est celle d'un cylindre ; en Saxe

cependant elle est lenticulaire , et en Prusse (fabrique de Neisse) tronconique.

Cette dernière forme a été proposée par MM. Botté et Riffault , afin d'éviter le frottement dangereux qui naît de la tendance des meules à persévérer dans le mouvement rectiligne suivant la tangente dont elles sont constamment détournées , et dans le but d'obtenir une pression égale sur toute l'étendue de la meule ; ces messieurs proposent de ramener par des barres , ou autrement , le centre de gravité à celui de figure. Il est certain que de cette manière le danger est diminué ; cependant on préfère assez généralement la meule cylindrique , parce que c'est précisément le frottement que MM. Botté et Riffault veulent éviter , qui rend la division des matières plus grande et leur mélange plus intime.

121. Les meules sont faites de carbonate de chaux fétide (pierre porc ou puante) qu'on trouve dans le pays , aux environs de Namur , de marbre , de fonte , de bronze.

Les meules en marbre ou en pierre porc semblent préférables aux meules métalliques qui s'usent souvent d'une manière inégale ; les premières ont cependant l'inconvénient , surtout lorsqu'elles servent depuis long-temps , d'absorber l'eau , ce qui rend nécessaire d'augmenter la quantité d'eau avec laquelle on arrose , et de se détériorer beaucoup lors d'une explosion.

122. Le poids des meules est très-variable , ses limites sont le poids de la meule saxonne qui ne pèse que 150 kilog. et le poids de la meule russe qui est de 14000 kilog. ; leur poids ordinaire est de 2500 et plus souvent encore de 5000.

123. La vitesse de la meule est en raison inverse de son poids ; lorsque le moteur de la machine est l'eau , les meules font ordinairement 8 à 10 révolutions par minute ; en employant des chevaux , la vitesse est le plus souvent la moitié environ de celle qui précède.

124. La quotité des matières qu'on triture et comprime à la fois sous les meules diffère ordinairement peu de 20 kilog. Au Bouchet en France , où les meules ne servent qu'à la compression des matières , on en met 50.

125. La durée de l'opération varie beaucoup avec la qualité de la poudre qu'on veut obtenir, la densité de la galette, la quantité d'eau qu'elle doit conserver, etc. M. Maguin semble croire qu'avec des meules du poids de 5000 kilog. faisant 8 tours par minute, $1\frac{1}{2}$ heures de trituration suffisent ; mais il est hors de doute qu'il vaut mieux y mettre 3, 4 à 5 heures : avec cette durée la division des corps sera plus grande, leur mixtion plus intime, la galette sera plus dense, et il suffira d'une moindre quantité d'eau pour lui donner la consistance nécessaire au grénage.

Lorsque les matières sont broyées séparément, leur trituration et la formation de la galette exigent beaucoup moins de temps que lorsqu'il faut d'abord diviser les matières. Dans ce dernier cas, il semblerait d'après M. le capitaine Meyer, qu'en Angleterre les meules font 1400 tours pour la poudre de guerre et 5000 pour la poudre de chasse, tandis qu'avec des matières triturées au préalable, 200 tours suffisent.

Je terminerai en donnant un tableau qui renferme les principales données des moulins à meules.

TABLEAU DES DONNÉES IMPORTANTES DES MOULINS A MEULES.

PAYS ET LOCALITÉ.	MATIÈRE DE LA MEULE.	FORME.	DIAMÈTRE.	ÉPAISSEUR.	POIDS D'UNE MEULE.	DISTANCE DU MILIEU DE L'OEIL DES MEULES A L'AXE DE L'ARBRE.		MOTEUR.	NOMBRE DE RÉVOLUTIONS PAR MINUTE.	DURÉE DE LA TRITURATION.	NOMBRE TOTAL DE RÉVOLUTIONS.	CHARGE DE LA PAIRE.	NOMBRE DE KILOGRAMMÈTRES DE TRAVAIL UTILE par kilogramme de charge.	NATURE DE LA TABLE.	OBSERVATIONS.
			m.	m.	k.	DE LA PLUS PETITE.	DE LA PLUS GRANDE.					k.			
Russie	fonte.	cylindrique.	2,668	0,356	14328	»	»	2 chevaux	3 à 4	5 heures.	9 à 1200	24,540	53450	fonte.	
Angleterre, Dartfort.	marbre.	id.	2,135	0,457	4417	0,254	0,101	l'eau.	8	4 —	1400	18,420	»	fonte.	
Id., Tunbridge.	marbre.	id.	1,220	0,381	1200	»	»	l'eau.	8	»	»	»	»	»	
Belgique, Wetteren.	carbonate de chaux (dur).	id.	2,600	0,350	4940	0,870	0,930	1 cheval.	8	5 —	900	35,000	28000	carbonate de chaux (dur).	Les meraux qu'on emploie à Wetteren, marchant avec une vitesse de 1m,25 par 1″.
Prusse, Berlin.	id.	id.	1,263	0,314	1010	»	»	1 cheval.	4	6 —	1400	21,000	41000	id.	
France, Esquerdes.	bronze.	id.	1,800	0,450	5560	»	»	l'eau.	8	2 — variable	680	96,080	»	»	
Hollande.	id.	id.	2,200	0,470	4733	»	»	1 cheval.	8	à la 1/4	600	17,780	63000	carbonate de chaux (dur).	
Saxe, Dresde.	bronze.	lenticulaire.	0,566	0,109	154	»	»	l'eau.	4 variable.	5 —	4200	9,820	»	»	

*Procédé du général anglais Congrève (a Short account of the
improvements in gun Powder).*

126. Le dosage des trois matières pulvérisées séparément
d'avance, se fait dans une machine dont le mécanisme est le
suivant : un même axe, auquel on imprime un mouvement de
rotation, perce la partie inférieure de trois trémies dans le sens
de leur longueur. L'axe porte trois brosses de crin, d'une
forme cylindrique, qui bouchent presqu'entièrement l'ouverture
quadrangulaire inférieure des trémies, de telle sorte que de
ces dernières la matière ne puisse s'échapper que par un mince
ruban de la largeur de la brosse. Dans la première trémie on
verse le nitre, dans la seconde le charbon, et dans la troisième le soufre. On obtient par une position plus ou moins
élevée de la brosse, que la quantité de matière (qu'on ne pèse
pas) s'échappe de la trémie dans la proportion voulue. Les trois
rubans de nitre, de charbon et de soufre tombent sur une toile
sans fin, qui s'enroule sur deux cylindres auxquels on imprime
un mouvement de rotation beaucoup plus rapide que celui des
brosses. Par ce mouvement, les matières s'y étendent en une
couche mince et s'y entre-mêlent ; parvenues ensuite au cylindre inférieur, elles tombent de la toile par leur propre poids,
et sont reçues dans une trémie qui communique avec l'intérieur d'une tonne, dans laquelle leur mélange s'achève, et
que pour cela je nommerai le mélangeoir.

C'est une caisse en bois, contenant, dans le sens de sa longueur, un tonneau traversé d'un axe horizontal autour duquel
on lui imprime un mouvement de rotation très-rapide. Des ouvertures, fermées par des portes, sont distribuées sur le pourtour convexe du tonneau, et servent à l'introduction de la matière et à son déchargement.

L'axe du tonneau porte une trémie, maintenue par des poids
dans une position verticale ; il perce également une brosse cy-

lindrique , ayant le même axe que lui , et remplit , à peu de chose près , l'ouverture quadrangulaire inférieure de la trémie. La moitié inférieure de la brosse est enveloppée d'un tamis de laiton à mailles très-serrées , de sorte que la brosse , dans sa rotation , broie la matière contre le tamis à travers lequel elle tombe dans le tonneau. La paroi intérieure de ce dernier est garnie de tringles ou de petites planchettes placées normalement à la surface , qui servent à ramener la matière vers la partie supérieure du tonneau , d'où elle retombe par son propre poids dans la trémie qui fait corps avec l'axe , pour être triturée et mélangée de nouveau. Au bout d'un quart d'heure les matières étant intimement mélangées , on vide le tonneau , en ouvrant l'une des ouvertures de sa surface convexe , et lorsque la caisse contient suffisamment de composition , on la décharge aussi en ouvrant la porte d'une ouverture pratiquée dans le fond.

Pour introduire la matière dans le tonneau, on la verse dans une trémie placée dans le couvercle de la caisse , et dont l'ouverture inférieure correspond avec une des ouvertures pratiquées dans la paroi convexe du tonneau. Souvent on ne se sert que du mélangeoir dans lequel on verse alors les matières triturées séparément et passées au blutoir de la manière ordinaire.

La compression du mélange se fait à l'aide d'une presse hydraulique.

DU GRÉNAGE.

127. Le local où l'on grène la poudre s'appelle le grenoir ; la construction de cette enceinte doit être légère , et ses parois doivent avoir des parties faibles qui cèdent les premières et qui rendent moins désastreux les effets d'une explosion. Les fenêtres ne doivent être garnies que d'un chassis de canevas , dans la crainte que dans le verre il ne se trouve des globules , qui faisant l'office de lentilles , pourraient enflammer la poudre. Si l'on a des vitres , il faut les blanchir.

Dans le grenoir il faut user des plus grandes précautions pour éviter les accidents.

128. Le procédé de granulation le plus usité consiste à rompre tant soit peu la galette au sortir du moulin, et à continuer sa division en lui faisant subir, dans des cribles les chocs de corps durs qui fractionnent la galette, et la forcent à traverser les cribles. Les corps durs qu'on emploie ordinairement à cette fin sont des disques en bois dur, nommés tourteaux, ou des balles en bronze ou en zinc.

En France, on se sert du tourteau à l'aide duquel on divise la galette dans deux cribles successifs ; dans le premier, le guillaume, la galette est rompue en fragments plus ou moins grands, et dans le second, le grenoir, les fragments sont divisés en grains de la grosseur voulue. La granulation est alors achevée, et il suffit de tamiser la poudre afin d'en séparer le poussier et les grains dont la grosseur diffère de celle que l'on veut obtenir.

Pour que la granulation s'opère bien, il importe que le tourteau acquière un mouvement de rotation et vienne se replacer constamment sur la matière qu'il a abandonnée ; la vitesse du tourteau doit être maintenue par l'ouvrier au point convenable et rester autant que possible constante ; si elle était trop grande, le tourteau, sollicité par la force centrifuge, serait constamment poussé contre la cerce du tamis, et si elle était trop faible, le choc du tourteau et partant son travail utile pour rompre la galette seraient nécessairement amoindris.

129. Pour donner au tourteau le mouvement circulaire qui lui convient, il existe plusieurs procédés que j'indiquerai d'abord sommairement.

En France, l'ouvrier imprime au crible un mouvement de va et vient en le glissant rapidement sur l'arête d'une barre en bois, qui a la forme d'un parallélipipède, et qui est placée horizontalement dans une caisse appelée maye.

En Allemagne et ailleurs, on enchasse plusieurs cribles dans un même cadre, suspendu au plafond du grenoir par une verge de bois élastique et par des cordes ; les cribles y sont triples et se composent chacun d'un grenoir, d'un égalisoir et d'un tamis en crin ; la matière est mise dans le grenoir et on place par dessus elle deux tourteaux ; un ouvrier imprime à ce cadre un mouvement oscillatoire horizontal.

Le procédé du colonel Lefebvre a beaucoup d'analogie avec le procédé allemand, on y emploie encore des tamis multiples qu'on place sur un cadre suspendu par des cordes au plafond de l'enceinte, et on imprime à ce dernier un mouvement oscillatoire horizontal autour de l'axe du cadre. Les cribles de cet appareil se composent chacun d'un guillaume dans lequel on rompt la galette par l'action d'un tourteau, d'un grenoir qui laisse passer le grain de la grosseur qu'on veut obtenir, le grain trop fin et le poussier, et enfin d'un troisième tamis qui ne donne passage qu'au poussier. Ce procédé se distingue du procédé allemand, par l'emploi ingénieux qu'on y fait de la force centrifuge : les grains trop gros retenus par le grenoir et chassés vers la circonférence de ce dernier y rencontrent des conduits inclinés qui les ramènent dans le guillaume pour y subir de nouveau l'action du tourteau, de même le grain nettoyé retenu par l'étamine et chassé aussi par la force centrifuge vers la circonférence de ce tamis, est conduit par une languette en cuivre vers une ouverture percée dans la cerce du tamis qui, à l'aide d'une manche de peau, communique avec la recette.

130. Il existe trois autres procédés de grenage qui diffèrent totalement de celui que je viens d'indiquer ; ce sont : le procédé révolutionnaire, le procédé Congrève et celui de Champy ; dans les deux premiers la galette, convertie sous une presse en lames minces, est divisée par l'action de cylindres cannelés ; dans le procédé révolutionnaire on divisait d'abord la lame avec un tel cylindre en lamettes, et on divisait ensuite celles-ci en petits parallelipipèdes en faisant rouler sur eux le cylindre dans un sens perpendiculaire au premier ; dans le procédé du général Congrève les lames, déjà morcelées avec des maillets, passent successivement entre deux laminoirs composés chacun d'une paire de cylindres cannelés dont la distance est plus grande dans le premier laminoir que dans le second.

Dans le procédé Champy enfin on verse dans un tonneau du grain fin , obtenu de la manière ordinaire , et après l'avoir humecté à l'aide d'un arrosoir placé dans l'intérieur du tonneau, on y introduit le mélange ternaire qui constitue la poudre ; pendant qu'on tourne le tonneau les grains mouillés s'enveloppent des couches concentriques de poudre auxquelles ils servent de noyau ; et on obtient ainsi des grains ronds d'une manière plus expéditive que par le procédé suisse.

131. La densité des grains est plus grande que celle de la galette et cela d'autant plus que le travail utile du tourteau a été plus considérable ; ce dernier dépend évidemment du poids du tourteau , de sa vitesse et de la durée de son action.

Pour que le grenage ajoute beaucoup à la densité des grains , il faut soumettre la galette en morceaux assez gros à l'action du tourteau qui seul doit alors achever la division ; il faut en second lieu que l'action du tourteau soit assez prolongée.

Cela explique pourquoi les poudres obtenues par le procédé de grenage allemand sont plus friables et moins dégagées de poussier que celles fournies par la méthode française ; en effet dans cette dernière la galette , d'abord rompue en fragments dans un premier crible , l'est de nouveau dans le grenoir , tandis que dans la méthode allemande la galette n'est rompue qu'une seule fois , le déchet lorsqu'on grène à l'allemande , est beaucoup plus faible que dans le procédé français , mais aussi la poudre obtenue par ce dernier est plus dense , plus égalisée , plus nettoyée et se conserve beaucoup mieux dans les transports et dans les magasins (a).

132. Après ces préliminaires je passerai maintenant à la description plus détaillée des différents procédés de granulation que je viens d'indiquer.

(a) Il serait extrêmement intéressant de calculer dans les différents procédés le nombre de kilogrammètres d'effet utile que le tourteau exerce sur chaque kilogramme de poudre grenée ; cette donnée serait des plus utiles pour la comparaison des différentes méthodes comme on a pu s'en convaincre par l'usage que j'en ai fait dans la description des procédés de mélange et de compression des matières.

133. En France on emploie pour grener la poudre, de grosses caisses en chêne, fig. 2, 3, 4, 5, 6 pl. 2, appelées mayes, qui sont traversées à 0,35ᵐ au-dessus du fond par des barres en bois *b* espacées de deux mètres, celles-ci portent sur une de leurs arêtes et leurs extrémités sont reçues dans des tasseaux *t* solidement chevillées sur les parois de la caisse; c'est sur ces barres que l'ouvrier glisse le crible pour imprimer au tourteau le mouvement convenable.

La hauteur de la maye sur le devant ou du côté des ouvriers est de 0ᵐ,97, celle de derrière de 1ᵐ,4, la profondeur de 0ᵐ,40 à 0ᵐ,48. Les côtés sont échancrés comme on le voit dans la fig. 4.

Le tourteau est en bois de gayac, ou autre bois dur; il est d'une forme lenticulaire et a les dimensions suivantes :

Diamètre.	0,210
Epaisseur au centre . . .	0,055
Epaisseur à la circonférence.	0,045

Les cribles sont en peau de cochon ou de veau; leurs percés ont les diamètres suivants : (a)

Guillaume.	10	millimètres.
Demi Guillaume.	5	—
Guillaume de fine	4	—
Grenoir en mine	4	—
— en guerre	2,5	—
— en fine.	1,0	—
— en superfine	0,5	—

Tous les cribles sont de forme ronde et composés chacun de deux cerces de bois de noyer enroulés l'une sur l'autre qui se recroisent de 0,6ᵐ sur les bouts; la peau tendue sur le fond de l'une des cerces est maintenue par l'autre que recouvre la première cerce en partie; la différence de hauteur des deux cerces

(a) En Belgique les diamètres prescrits pour les trous du grenoir sont :

Pour la poudre à canon.	2 millimètres.
— — de mousquetterie .	1 —

détermine la hauteur intérieure du crible. Les dimensions principales des cribles sont :

Diamètre intérieur. 0,600
Hauteur de la cerce extérieure. . . 0,120
—   —   — intérieure. . . 0,200
Epaisseur des cerces. 0,007

Les peaux ont une bande circulaire non percée de 10 à 11 millimètres de largeur qui est prise en partie entre les cerces.

134. La matière au sortir du moulin, renfermant encore une quantité trop forte d'eau dont la vaporisation après le grenage nuirait singulièrement à la solidité du grain, on la dépose quelques jours dans des tines placées à l'intérieur du grenoir et on éloigne ainsi l'excédant d'eau jusqu'à ce qu'elle ait acquis une consistance convenable pour le grenage (a) ; l'ouvrier commence le grenage par rompre la galette, dont il a déjà un peu concassé les faux culs trop durs, en la forçant de passer à travers le premier crible nommé *Guillaume*, à cette fin il place le crible sur la barre de sorte que son ouverture soit un peu inclinée du côté où se trouve, sur le fond de la maye, le tas des matières ; ayant ensuite chargé le Guillaume, avec une pelle, d'environ 15 à 18 kgs. de matière, il la relève horizontalement sur la barre et tamise de la manière ordinaire tout ce qui peut passer à travers le Guillaume sans être divisé ; le reste est rompu par le tourteau et forcé à passer à travers le crible. Il faut environ une minute et demie pour rompre 15 kgs. de galette.

Pour grener les fragments de galette que l'on vient d'obtenir, l'ouvrier enlève la barre sur laquelle il a glissé le Guillaume et la replace à côté de la matière qu'il vient de rompre ; se servant

---

(a) Il serait très-avantageux d'éloigner l'eau autant que possible avant le grenage ; lorsque la poudre grenée contient une trop forte quantité d'eau celle-ci en se vaporisant rend le grain poreux, friable et cette porosité ne disparaît qu'imparfaitement lorsqu'on lisse la poudre et elle reste subsister lorsqu'on ne la lisse pas.

ensuite du grenoir dont les perces ont le diamètre convenable ,
il grène la matière à l'aide du tourteau en la forçant à traverser
le grenoir. La charge du grenoir est de 5 à 6 kilogrammes et
il faut à l'ouvrier environ une minute et demie pour la faire passer
à travers ce crible.

135. La poudre étant grenée , il faut la débarrasser du poussier et des grains dont la grosseur n'est pas comprise entre les
limites tolérées ; ceux-ci sont ou trop petits ou trop gros et proviennent dans ce dernier cas de l'inégalité des trous du grenoir
ou de l'action trop forte du tourteau qui a fait céder la peau du
crible. Pour enlever le poussier , deux ouvriers tamisent la
poudre grenée dans des tamis de crin ; le premier lui enlève la
majeure partie du poussier , le second rompt , pendant qu'il
tamise , les aggrégations de grains et éparpille de temps à autre
la matière avec la main dans le tamis.

Une troisième ouvrier muni de deux cribles en peau , appelés
égalisoirs , égalise la poudre grenée , c'est-à-dire , il en extrait
les grains trop gros ou trop fins ; pour extraire les derniers il se
sert d'un grenoir en fine dont les perces ont 1 ou 1,4 millimètres
de diamètre et pour débarrasser ensuite la poudre des grains
trop gros , il emploie un grenoir dont les perces ont exactement
le diamètre prescrit.

La charge des tamis des trois derniers ouvriers est de 5 à
6 kilogrammes , chacun la tamise dans une minute.

Il suit des données qui précèdent que pour grener 10 à 12
kilogrammes de poudre il faut :

$$1 \text{ homme travaillant } 1' \text{ pour la rompre.}$$
$$1 \quad - \quad - \quad 3' \quad - \quad \text{grener.}$$
$$1 \quad - \quad - \quad 6' \quad - \quad \text{l'égaliser.}$$

Si donc le même homme rompt et grène , il faut qu'il y
ait 2 ouvriers de cette catégorie pour trois qui égalisent.

L'expérience apprend que 3 ouvriers grènent 600 kilog. de
poudre dans une journée de 10 heures de travail.

D'après les données précédentes la quantité de poudre grenée
en 10 heures devrait être beaucoup plus considérable ; les

allées et venues qui retiennent les ouvriers hors du grenoir em-
pêchent qu'il en soit ainsi.

136. En Allemagne on grène la poudre ainsi qu'il suit :

Au-dessus d'une maye aa, fig. 7, 8, 9, pl. 2, est suspendu un
cadre b à l'aide de deux cordes i et de la perche de bois élastique
h; celle-ci est chevillée contre le support g du cadre et ce
dernier est réuni au support également par des chevilles ; du
côté opposé de la perche, le cadre se termine par la main k
qui dépasse un peu le côté antérieur de la maye sur lequel il
doit glisser ; en grenant l'ouvrier saisit la main k et imprime
au cadre un mouvement oscillatoire de va et vient horizontal,
qui acquiert de la vitesse par la réaction de la perche.

Les côtés du cadre sont légèrement creusés et reçoivent dans
ces encastrements trois tamis multiples composés chacun d'un
grenoir, d'un tamis, et souvent, entre les deux, d'un égalisoir
qui sépare la poudre à canon de la poudre qu'on destine aux
armes portatives.

On charge chaque tamis d'environ 1,5 kgs. de matière, et on
place par dessus deux tourteaux qui la brisent et la forcent à
passer à travers le crible.

Pour grener cette quantité de 4,5 kgs. de poudre 15 minutes
de travail suffisent.

137. En suivant le procédé français la quantité de poudre grenée qu'on obtient est d'environ les quatre dixièmes du poids de la
galette soumise au grenage ; par le procédé allemand on obtiendrait d'après les indications de Renaud (1) plus que le double,
mais il est évident que cet auteur entend par là de la poudre
qui n'a pas encore été égalisée.

138. En Angleterre 24 cribles sont enchâssés dans un cadre
auquel on communique un mouvement oscillatoire de soixante
dix oscillations par minute. Chaque crible y reçoit deux tourteaux
en bois de gayac ayant l'un soixante quatre, l'autre cent millimètres de diamètre et tous deux trente huit millimètres d'épaisseur.
Deux ouvriers grènent par ce procédé environ 900 kgs. par jour,

____

(1) Instruction sur la fabrication de la poudre, pag. 118.

quantité qui est plus que le double de ce que fournit le procédé français.

139. Le grenoir du colonel Lefébvre est employé en France au grenage de la poudre de chasse. Sur un cadre octogone de $2^m,5$ de diamètre suspendu à l'aide de huit cordes à $0^m,8$ au-dessus du sol, sont disposés huit tamis multiples, composés chacun d'un guillaume, d'un grenoir et d'un troisième tamis à l'aide duquel on débarrasse le grain du poussier ; ces trois tamis sont superposés et enchâssés à tabatière ; le cadre reçoit un mouvement de va et vient circulaire qui lui fait achever de 70 à 75 oscillations par minute ; le mécanisme à l'aide duquel on lui imprime ce mouvement est le suivant : un arbre vertical, tournant autour de son axe, traverse le centre du cadre, support des tamis, et entraîne celui-ci d'abord dans sa rotation et le laisse ensuite rebrousser chemin pour achever son oscillation ; à cette fin l'arbre porte à l'endroit où il perce le cadre une saillie en forme de U dont la branche moyenne se meut à frottement contre le collet de cuivre qui garnit le passage de l'arbre au centre ; il est maintenant évident que l'arbre tournant autour de son axe, entraîne le cadre jusqu'à ce que la force née de la torsion des cordes l'emporte sur le frottement de la branche moyenne de la saillie contre le collet ; l'extrémité inférieure de l'arbre est munie d'une roue d'angle qui engrène avec une autre placée sur l'arbre horizontal d'une roue hydraulique, l'autre extrémité se termine par un pivot qui tourne dans une crapaudine fixée au plafond.

Le premier tamis, le guillaume, est en noyer et est percé de trous évasés par en bas ; il est fermé à sa partie supérieure par une peau qui se prolonge en boyau et communique avec une trémie dans laquelle on verse la matière à grener.

140. La matière rompue dans le guillaume à l'aide d'un tourteau, le traverse et tombe sur le grenoir ; celui-ci est une toile métallique de 220 mailles par centimètre carré ; les grains assez fins pour traverser la toile tombent sur l'égalisoir, les autres chassés par la force centrifuge vers la circonférence du grenoir y rencontrent deux conduits inclinés en

cuivrequi les ramènent dans le guillaume pour y subir de nouveau l'action du tourteau.

Le troisième tamis est une étamine de soie qui laisse passer le poussier et qui retient le grain nettoyé ; on extrait celui-ci du tamis en mettant encore à profit la force centrifuge ; à cette fin une ouverture percée dans la cerce du tamis au niveau de la soie laisse échapper les grains, ceux-ci y ont été amenés par la force centrifuge et conduits vers l'ouverture par une languette de cuivre placée à l'intérieur du tamis et dirigée en sens contraire du mouvement de rotation de ce dernier ; quant au poussier, il traverse l'étamine de soie et tombe sur la peau qui recouvre le cadre. Des manches en peau enfin conduisent le grain nettoyé et le poussier dans des recettes séparées.

On obtient par ce procédé de 100 kgs. de galette 52 kgs. de grain bien nettoyé, et 48 kgs. de poussier.

141. A la poudrière du Bouchet en France, on se sert encore d'un autre appareil de grenage appelé l'écureuil qui a été perfectionné par M. le colonel Lefèbvre et dont je vais donner une description succincte. L'écureuil qu'on emploie au grenage de la poudre des pilons ou des meules est un tambour cylindrique dont la paroi convexe est en toile métallique ; on y introduit la galette par une ouverture pratiquée au centre de l'un des fonds, et on y ajoute une vingtaine de balles de bois de trois à quatre centimètres de diamètre qui brisent la galette et la forcent de traverser les mailles de la toile métallique.

Les galettes très dures telles que celles qui proviennent du laminoir ne peuvent être brisées convenablement par le choc des balles en bois, la toile métallique est aussi trop fine pour supporter cette action ; afin de remédier à ces inconvénients, on y a apporté des modifications notables ; l'écureuil modifié se compose de deux tambours concentriques d'égale hauteur ; la paroi convexe du tambour intérieur est composée de liteaux qui laissent des jours de deux à trois millimètres entre eux ; on y brise la galette par le choc de 8 à 10 kilogrammes de balles d'étain de la grosseur de celles du fusil de munition ; la paroi convexe du tambour extérieur est une toile métallique ayant des mailles de grandeur con-

venable : c'est sur elle que tombent les fragmens de la galette ;
ceux qui ont la grosseur voulue la traversent, et ceux qui sont
trop gros sont ramenés dans le tambour intérieur ; à cette fin
il existe un conduit incliné en cuivre qui communique de ce dernier à la surface convexe du tambour extérieur, et qui est dirigé en sens inverse du mouvement de rotation.

L'écureuil fait 30 révolutions par minute, et grène en 24
heures 100 kgs. de poudre de chasse ou 500 kgs. de poudre de
guerre.

142. L'appareil de grenage du général Congrève consiste en
deux paires de cylindres, dont les surfaces convexes garnies
de saillies sont inégalement distantes, et d'un système de tamis
superposés ; la première paire de cylindres sert à rompre la galette, la seconde grène les fragmens obtenus et les tamis assor-
tissent les grains de grandeur différente et les dépouillent du
poussier.

Voici comment on opère :

La galette mince obtenue par le procédé décrit est d'abord
rompue en morceaux ; ceux-ci sont ensuite versés à travers une
trémie sur une toile sans fin qui les amène dans une pièce voisine et les verse à travers une seconde trémie sur la première
paire de cylindres ; au sortir de celle-ci les fragments de galette tombent sur une nouvelle toile sans fin qui les verse sur la
la seconde paire de cylindres où s'achève leur granulation.

Il reste maintenant à séparer les grains de grosseur différente
et à les dépouiller du poussier ; trois tamis superposés de grandeur décroissante et inclinés sous 30° servent à cette fin.

Les tamis sur lesquels la poudre tombe après avoir été grenée
retiennent les grains de grosseur différente et les versent dans
des recettes séparées. Le poussier qui traverse tous les tamis
est recueilli dans un conduit qui le verse dans un baril.

Le moteur de l'appareil secoue en même temps les tamis pour
amener les grains dans leurs recettes.

143. Le procédé Champy est le suivant :

Un tambour en bois de 5^{pi} de diamètre et de 2^{pi} de hauteur est
mobile autour d'un axe de fer horizontal, qui en perce un des

fonds et y est fixé invariablement ; l'autre fond du tambour a au centre une ouverture circulaire de 20_{pi} de diamètre dont la partie supérieure est bouchée par un secteur circulaire ayant un angle au centre de 140° ; ce secteur s'appuie sur l'axe et le fond du tonneau tourne autour de lui. A travers l'ouverture que le secteur laisse au-dessous de lui on introduit un tube percé de petits trous dont les centres se trouvent sur une même droite.

La direction du tube doit être parallèle à l'axe du tonneau : pour l'obtenir on le soutient par un appui dont l'extrémité est fixée sur le support de l'arbre du tonneau ; en outre un lien de fer rattache l'appui au secteur qui bouche en partie le fond du tonneau et maintient ces deux pièces en position invariable. — L'extrémité du tube à l'intérieur du tonneau est fermée, l'autre extérieure communique avec un vase plein d'eau muni d'un robinet et d'un flotteur. Le tube d'arrosage a une enveloppe cylindrique mobile autour de lui, ayant une fente longitudinale qu'on fait correspondre avec les trous lorsque l'on veut arroser. La surface convexe du tonneau est garnie de saillies qui soulèvent un marteau et le font ensuite frapper contre la paroi de la tonne, dans le but d'empêcher la matière humide de s'attacher aux parois.

Pour faire le grenage on opère aussi qu'il suit : on introduit, par une ouverture percée dans la surface convexe du tonneau, 50 kgs. de poudre en grains trop fins, obtenue par des tamisages précédents, on imprime au tambour le mouvement en lui faisant faire huit révolutions par minute, on arrose avec environ 5 kgs. d'eau, dépense qui est réglée par le flotteur, et on continue le mouvement pendant huit minutes. Les grains étant alors suffisamment mouillés, on introduit dans le tambour 30 kgs. de composition en poudre et l'on continue le mouvement.

En agissant de la sorte les grains s'enveloppent de couches concentriques de poudre auxquelles ils servent de noyaux, et au bout de vingt cinq minutes on obtient environ 45 kgs. de poudre en grains ronds.

Pour rendre la poudre grenée plus dense, on en verse de nouveau 125 kgs. à la fois dans une tonne ordinaire, et on tourne cette dernière assez lentement pour que la température de la poudre ne dépasse pas 40 degrés centigrades. Malgré cette précaution les grains n'acquièrent jamais une densité suffisante. On a de plus observé que le mélange exact des matières se détruit, que les couches extérieures de grains sont presque entièrement composées de charbon, et que les matières les plus denses se sont attachées aux parois de la tonne. Enfin les grains obtenus par ce procédé contiennent une trop forte quantité d'eau qui en se vaporisant lors du séchage détruit leur solidité.

144. Je terminerai ce qui est relatif au grenage par la description du procédé suisse.

La galette retirée du mortier, où elle a été battue par le martinet, contient fort peu d'eau et n'a que la grosseur d'une noix ; cette dernière circonstance rend son fractionnement préalable inutile, tandis que les gros culots qu'on obtient dans les moulins à pilons doivent toujours être rompus avant qu'on puisse les grener.

145. La granulation se fait à peu près comme en France en glissant le crible sur une barre horizontale b fixée dans une maye $a\,a$ figures 10 et 11, Pl. 2. — Les cribles au lieu d'être en peau de cochon, sont faits de filaments de noisettier ; ils sont très-solides et ne s'amollissent ni ne se détendent par l'humidité. Le tourteau est en bois de noyer ; sa forme est plus lenticulaire que celle usitée en France ; ses dimensions sont :

$$
\begin{array}{ll}
\text{Diamètre} \ . \ . \ . \ . & 0,^m23 \\
\text{Epaisseur au milieu} \ . & 0,\ 05 \\
\text{— à la circonférence} & 0,\ 02
\end{array}
$$

Au centre il a un bouton par lequel l'ouvrier le saisit et le meut, tout en glissant le crible sur la barre, circulairement sur la matière pour rompre au commencement du grenage les plus gros morceaux.

146. Les grains de la poudre suisse sont arrondis ; pour y parvenir, on verse la poudre grenée dans un sac tendu sur deux disques parallèles et on la roule sur une table garnie de petits liteaux saillants en dehors de sa surface supérieure ; de cette manière les grains heurtent constamment dans le mouvement

de rotation du sac contre les liteaux de la table, et contrac-
tent une forme sphérique.

147. Le sac, appelé bobine, est fait d'une grosse toile de fil de
coton qu'on tend sur deux disques parallèles liés par un arbre
auquel ils sont perpendiculaires, fig. 12. Pl. 2. — L'arbre,
percé dans le sens de sa longueur, donne passage à un axe de
fer autour duquel la bobine fournit son mouvement de rotation; les circonférences des disques ont des gorges dans lesquelles
on loge les ligatures lorsqu'on tend le sac sur eux.

Un manche l, fig. 13, sert à l'introduction de la matière dans
le sac et est ensuite roulé autour de la bobine.

148. Le mécanisme qui sert à rouler les bobines sur la table
est représenté figures 10 et 11, Pl. 2.

Une arbre vertical i porte à sa partie inférieure un rouet $k\,k$
dont les alluchons engrènent avec les fuseaux de la lanterne
$m\,m$ qui est fixée sur l'arbre n de la roue hydraulique. — L'arbre vertical traverse le plancher de l'étage de l'atelier et est
percé plus haut par l'axe de fer $f\,f$ autour duquel les bobines $e\,e$
roulent sur la table $T\,T$. — La table est ronde et garnie de liteaux $d\,d\,d$ qui la recouvrent et qui convergent tous vers le
centre.

L'extrémité inférieure de l'arbre vertical est garnie d'un pivot
qui tourne dans une crapaudine, l'extrémité supérieure se termine par un tourillon qui est logé dans la charpente.

L'arbre vertical est coupé en deux un peu au-dessus du
plancher afin de pouvoir à volonté arrêter le mouvement de rotation de la partie supérieure et partant des bobines; — à cette
fin la partie i de l'arbre se termine par un tenon qui remplit
exactement un embrèvement pratiqué dans la partie g; lorsqu'on
soulève la partie g à l'aide du levier l le tenon sort de sa mortaise, et la partie inférieure de l'arbre ne transmet plus le
mouvement à la partie supérieure.

149. On roule la poudre sur la table pendant environ une
heure et demie, et on la lisse ensuite pendant environ 3 heures
dans de petits tonneaux $r\,r$ remplis aux 8/10, et mis en mouvement par le rouet $k\,k$; à cette fin l'axe qui les traverse porte

une lanterne dont les fuseaux sont conduits par les alluchons du rouet.

150. Le procédé suisse pour arrondir les grains n'a pas les inconvénients du procédé Champy, il fournit au contraire des grains d'une densité plus forte que ceux de la poudre anguleuse, parce que les grains choquent continuellement pendant l'opération contre les liteaux de la table et deviennent par-là évidemment moins poreux qu'ils ne l'étaient.

151. Le travail utile transmis par le mécanisme et absorbé par les chocs des grains contre les liteaux est environ les $9/10$ du travail du moteur, son évaluation n'offre aucune difficulté dès que la force du moteur et les dimensions du mécanisme sont connus. (Note 5).

152. Dans les petites fabriques on remplit des sacs de toile d'un tissu serré de 3 à 15 livres de composition qu'on a extraite du mortier et passée au tamis pour la diviser et la réduire en poussier ; on lie le sac le plus près qu'on peut de la matière, sans cependant la fouler ; puis appuyant les deux mains dessus, on le roule avec force sur une table. On baisse de tems à autre la ligature du sac lorsque celui-ci devient lâche. Au bout d'une heure au plus, on obtient des grains parfaitement ronds. (Renaud, fabrication de la poudre, pag. 119).

DU LISSAGE.

153. Dans quelques pays, les poudres de guerre sont lissées, dans d'autres elles ne le sont pas ; on les lisse en Angleterre, en Autriche, en Prusse, en Saxe et en Suisse ; on ne les lisse pas en France et en Russie ; en Belgique enfin, le lissage n'est ni prescrit ni défendu, et on y lisse toutes les poudres à la fabrique de poudre de Wetteren.

Toutes les poudres de chasse sont lissées.

154. Le lissage rend le grain plus dense, et cela d'autant plus qu'il a conservé plus d'humidité ; il lui enlève aussi les

vives arêtes et lui donne une surface unie, lustrée et dépouillée de poussier.

154. Les poudres lissées sont d'une conservation plus facile dans les magasins et dans les transports que les poudres non lissées ; la raison en est que leurs grains plus denses et plus nettoyés absorbent l'eau avec moins d'avidité que la poudre non lissée, en même temps que leur poli a diminué le frottement.

155. A grosseur de grain égale, les poudres lissées nouvellement faites sont moins vives que les poudres non lissées ; dans un essai rapporté par Meyer, avec deux poudres de qualité et de grosseur de grains égales, mais dont l'une avait été et l'autre n'avait pas été lissée, les portées de l'éprouvette étaient dans le rapport de 75 à 98.

Cette circonstance ferait proscrire le lissage des poudres qui doivent rester vives, par exemple, celles d'infanterie et de chasse, si on n'avait le moyen de corriger ce défaut en diminuant la grosseur du grain. Quant aux poudres destinées au service du canon, il est inutile de compenser par ce moyen la diminution de combustibilité due au lissage, car leur effet utile augmente, jusqu'à une certaine limite, en raison inverse de leur vitesse de combustion, et cela d'autant plus que le calibre du canon est plus considérable.

156. La propriété qu'a le lissage de diminuer la faculté absorbante de la poudre est très-importante ; en effet, l'eau que les poudres absorbent est la principale cause des avaries qui surviennent, et on ne peut faire disparaître cette eau sans rendre la poudre encore plus sujette qu'elle ne l'était à se détériorer de nouveau, et sans changer sa combustibilité. Si par contre l'eau n'a pas été éloignée, alors il est évident que la combustibilité et l'effet utile de la poudre seront de beaucoup diminués à cause de la grande quantité de chaleur développée et rendue latente par la vaporisation de l'eau.

157. Le lissage se faisait souvent anciennement dans des sacs de toile qu'on roulait sur des tables garnies de liteaux, à peu près de la même manière que se fait l'arrondissage des grains

de la poudre suisse ; aujourd'hui on lisse généralement dans des tonneaux de bois , appelés *lissoirs* , auxquels on imprime un mouvement de rotation autour de leur axe. La poudre , introduite dans le lissoir , se meut avec lui , et ses grains roulant les uns sur les autres se polissent mutuellement.

158. Pour que le mouvement soit transmis au lissoir , il est traversé par un axe en fer , dont les extrémités tournent dans des boîtes en cuivre fixées sur les supports de l'axe ; l'axe porte une lanterne dont les fuseaux engrènent avec les alluchons d'une roue d'angle fixée sur un arbre vertical.

Les moteurs ordinaires sont l'eau et les animaux.

159. Le lissoir est quelquefois muni à l'intérieur de liteaux placés parallèlement à l'axe et à peu de distance de la surface convexe du lissoir ; ils servent à diviser la matière et à former un obstacle contre lequel les grains heurtent et se polissent.

L'intérieur du lissoir est souvent divisé en plusieurs compartiments. Enfin , les portes nécessaires à l'introduction et à l'extraction de la poudre sont pratiquées dans la surface convexe du lissoir.

160. L'ancien lissoir français avait $1^m,2$ de longueur et $0^m,92$ de diamètre au bouge ; celui qui est actuellement en usage à la fabrique de poudre du Bouchet est un cylindre de $2^m,7$ de long , et de $1^m,2$ de diamètre , qui est divisé à l'intérieur en quatre compartiments dont chacun a une porte particulière fermant avec des boulons en cuivre.

Le lissoir anglais a souvent jusqu'à 3^m de longueur , $0^m,8$ de diamètre au bouge , et $0^m,6$ de diamètre aux bouts.

Le lissoir en usage à Wetteren (Belgique) , a une longueur de $0^m,7$ et un diamètre au bouge de $0,55$.

La quotité de la charge du lissoir est chose importante à fixer : l'on conçoit facilement que si le lissoir était plein , les grains de la poudre ne rouleraient pas les uns sur les autres , et que les effets de ce mouvement seront d'autant plus efficaces qu'il aura plus d'amplitude , c'est-à-dire , que le lissoir sera plus grand , et qu'il sera moins rempli.

La charge ordinaire du lissoir remplit le $1/4$ ou le $1/3$ de sa capacité ; celle de l'ancien lissoir français était de 75 kgs.; le nouveau reçoit 100 kgs. dans chaque compartiment ; à Wetteren on introduit dans chaque tonneau environ 50 kgs.

161. La durée du lissage varie avec le poli que l'on veut obtenir, et il semble constaté qu'un temps humide, mais surtout l'emploi d'un lissoir métallique, l'abrège de beaucoup.

La durée du lissage de la poudre de chasse était anciennement en France de 8 à 10 heures, aujourd'hui elle est de 36 heures au Bouchet ; les poudres de chasse anglaises sont lissées pendant 12 heures. A Wetteren on lisse la poudre de chasse pendant cinq, et celle de guerre pendant quatre heures.

162. La vitesse du lissoir est d'abord peu considérable ; de cette manière l'action des grains les uns contre les autres et contre les parois du lissoir et ses liteaux est dans le principe faible, et la densité du grain augmente avec une lente gradation ; plus tard on accélère beaucoup le mouvement, et on le ralentit de nouveau vers la fin de l'opération ; cette dernière diminution de la vitesse a pour objet de laisser refroidir le grain, car si on l'extrayait échauffé du lissoir il perdrait en partie son beau lustre, et deviendrait friable.

En Angleterre, la vitesse de rotation du lissoir et sa gradation sont, pour la poudre de chasse, ainsi qu'il suit :

Pendant les 2 premières heures mouvement lent.
Pendant les 5 heures suivantes 38 révolutions par minute.
 —   — 3 —   —   20   —   —
 —   — 2 —   —   très-lentement.

Au Bouchet, la vitesse du lissoir pendant les douze premières heures est de neuf à dix révolutions par minute ; pendant le second tiers de la durée de l'opération le mouvement est graduellement accéléré jusqu'à 30 révolutions par minute ; enfin pendant le dernier tiers on le ralentit de nouveau de plus en plus.

163. La densité augmente constamment pendant toute la durée du lissage ; voici celles qui ont été observées au Bouchet à différentes époques :

Densité du grain mis au lissoir 0,810
 » » après 4 heures de lissage 0,833
 » » après 8 heures de lissage 0,846
 » » » 20 » » 0,869
 » » » 25 » » 0,878
 » » » 30 » » 0,889
 » » » 42 » » 0,893

Le lissage augmente même la densité de la poudre séchée, et on emploie ce moyen en Angleterre pour donner à la poudre la densité voulue lorsqu'elle ne l'a pas.

164. La poudre est mise dans le lissoir immédiatement après son grenage, ou après avoir été préalablement essorée pendant une heure au soleil ; à la poudrière de Wetteren on lisse la poudre à deux reprises différentes : une première fois immédiatement après son grenage, et la seconde fois après qu'on lui a enlevé une partie de l'eau qu'elle contenait ; par ce moyen on corrige en partie la porosité et la friabilité que le grain a contractées par le premier séchage. Après le second lissage la poudre est séchée complètement.

A cette même fabrique on n'égalise les poudres qu'après les avoir lissées et séchées, parce qu'on y a observé que la présence des gros grains était avantageuse au lissage.

165. Afin de rendre le lustre des grains plus beau, on ajoute quelquefois à la poudre dans le lissoir de petites quantités de graphite, mais il en résulte l'inconvénient que la vitesse de combustion de la poudre est très-sensiblement diminuée.

166. La chaleur assez considérable que le frottement des grains dégage fait suer ceux-ci, et en empâte une partie qui s'attache aux fonds verticaux du lissoir. Cette croûte appelée *gale*, ne doit pas être enlevée après chaque lissage, parce que elle ajoute à la beauté de ce dernier.

La poudre éprouve par le lissage un déchet plus ou moins grand ; au Bouchet, en lissant pendant 36 heures, il est de 4 à 5 °/₀.

167. Le séchage détruit souvent l'effet obtenu par le lissage en

rendant de nouveau le grain poreux, et en lui enlevant le lustre qu'il avait acquis; cela arrive surtout lorsque le grain est gros, que la quantité d'eau qu'il contient est considérable, et que le séchage se fait rapidement.

DU SÉCHAGE.

168. La poudre après avoir été grenée contient encore une quantité d'eau plus ou moins grande qui a été nécessaire à son grenage, et dont il faut la débarrasser en la séchant.

Il est très-important, pour la bonne qualité de la poudre, que le séchage ne nuise que le moins possible à la solidité du grain, et que la porosité de ce dernier n'augmente pas sensiblement : en effet une poudre poreuse et d'un grain peu consistant absorbe avidement l'eau, qui est la principale cause des avaries qui surviennent, et une telle poudre, secouée dans les transports, tombe aisément en poussier.

169. Pour éviter les inconvénients, il est nécessaire que le séchage de la poudre ait lieu à une température qui, surtout dans le principe, ne soit pas trop élevée; en effet la vapeur d'eau qui se forme à l'intérieur du grain doit se frayer des passages d'autant plus larges, que sa tension, qui croit rapidement avec sa température, est plus forte, et que la résistance qu'offrirait une surface de grain trop tôt séchée et durcie est plus considérable.

170. Pour sécher des objets quelconques, il faut les mettre en contact avec le calorique nécessaire à la vaporisation de l'eau qu'ils contiennent, et avec de l'air non saturé pour absorber la vapeur d'eau produite; il faut en second lieu que l'air après avoir été saturé complètement puisse être aussitôt remplacé par de l'air sec, car dans le cas contraire toute absorption d'eau, c'est-à-dire le séchage, serait complètement arrêtée, et si la température de l'air saturé venait à s'abaisser, l'eau déjà absorbée se condenserait en partie, et se déposerait sur les objets qu'on veut sécher.

171. La capacité de saturation de l'air augmente à mesure

que la pression diminue, et que la température de l'air s'élève; le tableau suivant indique que la marche progressive de la capacité de saturation en élevant la température, est assez rapide.

Tableau du poids de la vapeur renfermée dans un mètre cube d'air saturé à différentes températures, sous la pression de 0ᵐ,76.

TEMPÉRATURE.	POIDS DE LA VAPEUR EN GRAMMES.	TEMPÉRATURE.	POIDS DE LA VALEUR EN GRAMMES.	
0	5,2	55	88,74	
5	7,2	60	105,84	
10	9,50	65	127,20	
15	12,83	70	141,96	
20	16,78	75	173,74	
25	22,01	80	199,24	
30	28,51	85	227,20	
35	37,00	90	251,34	
40	46,40	95	273,78	
45	58,60	100	295	
50	63,63			

Il résulte de ces indications que le séchage peut avoir lieu à de basses températures, et qu'il suffit de mettre les objets à sécher en contact avec de l'air non saturé qui, par une ventilation convenable, soit renouvelé aussitôt après la saturation.

En supposant cette condition bien remplie, il est évident que la durée du séchage décroit rapidement à mesure que la température de l'air s'élève.

Dans le vide toute la vapeur d'eau nécessaire pour le saturer se forme instantanément, dans l'air il n'en est pas ainsi ; aussi sa saturation reste souvent incomplète, et n'a lieu qu'au bout d'un certain temps dont la durée est abrégée par la bonne disposition des objets à sécher, et par une ventilation bien entendue.

Le séchage de la poudre peut se faire soit à l'air libre, soit à l'air chauffé, soit enfin à l'air desséché mais non chauffé ; je décrirai succinctement ces différents procédés.

172. Le séchage à l'air libre se fait ou à l'extérieur ou dans des enceintes closes ; le premier procédé est d'un usage fréquent dans les parties méridionales de l'Europe, l'autre est quelquefois employé dans les contrées septentrionales.

On sèche à l'extérieur en exposant la poudre aux rayons solaires, ou en la mettant dans un lieu à l'abri du soleil ; dans le premier cas on s'y prend de la manière suivante :

On choisit un emplacement exposé au Sud et où l'on soit à l'abri de la poussière, on y étend la poudre en couches minces (de 5 à 10 millimètres d'épaisseur) sur des toiles de coton ou de lin qui recouvrent des tables légèrement inclinées vers le Sud ; les tables sont ordinairement formées de planches mobiles qu'on assemble en les faisant poser sur des supports dont la hauteur diminue en allant vers le Sud ; les toiles y sont maintenues tendues à l'aide de briques ; souvent on abrite l'emplacement au Nord, à l'Est et à l'Ouest par des murs qu'on blanchit pour obtenir une réverbération des rayons solaires.

On a soin de renouveler fréquemment la surface de la poudre en la remuant avec des rabots de bois ; au bout de quelques heures on la retourne ; pour cela, après avoir enlevé les briques, on soulève successivement les deux coins de la toile, et on amène ainsi la poudre dans le milieu du drap ; on l'étend alors de nouveau, et on renouvelle encore de temps à autre la surface.

On sèche pendant des jours sereins d'une température modérée ; la poudre ne sort du magasin qu'après le lever du soleil, et elle y rentre avant son coucher ; on évite ainsi une transition trop brusque de température ; une chaleur trop forte au commencement de l'opération sécherait rapidement la surface du grain, et celle-ci pourrait être durcie avant que la vaporisation de l'eau à l'intérieur du grain eut eu lieu ; dans ce cas la vapeur d'eau rencontrerait dans la surface durcie du grain un obstacle sérieux qu'elle ne vaincrait qu'en exerçant un effort considérable qui détruirait la solidité du grain, et pourrait même en détacher des fragments.

La durée du séchage varie suivant la température ; lorsque la poudre est exposée aux rayons solaires quatre heures peuvent suffire pour la sécher ; le thermomètre plongé dans la poudre marque alors de 60° à 70° centigrades ; en séchant à l'ombre il faut neuf heures et plus, et le thermomètre ne marque alors qu'environ 25°.

173. Dans quelques fabriques d'Allemagne on sèche pendant l'été la poudre dans des enceintes closes ; on y empêche l'absorption de l'eau du sol, soit en le couvrant avec un mastic bitumineux, soit en faisant deux planchers entre lesquels on ménage la libre circulation de l'air ; la paroi nord du séchoir n'a pas d'ouverture, les trois autres parois ont des fenêtres qui souvent sont inclinées pour favoriser l'absorption des rayons du soleil ; le séchoir doit être construit dans un lieu découvert où l'air circule facilement ; l'élévation de l'enceinte doit être assez grande ; son toit enfin doit dépasser les parois latérales pour les abriter des pluies obliques.

La poudre est mise sur des toiles tendues dans des cadres et ceux-ci sont placés dans des étagères.

Quatre à cinq jours suffisent en été au séchage complet de la poudre.

174. Le séchage artificiel compte plusieurs modifications qui peuvent être classées dans les catégories suivantes :

a. Le séchage à l'air chaud, l'air étant chauffé dans le séchoir.

b. Le séchage à l'air chaud, l'air étant chauffé hors du séchoir.

c. Le séchage au contact immédiat avec des surfaces métalliques chauffées.

d. Le séchage à l'air desséché mais non chauffé.

175. Le premier procédé, dans lequel on chauffe l'air à l'intérieur du séchoir même, est en usage en Angleterre, en Prusse, en Belgique, en Hollande et ailleurs ; dans les trois premiers pays on chauffe l'air du séchoir à l'aide de la vapeur d'eau dont la condensation dans des tuyaux métalliques qui circulent dans le séchoir, fournit la chaleur nécessaire ; en Hollande on chauffe le séchoir à l'aide d'un poële ayant une enveloppe de cuivre, et dont le foyer est alimenté dans une pièce voisine qui n'a point de communication avec le séchoir.

Le chauffage à la vapeur est de beaucoup préférable à celui qui se fait à l'aide d'un poële ; par le 1er. mode on a la certitude de ne dépasser nulle part dans l'intérieur du séchoir la température de 100°, par le second au contraire on n'en est nullement assuré, et il peut en résulter de graves accidents ; ce procédé a en outre l'inconvénient que le poële s'échauffe rapidement et qu'il se refroidit de même.

176. L'effet utile du combustible est à peu près le même dans les deux procédés ; le chauffage à l'aide d'un poële et de tuyaux dans lesquels l'air chauffé circule, n'a qu'un seul avantage, c'est que la surface émissive de la chaleur y peut être moindre qu'en chauffant à l'aide de la vapeur d'eau, et cela dans le rapport de 550 : 1200 ; en effet on peut compter sur une condensation de 1 kilogramme de vapeur par heure et par mètre carré qui dégage 550 unités de chaleur, tandis que l'air chauffé directement dans les tuyaux émet dans le même temps par une surface égale 1200 à 1500 calories.

Ce mince avantage ne peut nullement compenser les inconvénients réels que j'ai signalés, et je conclus en conséquence qu'il faudra entièrement proscrire l'emploi du poële pour le séchage de la poudre, du moins chaque fois qu'on chauffe l'air à l'intérieur du séchoir.

177. Lorsqu'on chauffe le séchoir par la vapeur d'eau, celle-

ci est produite dans une chaudière placée à quelque distance de
là , et conduite dans le séchoir par un tuyau métallique abou-
tissant à d'autres tuyaux qui circulent plusieurs fois le long
des parois du séchoir , et qui reposent sur des supports en fer
scellés dans les murs. Ces tuyaux ont une légère inclinaison
vers la chaudière afin que l'eau de condensation y puisse re-
tourner.

178. La ventilation est le plus souvent intermittente au lieu
d'être continue, c'est-à-dire que le séchoir n'a point de cheminée
ou d'autre issue par laquelle l'air saturé se dégage, de même qu'il
est dépourvu d'ouverture pour l'introduction de l'air neuf. On
ferme d'abord exactement les croisées et les portes du séchoir ,
et lorsqu'on s'aperçoit par la vapeur qui se condense contre les
vitres , que l'air est saturé , on ouvre les fenêtres : celui-ci ,
d'une force élastique plus grande que celle de l'air ambiant (a) ,
sort et se trouve bientôt remplacé par de l'air neuf.

179. Lorsque le séchage se fait , l'air étant chauffé à une
haute température, la capacité de saturation de ce dernier est
très considérable, et le renouvellement de l'air n'a pas besoin
d'être fréquent ; mais lorsque la température de l'air du séchoir
est peu élevée, il faudra fréquemment laisser échapper l'air
du séchoir , et il peut alors arriver que la ventilation continue
doive être préférée ; celle-ci peut offrir quelques difficultés
à cause de la petite différence entre la température de l'air de
la cheminée et celle de l'air extérieur ; je ne m'appesentirai
pas sur ce sujet pour lequel je renvoie à l'excellent traité de la
chaleur par Peclet.

180. Dans les meilleures fabriques on maintient la température du séchoir constante à 50° ; dans quelques-unes on chauffe
pendant les premières 24 heures à 20° , et pendant les 14 heures
qui suivent on porte la température à 50°.

181. La bonne disposition des objets à sécher est très importante ; en effet la saturation de l'air n'a pas lieu instantanément

____

(a) La force élastique de l'air saturé est égale à la somme de celles de
l'air et de la vapeur d'eau absorbée.

comme celle du vide, mais demande plus ou moins de temps
et est plus ou moins complète suivant que la disposition des
objets qu'on veut sécher est bien ou mal faite.

On étend la poudre en couches minces sur des toile tendues
dans des cadres, et on enchâsse ceux-ci dans des étagères convenablement disposées.

182. Dans ce procédé le calorique provient, je l'ai déjà dit,
de la condensation de la vapeur dans les conduits métalliques.
Lorsqu'on connaît la quantité d'eau à vaporiser, la température
de l'air extérieur et la quantité d'eau qu'il contient, enfin la
température à laquelle on veut porter l'air du séchoir et la durée
du séchage, il est très facile de calculer la quantité d'eau qu'on
doit vaporiser, la quantité de combustible nécessaire, et enfin la
surface des tuyaux à l'intérieur du séchoir.

183. Admettons qu'on veuille sécher en 10 heures 1200 kgs.
de poudre contenant 6 °/₀ soit 72 kgs. d'eau, supposons aussi
que l'air extérieur soit à 0° et complètement saturé d'eau, et
qu'on veuille porter la température de l'air du séchoir à 40°
centigrades.

Le mètre cube d'air saturé sous la pression de 0ᵐ,76 et à la
température 0° contient 0,0052 kgs. d'eau, et il en contient 0,0464 sous la même pression lorsqu'il est chauffé à 40°;
d'où il suit qu'en portant la température de 0° à 40°, et en
négligeant la dilatation de l'air, chaque mètre cube absorbe
0,0412 kgs. d'eau, et que l'absorption de 72 kgs. d'eau demande 1748 mètres cubes d'air.

Le poids d'un mètre cube d'air sec à 0° et sous la pression
0ᵐ,76 est 1,3 kilg., celui de l'air sec contenu dans 1ᵐᶜ d'air saturé

de vapeur à 0° est $= 1,3 \times \dfrac{0,760}{0,767} = 1,291$ (1); ainsi le poids

de l'air sec contenu dans 1748 mètres cubes d'air saturé à 0°

(1) En effet la force élastique de l'air saturé à 0° est égale à celle de
l'air sec à 0° $= 0,76$ plus à celle de la vapeur d'eau à 0° $= 0,005$, donc
$= 0,765$; or un mètre cube d'air sous la pression 0,765 occupé un volume de $\dfrac{0,760}{0,765}$.

est de 2256 kgs. La chaleur requise est égale à celle qui est nécessaire pour élever 2256 kgs. d'air sec de 0° à 40° ajoutée à celle
qu'exige la vaporisation de 72 kgs. d'eau. La chaleur spécique
de l'un étant 0,25, il faut pour porter 4700 kgs. d'air de 0° à
40°, un nombre de calories égal à $2256 \times 40 \times 0,25 = 22560$;
en y ajoutant la chaleur requise pour vaporiser 72 kgs. d'eau
ou $72 \times 650 = 46800$ calories, on trouve 69360 ou environ
70000 calories pour la chaleur nécessaire au séchage de 1200
kgs. de poudre contenant 6 $_o$ d'eau.

184. La condensation d'un kilogr. de vapeur fournissant 550
calories il faut condenser 130 kgs. de vapeur pour avoir 70000
calories.

Dans une machine à basse pression un kilogr. de houille
donne 5,74 kgs. de vapeur à la tension de 1/4 atmosphère,
dans la supposition que l'eau condensée a une température de
40° (Taffe, application des principes de mécanique, p. 265); en
admettant ce nombre pour le cas qui nous occupe, nous trou-
verions 23 kgs. de houille pour la quantité de combustible nécessaire, qu'on pourrait doubler pour compenser les différentes
pertes de chaleur qui ont lieu tant par l'absorption que par l'incomplète saturation de l'air qui sort du séchoir.

185. Les dimensions de la chaudière sont faciles à déterminer :
en effet nous avons trouvé qu'il fallait 2×130 kgs. de vapeur en
10 heures, soit 26 kgs. par heure; ainsi en admettant qu'un mètre
carré de surface de chauffe fournisse 30 kgs. de vapeur par heure,
on trouve 0^m,86 pour la surface de chauffe nécessaire qui est
la moitié de sa surface totale.

En faisant la chaudière cylindrique, et en lui donnant une
longueur égale à 3 fois son diamètre, nous trouvons pour les
dimensions de la chaudière : Longueur = 1^m,29 à 1,3
$$\text{Diamètre} = 0^m,43 \text{ à } 0,45.$$
Quant à l'épaisseur de la tôle de fer, 4 à 5 millimètres sont
plus que suffisants.

186. D'après Tredgold il faut une surface de grille de 9 décimètres carrés pour brûler 5 kgs. de houille par heure, et

comme nous en devons brûler $\frac{23 \times 2}{10} = 4,6$, il nous faudra une surface de 8,3 à 8,5 décimètres carrés de grille.

Les vides de la grille seront du 1/4 au 1/3 de la surface totale. L'aire de la section de la cheminée et des circuits doit être partout entre le 1/6 et le 1/4 de la surface de la grille. La section du cendrier par laquelle l'air arrive sous la grille sera un peu moindre que celle de la cheminée. Enfin la surface supérieure de la grille doit se trouver à $0,5^{m}$ au-dessous du fond de la chaudière.

187. Calculons maintenant le développement des tuyaux à l'intérieur du séchoir, et supposons aux tuyaux $0^{m},15$ de diamètre. En comptant avec Peclet (Traité de la chaleur, p. 328, tome 2) sur une condensation de 1 kilog. de vapeur par mètre carré et par heure, il faudra pour la condensation de 26 kgs. de vapeur par heure 26^{mc} de surface; ainsi on trouve le développement x des tuyaux par la formule :

$$0,15 \; \pi \; x = 26$$
$$x = 55$$

Les tuyaux devront avoir une légère inclinaison vers la chaudière.

188. Les parois du séchoir devront être construites en matières peu conductrices de la chaleur, elles peuvent être en maçonnerie, en bois et en plâtre.

Le calcul des dimensions du séchoir n'offre aucune difficulté ; on lui donne ordinairement une hauteur de $3^{m},50$.

En supposant qu'on veuille renouveler l'air dix fois, et remuer chaque fois les poudres qui sont étendues sur les toiles, il faut que le séchoir puisse contenir la dixième partie de l'air nécessaire à l'absorption des 70 kgs. d'eau contenus dans la poudre et que nous avons trouvée de 1748^{mc}., d'où nous trouvons pour la capacité du séchoir $174,8^{mc}$., et en l'augmentant d'une moitié en sus, nous trouvons $262,20^{mc}$. la hauteur étant $3^{m},5$ nous trouvons la base 75 mètres carrés, et en la supposant un carré le côté sera environ de $8^{m},6$.

189. De la seconde classe de séchoirs, celle où l'air est chauffé

extérieurement, a reçu en France deux modifications. Dans la première, due à M. Champy fils, l'air est chauffé dans un espace qui précède le séchoir à l'aide d'un poële et de tuyaux servant à la circulation de l'air qu'on a chauffé dans le poële même ; dans la seconde l'air est chauffé à l'aide de la vapeur d'eau en traversant des tuyaux qui sont en contact avec la vapeur et contre la surface extérieure desquels elle se condense.

190. Le séchoir de M. Champy fils, (figures 1, 2, 3 et 4, pl. 3.) est celui qui fut construit par lui en 1809 à Vouges, et qui était déjà une amélioration d'une autre sècherie exécutée l'année précédente à Essone. Il se compose d'un ventilateur qui sert à lancer l'air dans l'étuve, d'une étuve destinée à y élever la température de l'air jusqu'à 60° au moyen d'un poële et de tuyaux de chaleur, et du séchoir proprement dit dans lequel la poudre à sécher est convenablement disposée.

191. Le ventilateur, fig. 1, 2 et 3, renfermé dans un tambour, se compose d'un arbre de fer vertical ab autour duquel quatre ailes verticales reçoivent un mouvement de rotation ; l'extrémité supérieure de l'arbre a un pignon qui engrène avec une roue d'angle qu'un homme met en mouvement à l'aide d'une manivelle ; l'extrémité inférieure de l'arbre se termine par un pivot qui tourne dans une crapaudine c logée dans le palier p qu'on a implanté dans le sol.

Le cadre des ailes, fig. 3, est composé des tringles ff, gg, hh, ii et des nervures diagonales fg, hi ; ces dernières sont munies de vis de rappel qui servent à relever l'aile lorsqu'elle a fléchi. Le cadre est recouvert de toile peinte.

Le tambour, fig. 1, a quatre ouvertures, savoir : B dans le plafond, C communiquant avec le canal souterrain, J qui aspire l'air extérieur, E canal d'expiration communiquant à l'étuve, P entrée du tambour.

192. L'étuve est une chambre voûtée dans laquelle l'air est chauffé à l'aide du poële K et de tuyaux $o\,o$, qui communiquent avec le poële par le canal N et qui aboutissent, après avoir fait plusieurs circuits dans l'étuve, à la cheminée e, fig. 4.

Le poële R, fig. 2, a plusieurs portes, savoir : a celle du cendrier , *b* pour l'introduction du combustible , *c* garnie d'un registre pour laisser affluer l'air extérieur ; celui-ci y est chauffé et se mêle ensuite dans le canal N avec la fumée dont il brûle le carbone , et qu'il rend par là plus limpide ; si on n'employait pas ce moyen les parois des tuyaux se tapisseraient d'une couche de suie , et deviendraient mauvais conducteurs de la chaleur.

Aux deux côtés de l'étuve et dans son enceinte se trouvent deux murs F , fig. 1 , élevés jusqu'au plafond, et distans des gros murs de l'étuve de deux décimètres. L'air qui se trouve entre les murs F et ceux de l'étuve étant mauvais conducteur de la chaleur , on en évite la perte par ce moyen.

G est un petit mur à l'extrémité droite de l'étuve qui ne s'élève pas jusqu'à la voûte , mais laisse entre cette dernière et lui un vide en forme de segment circulaire ; l'air chauffé sort par cette issue de l'étuve et entre dans le canal d'insufflation H H qui le conduit dans le séchoir.

D , figure 1 , et *o* , figure 2 , est une porte vitrée de l'étuve à l'intérieur de laquelle on suspend un thermomètre.

193. Le séchoir , figures 1 et 4 , contigu à l'étuve , est recouvert d'un vitrage incliné au sud , *t t* , fig. 4 , dont l'objet est de faciliter l'absorption des rayons solaires.

Des auges rectangulaires en briques dont les parois sont surmontées d'un couronnement en bois *i* , régnent le long de la paroi nord du séchoir ; la paroi de l'auge du même côté est plus élevée que celle qui lui est opposée ; le couronnement *i* reçoit des barreaux de fer carré *l* placés sur leur angle à travers de l'auge , et fixés dans une direction perpendiculaire aux rayons solaires du solstice d'été ; des fils de fer fixés aussi dans le couronnement de l'auge croisent les barraux *l* , et forment un réseau incliné au sud qu'on recouvre d'une étamine de laine , et qu'on maintient tendue en clouant ses bords sur le couronnement ; c'est sur cette étamine qu'on répand la couche de poudre. Le fond de l'auge *p p* est également incliné au sud , et est pavé avec des carreaux de fayence blanche.

Le canal d'insufflation H H par lequel l'air chauffé sort de l'étuve débouche au fond de l'auge ; à l'aide d'une trappe n, mobile sur charnière, on peut ou intercepter l'affluence de l'air chaud ou la diminuer.

L'air saturé sort du séchoir par des cheminées communiquant avec la galerie x x qui couronne le bâtiment.

194. Le séchoir est entièrement séparé de l'étuve par un mur de refend qui règne de l'est à l'ouest.

En cas de grêle on abrite le vitrage du séchoir avec une toile, et à l'entrée de l'hiver on le garnit avec des paillassons recouverts d'une toile goudronnée dans le but d'éviter autant que possible la perte de calorique.

195. Pour procéder au séchage, on étend la poudre sur l'étamine de laine qui recouvre l'auge, et on met le ventilateur en mouvement ; l'air renfermé entre les ailes de ce dernier, chassé par la force centrifuge, entre par la communication E dans l'étuve, et y est chauffé à la température convenable ; il sort de l'étuve par dessus le petit mur G, et est conduit par le canal H H dans l'auge où, dans son mouvement ascensionnel, il ruisselle à travers la couche de poudre placée sur l'auge, et s'étant plus ou moins saturé dans ce passage de l'eau que la poudre contenait, il sort du séchoir et se répand par la galerie x x dans l'atmosphère.

L'aspiration de l'air extérieur par le canal J ainsi que le dégagement de l'air saturé par la galerie x x se font sans interruption, et la ventilation du séchoir est par conséquent continue.

On laisse échapper l'air saturé du séchoir à une température de 36 à 40°.

196. Il faut six heures pour sécher dans ce séchoir 720 k. de poudre.

Lorsque le temps est mauvais on consomme 50 k. de bois.

Lorsque l'air du séchoir est chauffé par l'action seule des rayons solaires, on fait agir cependant le ventilateur dans le but de chasser l'air saturé hors du séchoir.

Le déchet qu'on éprouve par ce procédé est de 6 °/₀.

197. Je déterminerai maintenant par le calcul la quantité d'air qu'il faut lancer dans l'étuve, le développement des

tuyaux et la quantité de combustible nécessaire pour sécher une quantité de poudre renfermant une quantité donnée d'eau.

Je suppose qu'on veuille sécher en 2 heures 240 kgs. de poudre contenant 6 °/₀ ou 14,4 kgs. d'eau ; j'admets que l'air extérieur est à 0°, que l'air est chauffé dans l'étuve à une température de 60°, enfin que l'air plus ou moins saturé sort du séchoir à la température de 40° (a).

La chaleur spécifique de l'air étant le quart de celle de l'eau, l'abaissement d'un degré dans la température d'un kilogramme d'air produit $\frac{1}{4}$ de calorie, et celui de 20° dans la température de x kilogrammes d'air qui doivent affluer dans le séchoir, rend libre $x \times \frac{1}{4} \times 20$ calories ; cette chaleur devant servir à la vaporisation de 14,4 kgs. d'eau qui exigent $14,4 \times 650 = 9360$ calories, l'on a :

$$5\,x = 9360 \qquad \text{soit } 10000$$

D'où $\quad x = 2000$ kgs. d'air.

Pour porter 2000 kgs. d'air de 0°, température de l'air ambiant, à 60°, température de l'étuve, il faut

$$2000 \times \frac{1}{4} \times 60 = 30000 \text{ calories.}$$

En admettant maintenant que la combustion de chaque kilogramme de houille développe 6000, celle d'un kilogramme de bois en dégage environ 3000, d'où il suit qu'en prenant la moitié de ces données théoriques, il faut 10 kgs. de houille ou 20 kgs. de bois pour sécher les 240 kgs. de poudre qui contiennent 14,4 kgs. d'eau.

Il suit de ce calcul qu'à peine le tiers de la chaleur développée est utilement employée.

198. Un mètre carré de surface de chauffe laisse passer environ 1200 calories par heure ; ainsi pour en avoir 15000 il faut que la surface du poêle et des tuyaux soit de 12,5 ; mais pour obtenir du combustible un plus grand effet utile il est avantageux de faire la surface de chauffe beaucoup plus grande.

199. Je donnerai maintenant la description du séchoir,

(a) Ces données sont celles qui sont indiquées dans l'instruction sur la fabrication de la poudre par Renaud.

qui est aujourd'hui en usage en France , et pour lequel l'air est chauffé extérieurement à l'aide de la vapeur d'eau.

La vapeur, produite dans une chaudière placée à 50^m du séchoir, y arrive par un tuyau en cuivre qui la distribue à quatre gros cylindres creux placés horizontalement un peu au-dessus du sol. Leur longueur est de 1^m,35 , et leur diamètre de 0^m,32. Chacun de ces cylindres renferme dans son intérieur dix-neuf tuyaux de 0,05^m de diamètre qui sont soudés dans les fonds extrêmes du cylindre , et le traversent dans toute sa longueur.

Les deux extrémités de chaque tuyau sont ouvertes , et on chasse à travers eux , à l'aide d'un ventilateur , l'air extérieur qui s'échauffe par le calorique que la condensation de la vapeur rend libre. Tout cet appareil est placé dans une cage en bois dont l'ouverture en haut est fermée par une toile inclinée sur laquelle on répand la poudre en une couche de 10 à 12 millimètres d'épaisseur. L'air chauffé et chassé des cylindres par le nouvel air froid que fournit le ventilateur est obligé de s'échapper à travers la couche de poudre , et lui enlève dans ce passage l'eau qu'elle contient.

Il suffit en général de quatre heures pour sécher 400 k. de poudre.

200. La description de ce séchoir par le capitaine Meyer est un peu différente de celle du général Cotty : suivant le premier la cage de bois est divisée en 6 compartimens , et elle est recouverte d'un réseau en fil métallique sur lequel on a tendu une étamine de laine : c'est sur cette dernière que la poudre est mise en une couche de 40 centimètres d'épaisseur ; l'air saturé s'échappe par des issues qui lui ont été ménagées. M. Meyer ne dit pas si l'air traverse plusieurs couches ou une seule.

La température de l'air chaud qui n'est pas indiquée par Cotty est estimée par Meyer à 56°.

201. Appliquons maintenant le calcul pour déterminer la quantité d'air qu'il faut chasser à travers les tuyaux , et la chaleur nécessaire pour chauffer cet air au point convenable. Supposons qu'on veuille sécher 400 kgs. de poudre contenant 6 °/₀ ou 24 kgs. d'eau, que la température de l'air extérieur soit

de 0°, celle de l'air chauffé 56°, celle enfin de l'air plus ou moins saturé qui s'échappe 36°.

Soit x le nombre de kilog. d'air qu'il faut chasser à travers les tuyaux, l'abaissement de sa température de 56° à 36° rendra libre le calorique nécessaire à la vaporisation de 24 kgs. d'eau ou $24 \times 650 = 15600$ calories, d'où comme précédemment :

$$x \times \tfrac{1}{4} \times 20 = 15600$$
$$x = 3120 \quad \text{kilogrammes.}$$

Mais pour chauffer 3120 kgs. d'air de 0° à 56° il faut :

$$3120 \times \tfrac{1}{4} \times 56 = 43680 \text{ calories.}$$

Et comme la condensation de 1 kilog. de vapeur rend 550 calories libres il faudra engendrer 80 kgs. de vapeur.

En doublant ce nombre pour compenser les pertes de calorique, l'on trouve qu'il faudra engendrer 160 kgs. de vapeur en 4 heures qui exigeront 28 kgs. de houille ou 56^k. de bois.

202. En partant des données incomplètes de Cotty, on arrive à peu près au même résultat ; en effet d'après ces données l'on trouve la surface des tuyaux que traverse l'air pour se chauffer $76 \times 3,14 \times 0,05 \times 1,35 = 16,11^{\text{mc}}$.

En comptant sur une condensation de 1 kilog. de vapeur par heure et par mètre carré de surface il faudrait en 4 heures 64,44 kgs. de vapeur, et en supposant une condensation de 1,5 kgs. de vapeur par heure et par mètre carré il faudrait engendrer en 4 heures 96,66 kgs. de vapeur ; comme l'air saturé est ici promptement enlevé nous admettrons le dernier nombre.

La condensation de 96,66 kgs. de vapeur fournira $550 \times 96,66 = 53163$ calories. Pour élever la température de l'air de 0 à 56°, il faut chasser à travers les tuyaux un nombre de kilogrammes d'air égal à $\dfrac{53163 \times 4}{56} = 3800$ kgs.

Le calorique rendu libre par l'abaissement de la température de cet air doit suffire pour vaporiser les 24 kgs. d'eau contenues dans 400 kgs. de poudre, et comme 1 kg. d'air par l'abaissement d'un degré de température fournit $\tfrac{1}{4}$ de calorie, on en trouvera l'abaissement x par l'équation :

$$3800 \times \tfrac{1}{4} \times x = 24 \times 650$$
$$x = 16,5$$

Ainsi l'air saturé s'échapperait dans ce cas à une température d'environ 40°.

Admettons qu'il faille engendrer 150 kgs. de vapeur, ceux-ci exigeront 26 kgs. de houille.

203. Les dimensions de la chaudière sont faciles à trouver en comptant qu'un mètre carré de chauffe fournit 30 kgs de vapeur par heure ; il faut pour en produire 38 kgs. par heure que la surface de chauffe soit de 1ᵐ, 30, et partant la surface totale 2ᵐ,60.

En faisant la chaudière cylindrique, et en lui donnant une longueur égale à 3 fois son diamètre l'on trouve :

$$\text{Longueur de la chaudière} = 1_{m},56$$
$$\text{Diamètre} - - - - - = 0 \,,52$$

Pour brûler 5 kgs. de houille par heure, il faut 9 décimètres de surface de grille ; ainsi pour en brûler 6, 5 kgs. par heure, il faudra que la grille ait 12 décimètres de surface.

204. Le séchage de la poudre opéré par son contact immédiat avec des surfaces métalliques chauffées est encore employé en Angleterre ; les surfaces métalliques y sont en cuivre et forment les couvercles de caisses en bois ou de petites enceintes maçonnées qu'on entoure d'une matière peu conductrice de la chaleur ; les couvercles de ces enceintes sont chauffés par la vapeur d'eau qui y est conduite par des tuyaux de cuivre et qui se condense dans l'intérieur de l'enceinte.

Pendant qu'on sèche, on remue constamment la poudre pour empêcher l'agglomération des grains. Ce mode de séchage a l'inconvénient de nuire beaucoup à la solidité du grain et de le délustrer.

Il est du reste le plus économique de tous les procédés parce que la chaleur rendue libre est ici immédiatement employée à vaporiser l'eau que la poudre contient, tandis que dans les autres procédés la chaleur sert à élever la température de l'air, et c'est celui-ci qui en cède une partie seulement à la poudre que l'on veut sécher.

205. J'arrive enfin au séchage par l'air desséché artificiellement mais non chauffé.

Le séchoir a deux issues : l'une pour donner entrée à l'air desséché, l'autre pour laisser échapper l'air saturé.

Pour dessécher l'air avant son entrée dans le séchoir, ou peut lui faire traverser plusieurs couches de chaux vive.

L'appareil que Peclet propose pour cet objet, (Traité de la chaleur, tome II, pag. 343, fig. 182) est un espace construit en planches ou en maçonnerie, divisé en trois parties par des cloisons. Dans l'intérieur de chaque compartiment sont disposées plusieurs étagères à claire voie sur lesquelles on place des blocs de chaux vive. L'air extérieur entre dans l'appareil dessiccatoire par une ouverture pratiquée dans le haut de l'un de ses bouts, il traverse toutes les couches de chaux vive du premier compartiment, et entre dans le second par une ouverture percée dans la cloison de séparation ; il traverse les couches de chaux du second compartiment, entre dans le troisième, où il se dessèche de la même manière, et sort enfin de l'appareil dessiccatoire pour entrer dans le séchoir.

Chaque compartiment a une porte qui reste ordinairement fermée, et qui sert à renouveler la chaux des étagères lorsqu'elle est hydratée.

Le séchoir pourrait être une continuation de l'appareil que je viens de décrire, et sa construction pourrait être en tout la même, à l'exception que la poudre serait disposée sur des toiles tendues dans des cadres qu'on placerait dans les compartiments. Il ne suffit pas que l'air soit desséché avant de venir en contact avec la poudre, il faut encore une ventilation continue afin d'enlever promptement l'air saturé et de le remplacer par de l'air neuf; on obtient cette ventilation soit en chauffant l'air artificiellement à sa sortie du séchoir, soit en lançant à l'aide d'un ventilateur semblable à celui que j'ai déjà décrit, continuellement de l'air neuf à travers l'appareil qui est destiné à dessécher la poudre.

Ce dernier moyen, convenable surtout pour le cas qui nous occupe, est aussi celui qui offre le plus d'économie.

Dans des localités où il est facile de se défaire de la chaux hydratée, qui a même valeur que la chaux vive, les frais qu'entraîne le mode de séchage qui nous occupe sont peu considérables, et se réduisent à ceux qui sont occasionnés par le moteur et par le transport de la chaux. Supposons qu'on veuille sécher en 6 heures de temps 2,400 kgs. de poudre contenant 6 % ou 144 kgs. d'eau, et admettons que l'air intérieur soit à une température de 5° et complétement saturé d'eau.

L'air en se desséchant sur la chaux s'échauffe un peu, mais comme il cèdera une partie de sa chaleur en se saturant d'eau, nous admettrons qu'il se dégage du séchoir à la température de l'air extérieur.

Un mètre cube d'air à 5° saturé de vapeur d'eau en contient 7,2 grammes. Ainsi la quantité d'eau qui devra passer à travers le séchoir en 6 heures sera 20000 mètres cubes.

Un seul homme dans six heures de travail peut évacuer 70000^{mc}. d'air, d'où il suit qu'un seul ouvrier est plus que suffisant. La chaux nécessaire par kilogramme d'eau sera au moins de 2 kgs., ainsi pour les 24 kgs. environ 50 kilogr.

206. Pour apprécier maintenant les différents procédés de séchage que je viens de décrire, j'admettrai d'abord le principe qu'il est avantageux que le séchage de la poudre ait lieu à une température peu élevée; en effet dans ce cas la vapeur d'eau qui se forme aura peu de tension, se dégagera de l'intérieur du grain sans exercer de grands efforts, et ne nuira par conséquent à la solidité de ce dernier que le moins possible.

En second lieu la porosité du grain n'ayant pas beaucoup augmenté, la poudre absorbera moins facilement l'eau dans les magasins et se conservera mieux.

Lorsque le séchage de la poudre doit avoir lieu sous l'influence d'une haute température, il est alors avantageux de ne pas élever celle-ci de prime abord au point qu'on veut atteindre; en effet si le commencement de la dessiccation a lieu à une température peu élevée, la vapeur d'eau se dégagera d'abord sans grand effort, et comme les parois des passages qu'elle se fraie se durcissent à mesure que le dessiccation avance, elles pourront plus tard résister, sans céder, à un effort plus considérable.

La dessiccation doit être autant que possible égale partout.

Enfin il faut écarter tout procédé qui offre des dangers réels, et l'on doit préférer celui qui offre le plus de sécurité.

Ces principes admis, il nous sera facile de classer les divers procédés de séchage dans l'ordre de leur utilité pour l'objet qui nous occupe.

207. Le séchage à l'air non chauffé mais desséché artificiellement satisfait à toutes les conditions que nous venons de poser, et il nous semble de beaucoup préférable à tous les autres procédés chaque fois qu'on pourra se défaire sans trop de perte de la chaux hydratée.

Le séchage à l'air libre, dans des enceintes closes ou non, a l'inconvénient de donner des résultats très-variables suivant l'état hygrométrique de l'air, et il n'est du reste possible que lorsque l'air n'est point saturé. Enfin il est lent lorsque la capacité de saturation de l'air est peu considérable.

Le séchage de la poudre en exposant celle-ci soit dans l'intérieur d'une enceinte, soit à l'extérieur à l'influence des rayons solaires, donne de très-bons résultats, surtout lorsqu'on évite une trop haute température dès le commencement de l'opération. Ce mode est de beaucoup préférable à ceux qui suivent, du moins lorsque ceux-ci sont exécutés de la manière habituelle.

Parmi les séchoirs à air chaud, ceux qui reçoivent l'air chauffé extérieurement méritent la préférence sur ceux dont on chauffe l'air à l'intérieur ; en effet dans les premiers la température est plus égale partout que dans les derniers, et cet avantage ne nous semble pas balancé par la légère économie de combustible qu'offre le dernier procédé.

Il est préférable de chauffer l'air par la vapeur d'eau que par de l'air chauffé directement au foyer.

Le second moyen offre beaucoup plus de sécurité, et en l'employant on a la certitude de ne pouvoir dépasser à l'intérieur du séchoir la température de 100° ; en évitant une température trop élevée surtout dès le principe on obtient aussi par ce procédé de très-bons résultats. Le procédé enfin dans lequel on chauffe l'air intérieur du séchoir à l'aide d'un poêle, et celui dans lequel on sèche la poudre par le contact immédiat avec des surfaces de cuivre nous semblent devoir être entièrement rejetés.

DE L'ÉPOUSSETAGE.

208. Pour dépouiller la poudre du poussier on la passe à travers un tamis de crin très fin auquel on imprime sur la barre de la maye le même mouvement que pour grener, en balançant de temps à autre le tamis à gauche et à droite, afin de faire occuper successivement par toutes les portions de la masse le fond du tamis. On peut, pour le même objet, se servir du blutoir, ou faire rouler la poudre le long d'une toile métallique tendue dans un cadre. On donne à la toile une position inclinée, on y verse la poudre à travers une trémie, et on place en bas une recette dans laquelle elle est recueillie.

DE L'EMBARILLAGE.

209. Les poudres de guerre sont mises dans des barils contenant chacun cinquante kilogrammes. Les fonds et douves du baril sont en bois de chêne sans aubier, les cercles en bois de saule sain et tenace, coupé en temps opportun, et dépouillé de son écorce. Les douves réunies, tout au plus au nombre de 14, présentent vers le milieu une convexité, nommée le *bouge*. Les fonds ne doivent être faits que de trois pièces au plus, assemblées par des gougeons ; les cercles au nombre de douze sont rassemblés par trois ; chaque bout du baril est maintenu par une réunion de trois cercles, et les deux autres sont également répartis entre les deux extrêmes.

La capacité du baril est plus grande qu'il n'est nécessaire

pour contenir 50 kilogrammes de poudre ; en Angleterre le
baril n'est rempli qu'aux 9/10èmes. — Ce vide offre l'avantage
de pouvoir détruire les grumeaux , aggrégations de grains produites par l'humidité , sans qu'il soit nécessaire d'ouvrir le baril ; il suffit en effet de rouler ce dernier pour que les grumeaux
par leur choc contre les parois du baril se désunissent.

Les dimensions du baril, prises hors-œuvre , sont :

Hauteur du baril — — — — — — 0,600ᵐ.
Diamètre aux bouts , au dessus des
   cercles. — — — — — — — — 0,380.
Diamètre au bouge — — — — — 0,450.
Epaisseur des douves aux extrémités 0,013.
— — — — — — — au milieu 0,010.
— — — — du fond — — — — — 0,013.
Longueur de la partie des douves
   qui dépasse le fond — — — — 0,026.
Longueur du biseau à cette partie 0,003.
Largeur de la partie plane du cer- (maximum = 0,026.
cle — — — — — — — — —) minimum = 0,020.

210. On vérifie la hauteur du baril par deux règles en fer ,
Fig. 6 , Pl. 3 , qui peuvent glisser l'une sur l'autre , et qui sont
maintenues par des anneaux carrés. Un trait tracé sur l'une des
règles indique , lorsque l'extrémité repliée de l'autre coïncide
avec lui, que la distance entre les extrémités des douves est
exacte ; un trait parallèle marque la tolérance en moins. Deux
autres traits à l'extrémité de l'une des règles , et à 0,007ᵐ l'un
de l'autre , pour la tolérance , marquent la hauteur du baril :
pour la mesurer on appuie les bouts repliés des règles contre
les fonds , et on juge que la hauteur est exacte lorsque le bout
de la règle supérieure se trouve au milieu des traits ; — On vérifie le diamètre du bouge à l'aide d'un cercle en fer, Fig. 7 ,
Pl. 3 , ayant une charnière au milieu qui permet de l'ouvrir.
Le reste des dimensions se vérifie au moyen de règles ordinaires.

Lors de la réception , après s'être assuré de la bonne qualité du bois et de l'exactitude des dimensions , on vérifie encore 1° si la jable des douves est nette et assez profonde , 2° si les pièces du fond sont assemblées par des goujons , 3° s'il n'existe pas de douves fendues , 4° si , à l'intérieur du baril , elles ne se dépassent pas , 5° enfin , si l'assemblage du baril est solide.

Pour vérifier les trois premiers points on enlève le premier assemblage de cercles : la vérification des autres rend nécessaire d'enlever aussi les assemblages moyens.

Si après la visite de plusieurs barils on les trouve convenables , on n'en ouvre plus qu'un sur dix , et on se contente , pour les autres , de les visiter assemblés ; mais si la fourniture est mauvaise, on doit visiter chaque baril de la manière indiquée.

211. En France on place le baril qui contient la poudre dans un autre baril nommé *chape* ; les poudres de chasse et de mine (lorsque cette dernière doit être transportée à de grandes distances) sont préalablement renfermées dans un sac de toile.

En Angleterre la poudre est mise dans des barils à doubles fonds dont les douves sont maintenues par des cercles en cuivre ; Les marines anglaise et française renferment leur poudres dans des caisses en cuivre qui ont la forme d'une paraliélipipède droit, et qui peuvent contenir chacune 50 kilogrammes de poudre ; ces caisses sont placées dans d'autres en bois dont les côtés sont assemblés par des vis de cuivre.

Quand on se sert de barils en bois il est très avantageux d'en enduire l'intérieur d'une couleur à l'huile , après avoir préalablement bouché les jointures des douves soit avec du mastic , soit en les recouvrant avec des bandelettes de toile imprégnées d'un mélange d'huile et de résine.

DE L'EMMAGASINAGE.

212. Le lieu où l'on dépose la poudre confectionnée s'appelle *magasin à poudre*. On le construit en maçonnerie ou , ce qui vaut mieux , en bois , et on le couvre alors d'une toiture lé-

gère. Cette dernière construction rend ordinairement le magasin plus sec, et diminue le danger lors d'une explosion. Le meilleur emplacement d'un magasin, à moins que le contraire ne soit strictement nécessaire, est en dehors des villes, à proximité des grandes voies de communication par eau ou par terre.

La forme du magasin est le plus souvent rectangulaire. Le sol en est planchéié sur lambourdes, quelques fois double, mais dans tous les cas construit en sorte que l'air puisse circuler librement en dessous.

Les murs lambrissés ou garnis de couvertures de crin ou de paille, ajoutent beaucoup à la siccité du magasin. La porte est ordinairement du côté *Est*; vis-à-vis, et quelque fois sur tont le pourtour, se trouvent des fenêtres.

La porte et les fenêtres doivent être à deux ventaux, pour la commodité du chargement; on garantit les dernières par une toile métallique, et on abrite la porte par un toit en appentis. L'enceinte destinée à recevoir la poudre, séparée du reste par un grillage, ne commence qu'à quelques pas au delà de l'entrée du magasin.

Le magasin est entouré d'un fossé qui soutire l'eau du sol intérieur, et reçoit celles de pluie, et d'un second mur assez élevé qui empêche d'en approcher, il est de plus muni de deux ou plusieurs paratonnerres. Lorsqu'enfin le magasin a un étage, on doit y communiquer par un escalier commode, et il doit y avoir un mécanisme convenable pour y hisser les barils. Lorsque, dans un pareil magasin, on dépose de la poudre et des artifices confectionnés, tels que des projectiles creux chargés, on place ceux-ci au rez de chaussée, et les poudres à l'étage supérieur.

213. Un magasin devient humide, soit par l'eau que les murs soutirent du sol, et qui y monte par l'effet capillaire, soit par les pluies battantes qui mouillent les murs à travers lesquels l'eau pénètre jusqu'à la paroi intérieure, soit enfin par l'eau que contient l'air à l'état de vapeur, et qui se liquéfie de nouveau par la température basse à l'intérieur du magasin. — Un excellent moyen pour corriger le premier défaut consiste à cou-

vrir les murs, lorsqu'ils sont élevés à un mètre au-dessus du sol, et toujours au-dessus du plancher du magasin, d'une feuille épaisse de plomb repliée en-dessous, (pour que l'eau n'y puisse séjourner) au-dessus de laquelle on continue la maçonnerie ; on prévient la pénétration de l'eau à travers les murs dans un sens horizontal, à l'aide d'un enduit dessiccatif, dont on couvre les parois à l'intérieur, et qui bouche les pores de la maçonnerie jusqu'à une certaine profondeur. Cet enduit (qui peut consister en 1 partie de céruse dissoute dans 10 parties d'huile de lin, avec addition de 2,2 de cire ou 13 de résine) est étendu sur le mur après avoir séché l'endroit à l'aide d'un poêle mobile qu'on y suspend. Pour atténuer enfin le troisième inconvénient, on ne doit aérer le magasin que lorsque l'atmosphère est très peu chargée de vapeur d'eau ; les murs doivent être de mauvais conducteurs du calorique, et l'intérieur muni de vases plats chargés de chaux, de potasse ou de toute autre matière absorbante ; on peut encore établir au devant du grillage qui ferme l'enceinte destinée à recevoir la poudre, une fosse communiquant avec le dessous du plancher. Dans cette fosse, dont les parois sont revêtues de feuilles de plomb, on étend sur une toile de laiton, et à un pied au-dessus du fond, de la chaux vive. Cette dernière enlève l'eau à l'air qui pénètre dans le magasin par la porte, et celui-ci se répand alors à l'état de siccité dans l'intérieur et au-dessous du plancher. On renouvelle fréquemment la chaux. — Pour se convaincre combien ces moyens peuvent augmenter la siccité d'un magasin, je citerai l'expérience qui en a été faite en 1811 au fort de la Crèche, près de Boulogne, dont le magasin était très-humide.

A cet effet l'on sépara l'intérieur du magasin à l'aide d'une cloison en planches en deux parties, dont l'une fut laissée dans son état normal, et l'autre eut ses parois couvertes avec des feuilles de plomb, et en employant du reste tous les moyens indiqués. On déposa dans cette dernière des poudres tellement avariées, que leur portée avait décliné de 256 à 20 mètres ; elles reprirent, après quelque séjour, leur portée primitive ; la dureté du grain avait cependant souffert d'une manière très-notable, et ces poudres n'auraient pu souffrir le transport.

On explique aisément cette énorme différence de portée à l'éprouvette, entre la poudre humide et celle qui a été séchée, par la porosité que le grain de cette dernière acquiert, et son augmentation de volume, deux circonstances très propres à augmenter l'effet de la poudre, surtout dans les bouches à feu petites et courtes, qui ont une chambre pour recevoir la charge; en effet la 1ère la rend plus inflammable, et la seconde diminue le vide entre la charge et le projectile. Mais comme ces avantages sont de peu de durée, parceque le grain tombe en poussier, il sera convenable de ménager la transition d'un état humide à la siccité dans un magasin, parcequ'il est reconnu qu'une dessiccation lente nuit moins à la solidité du grain que lorsqu'elle est brusque.

Rien du reste n'est plus propre à préserver un magasin de l'humidité que de l'aérer souvent lorsque le temps est serein et sec. On ouvre donc les portes et les fenêtres quelques heures après le lever du soleil, et on les ferme quelques heures avant son coucher.

214. Il est évident que lorsqu'on doit mettre la poudre dans des lieux très humides, comme p. e, des casemattes, il faut prodiguer les soins pour la préserver de l'humidité; je citerai une expérience qui fut faite en 1780 en Hanovre, et dont l'idée pourra être utile dans des cas semblables.

Sur un baril rempli de poudre, on colla du papier imprégné d'une solution d'alun et de colle de Flandre, puis on le plongea une première fois dans de la poix fondue, et on l'y replongea, après avoir renfermé le baril dans un sac de toile. Il fut ensuite suspendu sous l'eau pendant un mois sans que la poudre eût éprouvé la moindre avarie.

215. Pour empiler les barils on en place d'ordinaire la première rangée sur des chantiers creusés en forme de segment circulaire pour les recevoir. Les chantiers ajoutent beaucoup à la solidité de la pile; si cependant on n'en avait pas, il faudrait assujettir chaque baril, et surtout les extrêmes de chaque rangée, à l'aide de cales en bois en forme de prisme triangulaire.

Une file de barils est dirigée parallèlement à chaque long côté du magasin, et une double file accolée en occupe le milieu ; entre le mur et les files extrêmes, de même qu'entre celles-ci et les files du milieu, on laisse des allées qui servent soit à garantir les poudres de l'humidité des murs, soit à l'exécution des divers travaux dans le magasin.

On n'engerbe les barils que tout au plus à 5 de hauteur ; mais on préfère n'en placer que 3 à 4 l'un au dessus de l'autre, de cette manière les barils inférieurs auront moins à souffrir, la pile sera moins sujette à s'écrouler, et il deviendra plus facile et moins dangereux de placer les rangées supérieures. Les poudres de même espèce sont mises ensemble, et tous les barils présentent leurs étiquettes du côté de l'allée pour la rendre plus ostensible.

Les dimensions du magasin sont déterminées par la quantité de poudre qu'il doit pouvoir contenir, par la disposition ordinaire des piles, la hauteur de ces dernières, et la largeur des allées.

Admettons qu'il faille construire un magasin rectangulaire pour 30000 kgs. de poudre, dans l'hypothèse qu'une pile doive régner le long de chaque long côté du magasin, et qu'une double pile accolée en doiveoccuper le milieu — supposons enfin que l'on veuille engerber les barils à quatre de hauteur.

Le nombre de barils contenus dans les bases des quatre piles sera $\dfrac{4\,x}{0,45}$; x étant la longueur de la base et 0,45 le diamètre du baril au bouge, les couches suivantes des barils décroîtront chaque fois de quatre barils dans les quatre piles du magasin ; ainsi le nombre total de barils sera $\left(\dfrac{4\,x}{0,45}+\dfrac{4\,x}{0,45}-16\right)2$; mais comme il est aussi $\dfrac{30000}{50}=600$, nous aurons :

$$\left(\frac{4\,x}{0,45}+\frac{4\,x}{0,45}-16\right)2=600\text{, d'où }x=17,7.$$

Il faut ajouter à cette longueur quelques mètres pour la largeur du vestibule et pour les intervalles entre les extémités des piles et les murs.

La largeur du magasin est égale à la hauteur de quatre barils ajoutée à la largeur de deux allées et à celle des deux intervalles entre les piles et les murs ; admettons que l'allée ait $1,^m5$ de largeur, que l'intervalle entre la pile et le mur ait $0,30$, nous aurons la largeur du magasin $= 4 \times 0,6 + 2 \times 1,5 + 2 \times 0,3 = 6^m$.

216. Il faut fréquemment visiter l'intérieur du magasin, s'assurer qu'il n'est point humide, que les poudres ne tamisent pas, que les barils sont en bon état, qu'ils sont solidement assujettis, etc.

DU REMUAGE.

217. Plusieurs des précautions indiquées pour conserver les poudres occasionnent des frais considérables, et ne sont employées que dans des cas extraordinaires. Il en résulte que dans les magasins ordinaires la poudre éprouve à la longue plus ou moins d'avarie par l'eau qu'elle absorbe. Une petite quantité d'eau a pour effet de réunir les grains en grumeaux plus ou moins compacts ; une plus grande quantité dissout en partie le salpêtre que effleurit dès lors à la surface du grain.

Pour remédier à ces avaries on remue d'ordinaire la poudre pendant les beaux jours, tous les ans, ou moins souvent suivant l'état du magasin. L'opération qu'on nomme le remuage de la poudre commence quelques heures après le lever du soleil, et finit quelques heures avant son coucher.

218. Le remuage se fait de cette manière : Après avoir enlevé avec précaution les barils de la gerbe, on les roule sur le plancher du magasin couvert avec des prélats de crins, pour s'assurer, par le son que rend la poudre, de l'état de cette dernière. L'absence de son, ou un son très sourd dénote l'humidité de la poudre ; un son inégal, entremêlé de chocs, indique la formation des grumeaux ; un son clair et uniforme enfin est propre à la poudre non avariée. — On ouvre les barils dont la poudre a été reconnue trop humide, et on s'assure de

la quantité d'eau absorbée , soit en en comprimant une poignée dans la main , soit de la manière qui sera indiquée plus tard en parlant du radoub des poudres. Lorsque la quantité d'eau que la poudre a absorbée est peu considérable, on corrige ce défaut par un nouveau séchage en plein air. La poudre est pour cela mise en couche mince sur des toiles tendues sur des chevalets ; on sèche également les barils au soleil , et , avant d'y remettre la poudre , on la tamise pour la dépouiller du poussier.

Si la poudre s'est agglomérée en grumeaux , on ouvre également le baril, on divise les grumeaux à la main , et si le baril est humide , on transvase la poudre dans un baril bien sec. (Le transvasement produit beaucoup de poussier et ne doit pas être fait sans nécessité. On le fait toujours en dehors du magasin). — Enfin on roule le baril sur des prélats , et on le secoue pour diviser entièrement les grumeaux. Lorsque la poudre est en bon état , que les douves sont bien jointes, que les cercles sont bien assujettis , on se contente de rouler le baril sur des prélats étendus à l'intérieur du magasin , et de le secouer.

Chaque fois que la poudre sort du magasin on gradue la transition d'une température basse à une température élevée , en mettant le baril d'abord dans le portail , et puis au soleil. En engerbant de nouveau , on change l'ordre des rangées, de sorte que les barils qui occupaient le fond de la pile viennent maintenant en dessus. Enfin on s'assure aussi de l'état des barils , et on rejette ceux qui sont réparables.

219. Des précautions minutieuses sont nécessaires dans tous les travaux qui se rapportent à la poudre ; j'indiquerai ici les principales :

1. Le nombre des travailleurs ne doit pas excéder le strict nécessaire ; chaque homme doit avoir une fonction bien désignée , et bien la connaître : les hommes doivent donc être pris au choix pour les différentes manipulations.

2. Le travail doit se faire avec calme , propreté et dans le plus grand ordre.

3. Le commandant doit maintenir la discipline la plus stricte, et interdire sévèrement l'usage des *boissons* spiritueuses.

4. Il doit s'assurer par une visite rigoureuse que les hommes employés au remuage n'ont sur eux ni pipes, ni acier, ni pierres à feu, ni enfin aucun objet qui pourrait occasionner des accidents.

5. Toute personne qui entrera dans le magasin doit déposer au dehors ses armes, et se chausser d'une paire de sandales ; tous les planchers du magasin doivent être couverts de prélats et balayés lorsqu'on y a répandu du poussier.

6. On ne doit se servir que d'outils en cuivre.

7. On doit enfin éviter avec le plus grand soin tout frottement d'un baril contre un autre ou contre le mur ; pour transporter le baril hors du magasin on se servira d'une civière en toile, et pour l'engerber de nouveau, on le roulera au haut de la gerbe, lorsqu'il doit faire partie d'une rangée supérieure, en couvrant de prélats le chemin qu'il parcourt.

(Voyez du reste le règlement sur le remuage des poudres.)

DU RADOUB.

---

220. L'opération par laquelle on répare les poudres plus ou moins avariée s'appelle leur *radoub*. L'avarie est ordinairement occasionnée par l'eau que la poudre a absorbée dans le magasin ; souvent aussi elle a été exposée à des pluies ou submergée ; enfin elle peut être mêlée de gravier ou d'autres corps étrangers.

Le transport de la poudre est une cause fréquente de son avarie : pendant le transport il se produit du poussier par le frottement que subissent les grains, et la poudre en devient plus sujette à absorber l'eau ; une forte chaleur enfin peut en ramollir le soufre, et déterminer l'agglomération des grains.

221. L'eau que la poudre absorbe y produit des effets différens eu égard à la quantité absorbée : une légère quantité dissout en partie le salpêtre, et produit l'agglomération des grains en grumeaux, dans lesquels la granulation a plus ou moins dis

paru , et qui sont d'autant moins faciles à diviser que la quantité d'eau est plus considérable.

Une plus grande quantité d'eau dissout plus de salpêtre , et le fait effleurir à la surface du grain qui alors est parsemé de points blancs et brillans. Si l'eau enfin augmente encore , le grain perd sa consistance , la poudre n'offre plus d'adhérence et n'a plus de poussier ; elle est alors d'un noir terne , et on peut la comprimer à la main en une masse plus ou moins molle.

Lorsque l'eau absorbée n'excède pas 6 à 7 p. $^o/_o$, un nouveau séchage suffit pour réparer l'avarie. Si elle va au delà , et qu'elle monte à 8 , 9 jusqu'à 14 p. $^o/_o$, maximum de l'eau qu'elle peut absorber , ou si le nitre est à l'état d'efflorescence, on doit la soumettre à un nouveau battage et aux opérations subséquentes , après avoir toute fois constaté par l'analyse que son dosage n'est point altéré.

On évalue la quantité d'eau absorbée par la poudre en soumettant des échantillons pris au fond , au milieu et à la surface, et exactement mêlés , à deux pesées , l'une à l'état dans lequel la poudre se trouve au sortir du baril , l'autre après l'avoir séchée.

Lorsque la poudre a été submergée sous l'eau douce , on constate par l'analyse la perte du salpêtre , et on la soumet de nouveau , après y avoir ajouté autant de salpêtre qu'elle en a perdu , aux procédés de fabrication. Si au contraire elle avait été submergée dans l'eau salée , il ne resterait autre chose à faire qu'à en extraire le salpêtre par des lavages et par le raffinage de ce dernier.

DU TRANSPORT.

222. Dans le transport des poudres on doit user des plus grandes précautions pour éviter les accidens. Avant de charger le baril il est nécessaire de s'assurer de sa solidité et de son assemblage parfait , afin d'éviter le tamisage des poudres pendant le transport. Pour obvier à cet inconvénient on renferme , en

France, le baril dans un autre. On le cercle, en Angleterre, avec des bandes de cuivre, précautions fort bonnes, sans doute, mais coûteuses.

Le transport par eau doit être préféré chaque fois que cela est possible, parce que le danger en est moindre.

Lorsqu'on transporte par eau on s'assure de la solidité du navire sur lequel on ne souffre ni passagers ni marchandises. On couvre le fond du bâtiment d'un plancher, et on engerbe les barils sur ce dernier, en les assujettissant pour éviter le frottement des barils entre eux, et en laissant les allées nécessaires pour pouvoir enlever l'eau.

Les barils doivent être portés dans le navire à l'aide de civières.

223 Lorsqu'on transporte la poudre sur des voitures, il faut, avec le plus grand soin, s'assurer de leur solidité, et choisir, autant que possible, des voitures d'artillerie, ou à leur défaut, des voitures particulières couvertes d'une toile tendue.

On charge les barils sur la voiture, en se servant de civières; on bâche bien la voiture, et on y affermit les barils afin de prévenir tout frottement. Au fond des voitures on met des couvertures de laine, dont on recouvre aussi les gerbes.

224. Le commandant du transport est ordinairement un officier d'artillerie, ou, si le transport est peu considérable, un sous-officier de cette arme. Il doit avoir sous ses ordres les surveillans nécessaires et l'escorte qui est ordinairement de l'infanterie.

225. Des pavillons, indiquant la nature du transport, sont mis en évidence sur les navires ou sur les voitures.

226. Lorsqu'on transporte la poudre par terre on fait surveiller chaque voiture par un homme, et on partage le reste de l'escorte en avant et en arrière-garde.

Lors du transport même, on évite, autant que faire se peut, le pavé, les chevaux vont au pas, et on laisse entre deux voitures qui se suivent un intervalle d'une quarantaine de pas. On ne traverse pas sans nécessité des lieux habités, mais on les tourne chaque fois que cela est possible; à cet effet on fait ex-

plorer les localités avant d'y arriver pour ne pas éprouver de
retard ; si cependant on était forcé de les traverser , le commandant du transport ferait avertir à temps le magistrat du lieu , et
l'inviterait à faire éteindre les feux des forges , des maréchaux
et autres qui pourraient devenir dangereux , et à faire arroser le
pavé. Le transport traversera l'endroit à voitures serrées.

Les voitures ne doivent jamais être parquées qu'à $\frac{1}{4}$ de lieue
au moins de tout endroit habité. On doit s'être assuré à temps ,
et avant l'arrivée du transport , de la convenance du lieu qui
doit être sec.

Le commandant du transport et les hommes sous ses ordres
doivent constamment veiller à ce que les voitures ne versent
pas , à ce que personne n'y monte , n'y mette des objets étrangers , ou s'en approche de trop près. Le commandant s'assurera
souvent , mais surtout à l'arrivée et au départ , que les barils
ne frottent pas entre eux , que la poudre ne tamise pas , que les
voitures sont solides , etc. Il fera faire toutes les réparations nécessaires sur le champ , et si la poudre avait tamisé , il la ferait
mouiller préalablement avant de procéder à la réparation du
baril.

(Voyez du reste le règlement sur le transport des poudres.)

LIVRE III.

COMBUSTION ET EFFET UTILE DE LA POUDRE.

DE LA COMBUSTION DE LA POUDRE.

227. L'inflammation de la poudre , l'embrâsement de toute la masse , doit être soigneusement distinguée de sa combustion ou de son changement d'état de corps solide en gaz.

L'inflammation est d'une vitesse tellement extraordinaire qu'il est presque impossible d'en apprécier la durée , chaque fois du moins que rien ne s'oppose à la libre circulation de la flamme à travers la poudre ; la combustion au contraire exige un temps plus ou moins long , et ne s'achève pour les charges ordinaires qu'après le déplacement du projectile , et pendant que celui-ci fait le trajet de l'âme de la bouche à feu.

228. Le soufre est , des trois principes qui constituent la poudre, le plus inflammable. On peut en opérer la fusion , et même l'inflammation (qui a lieu à 150° centigrades) sans que la poudre , dont il fait partie , détonne , mais il faut pour cela élever successivement la température jusqu'au point nécessaire , soit à l'aide d'un verre ardent , soit de toute autre manière.

Avec une étincelle d'acier on ne réussit pas à enflammer le soufre mais bien le charbon , et si par conséquent on communique le feu à la poudre par ce moyen , ce n'est point le soufre mais le charbon qui , le premier , prend feu.

229. L'inflammation de la poudre exige qu'une partie de sa masse soit portée à la température rouge , environ 350° ; on s'en assure en brûlant de l'hydrogène dans une éprouvette

en présence de la poudre qui ne prend point feu , ou en approchant d'un petit tas de poudre un papier allumé , qui , aussitôt retiré , ne suffit pas pour l'enflammer ; le fait constaté par l'expérience qu'un boulet peut traverser un caisson sans que celui-ci fasse explosion en est une nouvelle preuve.

230. L'inflammation de la poudre peut avoir lieu par le choc ou par toute autre cause qui élève brusquement ou peu à peu la température au-degré nécessaire.

D'après Aubert , Lingke et Lampaduis , la poudre détonne par un choc de fer sur fer, fer sur laiton , laiton sur laiton, et moins bien par un choc de cuivre sur cuivre. Suivant des expériences faites en Angleterre elle détonne encore par le choc de bronze sur cuivre , de fer sur marbre , de quartz sur quartz , de plomb sur plomb , ou lorsqu'on tire une balle de plomb contre un pendule saupoudré de poudre ; enfin dans de la chaux vive qu'on éteint , dans les briquets au gaz , etc.

231. La poudre mise en contact avec un corps incandescent prend feu tout à coup et détonne : c'est ainsi que la pierre à fusil frappant contre la face de la batterie , en arrache des particules d'acier en incandescence qui communiquent aussitôt l'inflammation à l'amorce.

On produit encore d'une manière certaine et rapide l'inflammation de la poudre 1° par le charbon incandescent, comme celui de la mèche ordinaire , 2° par la flamme qui accompagne la combustion d'un mélange semblable à celui de la poudre , 3° par les amorces fulminantes : ces dernières surtout semblent fort propres à atteindre ce but , leur flamme pénètre la masse de poudre avec la plus grande rapidité , enveloppe les grains presqu'instantanément , et leur communique la haute température qui est nécessaire à leur inflammation.

232. Les opinions ont été long-temps divisées sur le temps nécessaire à la combustion de la poudre : Robins le crut nul ou devant être considéré comme tel , Bélidor au contraire démontra que la combustion devait en être successive. Cette opinion , qui d'ailleurs s'appuie déjà sur le simple bon sens en ce que la flamme , quelleque rapidité qu'elle ait , a besoin d'un

certain temps pour pénétrer la masse des grains, et à l'intérieur de ces derniers, est mise hors de doute par les belles
expériences du chevalier d'Arcy que je ne puis m'empêcher
de citer :

Première expérience. Ayant fait une trainée de poudre de
44^m,2 de longueur et de 0,^{m}009 de hauteur et de largeur,
dans une sablière de bois ouverte par le haut, il y mit le feu
qui employa 25 1/2 secondes à parcourir la trainée d'une extrémité à l'autre.

Deuxième expérience. Une trainée de poudre de mêmes dimensions que la precédente fut mise dans une sablière, et
couverte par une seconde sablière posée simplement sur la première.

La flamme quoiqu'elle s'échappât en grande quantité d'entre
les sablières, ne mit plus que 7 1/4 secondes à parcourir la
trainée dans toute sa longueur. Il résulte de ces deux expériences que la poudre brûle beaucoup plus rapidement, lors
même qu'elle est renfermée incomplètement, que lorsqu'on la
combure en plein air ; dans les armes où la fermeture est beaucoup plus parfaite encore que dans l'appareil de la dernière
expérience, et dans lesquelles les gaz enflammés ne trouvent
d'autre issue qu'entre le projectile et la paroi de l'âme, la combustion doit être d'une rapidité extraordinaire.

Il est cependant certain que non-seulement la combustion de
la poudre dans les armes est successive, mais que son inflammation même ne peut être rigoureusement considérée comme
instantanée ; une troisième expérience de d'Arcy a mis cette
vérité hors de doute. La voici.

Un petit canon ouvert par les deux bouts, long de 0,^{m}1875,
et d'un calibre de 0,^{m}0406, fut chargé, au lieu d'une balle,
d'un cylindre, perforé dans le sens de son axe d'un trou cylindrique de 0,^{m}009 à 0^m,0113 de diamètre ; le cylindre projectile avait le même diamètre que l'âme du canon, et une
longueur, de 0,^{m}0541, une lumière le perçait au milieu de
sa paroi convexe, et communiquait avec l'intérieur. Le canon
était percé de trois lumières de même diamètre que celle du

cylindre ; l'une était placée au milieu du canon , et les deux autres correspondaient avec les extrémités du cylindre projectile.

Pour procéder à l'expérience M. d'Arcy remplissait l'âme du cylindre projectile de poudre , et l'introduisait dans le canon , de sorte que la lumière correspondait à celle du milieu de ce dernier ; ayant ensuite introduit dans le canon , de chaque côté du cylindre , une charge égale , bourrée également avec une pièce circulaire de feutre qu'on avait découpée à l'emporte-pièce , il amorça le canon et y mit le feu. Lorsque le feu était communiqué par la lumière du milieu, le cylindre projectile restait en place , ce qui était à prévoir parce qu'il n'y avait aucune force qui eût pu mouvoir le projectile plutôt dans un sens que dans l'autre ; mais lorsque c'était une des lumières extrêmes du canon qui communiquait le feu à la charge , le cylindre-projectile s'échappait aussitôt , avec une grande vitesse , du côté opposé à celui où l'on avait mis le feu.

Cette expérience est entièrement concluante , et prouve d'une manière incontestable que l'inflammation de la poudre , même dans les armes , est successive. En effet , si elle était instantanée , on aurait vu le cylindre-projectile rester en place , car il eut été sollicité en sens inverse par deux forces égales , dues à la combustion simultanée de deux charges identiquement égales. Le projectile ayant au contraire été mis en mouvement , on peut en déduire rigoureusement que le feu a mis un certain temps à communiquer l'inflammation à travers le cylindre à la charge opposée , et que ce temps a suffi à développer la force nécessaire pour chasser le projectile hors du canon.

233. La loi suivant laquelle varie la vitesse initiale du projectile en fonction de la longueur de l'âme est une nouvelle preuve irréfragable que non-seulement la combustion de la poudre n'est pas instantanée , mais qu'elle est même , du moins pour la poudre de guerre ordinaire , beaucoup plus lente qu'on ne se l'imagine communément. En effet si toute la poudre s'était comburée avant le déplacement du projectile, la force élastique des gaz produits , en faisant abstraction de l'abaissement

de leur température, suivrait la loi de Mariotte, et serait en un point quelconque de l'âme en raison inverse de sa distance au fond de cette dernière ; si ensuite on fait attention au calorique absorbé par les parois, il est évident que la décroissance réelle de la force accélératrice des gaz devrait être encore plus rapide. Il suit de là que lorsqu'on reconnaît en deux points quelconques de l'âme les forces accélératrices dans un rapport inverse plus petit que celui de leurs distances au fond, la combustion de la poudre n'est pas encore achevée, et que la perte de la force élastique des gaz due à leur extension dans un plus grand espace a été compensée en partie par le dégagement d'une nouvelle quantité de gaz.

234. Il résulte des expériences de Robins, de d'Arcy, d'Antoni et de Hutton, que la vitesse initiale du projectile est proportionnelle à une certaine racine de la longueur de l'âme, de sorte que l'on a généralement $v = l^{\frac{1}{x}}$, v étant la vitesse initiale et l la longueur de l'âme ; l'exposant $\frac{1}{x}$ varie avec la combustibilité de la poudre, avec la quotité de la charge, et probablement aussi avec d'autres circonstances qui n'ont pas encore été bien déterminées.

235. Hutton qui a fait de belles expériences à ce sujet (Nouvelles expériences d'artillerie, page 150 et suivantes) se servait de quatre canons du calibre de 2 po, 02 anglais (0,m0512), et dont l'âme avait les longueurs suivantes :

$$
\begin{array}{llll}
N^o\ 1 & . \quad . \quad . \quad . & 28,{}^{po}2 & \text{mesure anglaise} \\
N^o\ 2 & . \quad . \quad . \quad . & 38,\ \ 1 & \\
N^o\ 3 & . \quad . \quad . \quad . & 57,\ \ 37 & \\
N^o\ 4 & . \quad . \quad . \quad . & 79,\ \ 90 & \\
\end{array}
$$

Le poids du boulet était de 16 onces 13 drachmes (0,k476), et la poudre qu'il employa était de la poudre de guerre anglaise, dite du gouvernement.

Le tableau suivant renseigne les diverses charges employées et les vitesses obtenues :

CHARGES.	Vitesses obtenues avec les Canons			
	N° 1.	N° 2.	N° 3.	N° 4.
2 onces	774 pieds	825 pieds	912 pieds	968 pieds
4	1102	1191	1348 douteuse	1373
6	1340	1444	1593	»
8	1431	1552	1787	1936
10	1433	1609	»	»
12	1436	1638	»	»
14	1416	1657	»	»
16	1377	1656	1998	2106

Les vitesses inscrites dans ce tableau ont subi de légères corrections provenant de la réduction des poids des projectiles au poids uniforme de 16 onces 13 drachmes , et de leurs diamètres à celui de 2,^{po}02.

Si on prend maintenant les vitesses qui correspondent avec la charge de 6 onces , savoir : 1340 , 1440 et 1593 , on reconnait qu'elles sont sensiblement entre elles comme les racines quatrièmes des longueurs d'âme ; en effet les vitesses calculées d'après cette proportion seraient pour

Le canon N° 1 . . . . 1340 pieds
N° 2 1444
N° 3 . . . . 1600 ,

valeurs qui se rapprochent de très-près des vitesses réellement obtenues.

On peut conclure de là que dans le canon du calibre de 2^{po},02 , et avec la poudre employée par Hutton , les vitesses initiales sont entre elles comme les racines quatrièmes de la longueur de l'âme , du moins entre les limites 28,1 et 57,p°37 de cette dernière. — Cela posé on en déduit aisément la valeur de la force accélératrice des gaz , et l'on trouve que celle-ci est dans le rapport inverse de la racine carrée de la distance au fond de l'âme (a).

236. D'après cette loi l'on aurait maintenant des forces accélératrices que je mettrai en regard de celles que l'on aurait eues si la combustion avait été achevée à 28,1 pouces du fond de l'âme , et cela dans l'hypothèse que la température des gaz n'aurait subi aucune diminution à partir de ce point.

	Force accélératrice suivant la loi de Mariotte.	Force accélératrice réelle.
à 28,p°2	1	1
30, 0	0,9400	0,9695
35, 0	0,8057	0,8976
38, 1	0,7402	0,8604
40, 0	0,7050	0,8396
45, 0	0,6227	0,7916
50, 0	0,5644	0,7510
57, 37	0,4916	0,7011.

Ces chiffres font voir clairement que la décroissance de la force accélératrice est beaucoup moins rapide que si en un point quelconque de ces distances au fond de l'âme la poudre avait été complètement comburée , et on en conclut que la combustion n'a été complète qu'au moment de la sortie du projectile de l'âme , ou peu de temps auparavant. (Je dis peu auparavant parce que la vitesse calculée de 1600p à 57,p°37 dépasse de 7 pieds la vitesse réellement obtenue).

Si l'on avait pris pour exemple les vitesses obtenues avec une charge plus considérable , par exemple celle de 16 onces , la différence entre la force accélératrice réelle à celle qui dé-

(a) En effet si la vitesse est $v = m l^{\frac{1}{4}}$, l'on trouve pour sa différentielle $dv = \frac{1}{4} m l^{-\frac{3}{4}} \, dl$, et pour la force accélératrice du projectile dont le mouvement est varié $\varphi = \dfrac{v dv}{dl} = \frac{1}{4} m^2 l^{-\frac{1}{2}} = \dfrac{m^2}{\sqrt{l}}$

coule de l'hypothèse de la combustion complète à $28_{,po}2$ eut été plus grande encore ; enfin la force accélératrice serait restée constante durant tout le trajet du projectile si la vitesse avait été proportionnelle à la racine carrée de la distance au fond de l'âme , limite vers laquelle la vitesse convergerait assez rapidement si on augmentait la charge , et qu'on prit une poudre d'une moindre combustibilité.

237. Hutton , dans la fausse hypothèse que l'expression de la vitesse initiale était toujours la même fonction de la longueur de l'âme , conclut de l'ensemble de ses expériences que les vitesses initiales étaient entre elles dans un rapport un peu moindre que celui des racines carrées des longueurs d'âme , et un peu plus grand que celui de leurs racines cubiques.

Le colonel Duchemin (mémoire sur la vitesse initiale , mémorial , n° 4) avance que , jusqu'à la charge moitié de celle du maximum (a) , la vitesse initiale serait proportionnelle à la

(a) Dans un canon donné la vitesse initiale augmente avec la charge jusqu'à une certaine limite ; si ensuite on continue d'augmenter la charge , la vitesse décroit. On appelle charge du maximum celle qui correspond à la plus grande vitesse ; au delà de la moitié de cette charge les vitesses ne croissent que très-peu , et les portées obtenues avec des charges comprises entre celles de la moitié du maximum et du maximum sont sensiblement égales , c'est pourquoi dans la pratique on n'aime pas à dépasser la moitié de la charge du maximum.

La charge maximum est donnée par la formule $M.= \dfrac{\overset{\text{grammes}}{90,274}}{(0^m,0531)^3}c^3 \times$ $0,3771 \sqrt{l\delta}$ (c étant le calibre , l la longueur de l'âme exprimée en calibres , δ la densité du projectile) on trouve pour nos armes à feu :

valeurs de M.

	valeurs de M.
Canon de 24 de siége.	10k,53
. . . 18	8 ,25
. . 12	5 ,70
. . 6	3 ,00
. . . 12 de bataille	4 ,50
. . 6	2 ,35
Obusier long de 15ce	5 ,698

racine quatrième de la distance au fond de l'âme , et il appuie
cette opinion sur les résultats des expériences de Robins , de
d'Arcy , d'Antoni et de Hutton qu'il rapporte.

Je crois cependant qu'aucune de ces lois n'est vraie , et que
l'exposant $\frac{1}{x}$ de la fonction $v = l^{\frac{1}{x}}$ est essentiellement variable avec la quotité de la charge aussi bien jusqu'à la limite
de la charge moitié du maximum qu'au delà ; Coste (recher-
ches ballistiques sur les vitesses initiales , page 113) rapporte
même les valeurs approchées de ces coëfficients pour les différentes charges employées par Hutton , et il trouve :

$$\text{valeur de } \frac{1}{x}$$

Pour 2 onces	$= 0{,}2105$
4	$= 0{,}2316$
6	$= 0{,}2548$
8	$= 0{,}2803$
16	$= 0{,}4106.$

Cela doit-être évidemment ainsi : en effet le poids de la
charge peut être une fraction assez minime de celui du projectile pour qu'elle soit presqu'entièrement comburée avant le
déplacement de ce projectile , et alors la loi du colonel Duche-
nin ne serait pas applicable parce qu'elle donnerait une décroissance beaucoup moins rapide de la force accélératrice que
celle que l'on aurait réellement.

Il est plus probable que la vitesse converge vers une limite qui lui est assignée par l'hypothèse d'une entière combustion de la poudre avant le déplacement du projectile , sans
pouvoir jamais l'atteindre.

238. Dulac , dans le but de découvrir la loi de l'inflammation , plaça sur une table des grains de poudre avec des intervalles de 5 , 6 , 7 , 8 , 9 , 10 , 11 , 12 diamètres de grain ,
et il observa que l'inflammation ne se communiqua pas d'un
grain à un autre au delà d'une distance de huit diamètres de

Fusil 77 Belge	30 grammes
Mousqueton de cavalerie	24 . .
Pistolet de cavalerie	15 . .

grain Il répéta cette expérience avec des grains placés sur des circonférences concentriques, au centre commun desquelles il avait mis un grain auquel il communiqua le feu, et il observa encore que le cercle d'action avait un rayon de huit diamètres de grain, et que passé cette limite l'inflammation ne se communiquait plus.

Il en conclut qu'un grain (l'inflammation se propageant dans tous les sens) a une sphère d'action dont le diamètre est 16 fois celui d'un grain, que cette sphère, communiquant à son tour l'inflammation, l'étend dans le second instant à 16 diamètres d'un grain en partant du centre, dans le troisième à 24, et ainsi de suite, de sorte que les sphères concentriques enflammées dans 1, 2, 3, 4 divisions de temps auraient des diamètres égaux à 16, 32, 64 128 diamètres d'un seul grain, c'est-à-dire, que les masses enflammées seraient comme les cubes des tems.

Il est évident que de cette expérience, faite en plein air, on ne saurait rien conclure à ce qui a lieu dans les armes où la concentration de la chaleur, la résistance à vaincre, et beaucoup d'autres circonstances doivent modifier l'inflammation, et la rendre tout à fait différente de celle d'une masse comburée en plein air.

239. Piobert, dans ses récentes expériences pour reconnaître la loi de l'inflammation de la poudre, combura des grains ronds du poids de 0,827, 1,094, 2,487 kilogrammes, dont la masse considérable rendit appréciable la durée de la combustion à l'aide d'un compteur de Breguet de $1/10$ de seconde; il observa que l'inflammation portée à un seul point de la surface externe d'un grain se propage très rapidement à toute la surface par l'intermédiaire des gaz enflammés; qu'à partir de de ces premiers instants, d'une durée inappréciable, la combustion se propage progressivement et régulièrement par couches sphériques d'égale épaisseur, et qu'elle laisse le noyau du grain intact tant qu'elle n'est pas arrivée jusqu'à lui. Piobert explique la combustion par couches et la conservation du noyau, par l'insuffisance des pores du grain pour donner pas-

sage à la flamme , et parce que la matière de la poudre est
un mauvais conducteur de la chaleur. Pour isoler encore davantage la combustion , Piobert fit scier dans une galette des parallélipipèdes des dimensions suivantes :

	Longueur.	Largeur.	Hauteur.
Les uns	0,^{m}036. . . .	0,^{m}024.	0,^{m}024.
Les autres	0,^{m}070. . . .	0,^{m}112	0,^{m}112.

Il en recouvrit les faces d'une couche de sain doux , et en
plongea la base dans une nappe d'eau dans le but de prévenir
une combustion anticipée produite par des jets de gaz et des
globules enflammées. La combustion suivit alors une marche ré-
gulière par tranches parallèles et sans s'étendre aux faces latérales. Les résultats de ses observations furent les suivants :

1° La vitesse de transmission du feu est la même dans toute
l'étendue de la galette.

2° Des longueurs égales de parallélipipèdes sont comburées
dans des temps égaux.

3° La vitesse de transmission de la combustion est indépendante de la surface de la section transversale de la galette , du
moins elle ne varie pas lors même qu'elle passe du simple au
quadruple.

4° La densité , la manipulation , la qualité des composants
exercent de grandes influences sur la vitesse de combustion.

La vitesse de combustion diminue suivant une loi assez ré-
gulière à mesure que la densité augmente , à peu près en raison
inverse de la densité ; elle n'a pas dépassé , en vitesse , 13 $\frac{3}{4}$
millimètres par seconde pour des poudres triturées pendant 6
heures dans des tonnes avec des gobilles en bronze. Les poudres
des pilons sont sensiblement moins combustibles , la différence
des vitesses de combustion des poudres de tonnes et de la presse
et des pilons va jusqu'à un septième.

La porosité de la matière de la poudre modifie très sensiblement la vitesse de combustion.

Les galettes poreuses qui forment les calots des mortiers , la poudre mise en roche par l'humidité et séchée ensuite , donnent des vitesses quelquefois triples à cause de la

facile pénétration des gaz enflammés dans l'intérieur de leur masse.

240. La vitesse de combustion de la poudre dépend

1° De la température des gaz qui en détermine la vitesse et la tension.

2° De la facile pénétration des gaz enflammés à travers la masse.

3° De l'inflammation plus ou moins facile des grains.

4° De la combustibilité des grains.

241. La température des gaz, et partant leur vitesse sont principalement déterminées par

a. La qualité des matières.

b. Leur dosage.

c. Leur manipulation.

d. La siccité de la poudre.

e. La quotité de la charge.

f. La résistance à vaincre.

g. L'étendue et la forme du lieu où la combustion s'opère.

h. La grandeur du vent et de la lumière.

i. L'endroit où le feu est communiqué à la charge.

k. L'espèce d'amorce qui communique le feu.

l. Le métal de l'arme.

m. La température de la bouche à feu.

242. La pénétration des gaz à travers la masse dépend de l'étendue des vides qu'il y a à l'intérieur de cette masse ; si ces vides sont les interstices des grains entre eux , ils sont déterminés par

a. La grosseur du grain.

b. La forme.

c. Son égalisage.

d. Son nettoyage.

243. La facilité avec laquelle les grains prennent feu dépend

a. De l'étendue de leur surface.

b. Du lissage.

c. De la forme des grains.

d. De leur densité.

e. Du grain plus ou moins nettoyé.

244. La combustibilité des grains enfin est déterminée par

a. La grosseur du grain.

b. Sa densité.

c. L'intensité de la flamme comburante.

Je vais maintenant rechercher les influences que ces diverses causes peuvent avoir sur la combustion, et je commencerai par celles qui modifient la température et la tension des gaz.

La qualité des matières premières.

245. La vitesse de combustion de la poudre est dans une intime dépendance de la qualité des matières premières : si le salpêtre est impur et contient une proportion notable de chlorures, la quantité d'oxigène rendue libre sera moindre, et la combustion sera moins active ; les chlorures ont en outre l'inconvénient d'attirer l'humidité qui fait garotter la poudre, et la rend alors moins vive.

Le charbon, suivant qu'il a été exposé à une température plus ou moins élevée, devient bon ou mauvais conducteur de la chaleur, et exerce une grande influence sur la vitesse de combustion de la poudre.

On conçoit en effet que s'il est facile d'élever la température d'une particule à la chaleur nécessaire pour la combustion, cela devient moins aisé lorsque cette particule cède aussitôt le calorique reçu aux particules qui l'environnent, car dans ce cas la chaleur de toutes ces dernières doit être portée au degré nécessaire à la combustion.

Le charbon peu calciné est d'ailleurs le plus hydrogéné, et l'hydrogène, très inflammable, est le corps dont la combustion développe la chaleur la plus intense. Le soufre enfin active la combustion par son affinité pour le potassium, et parcequ'il s'enflamme à une faible température ; les corps étrangers qu'il contient doivent nécessairement affaiblir cette propriété du soufre.

246. L'éprouvette ne signale pas l'accroissement de combustibi-

lité qui provient de l'emploi d'un charbon peu calciné comme est le charbon roux , mais cela tient à l'imperfection de l'instrument qui confond des combustibilités très différentes comme sont , par exemple , celle des poudres de guerre à mousquet et à canon ; mais cet accroissement ressort très bien à l'éprouvette Regnier (instrument qui mesure plus particulièrement la vitesse de combustion) et dans les armes à feu portatives. L'éprouvette Regnier signale une supériorité de combustibilité de 4 degrés sur 20 de la poudre à charbon roux sur celle à charbon noir , le dosage et les qualités physiques du grain restant les mêmes. Dans les expériences faites à Esquerdes on augmenta graduellement la charge d'un fusil de munition de 5 grammes en 5 grammes , jusqu'à ce que la balle eût atteint le maximum de vitesse initiale ; on trouva que ce maximum répondait aux charges suivantes :

Poudre de St Ponce (pilons et charbon noir) charge 17 grammes , vitesse 583 mètres.

Poudre d'Esquerdes (nouveaux procédés et charbon roux) charge 25 gr. , vitesse 631 m.

Les deux poudres avaient à peu près la même densité , l'une 0,816 , l'autre 0,812.

Or il est évident que la poudre , dont une plus grande masse est nécessaire pour atteindre le maximum de vitesse est aussi la plus vive , parceque la quantité qui a été comburée utilement est plus grande.

Le dosage.

247. En parlant du dosage , j'ai indiqué celui qui donne la plus grande quantité de gaz à la plus forte tension possible. — En changeant le dosage , on varie évidemment la nature des produits de la combustion et la quantité de chaleur dégagée , et la vitesse de combustion en sera nécessairement modifiée ; c'est ainsi qu'un excédant de charbon donnera lieu à la formation de l'oxide de carbone , et qu'une proportion trop faible de soufre produira pour résidu du carbonate potassique.

Les combinaisons chimiques changeant, la chaleur dégagée varie également, et avec elle la vitesse de combustion de la poudre.

La manipulation.

248. Le degré de division et de mixtion des matières premières doit influer d'une manière notable sur la combustibilité de la poudre ; la nature et la force de la compression modifient en outre la densité des grains dont l'influence sur la vitesse de combustion est des plus grandes.

La poudre de guerre des tonnes et de la presse, qu'on a essayée en France, et pour laquelle la division et la mixtion des matières premières était beaucoup plus parfaite que dans les poudres à pilons, en même temps que la densité en était moindre, a été reconnue trop vive et partant trop offensive aux bouches à feu ; on a dû l'abandonner et revenir à la poudre à pilons.

Il n'est du reste nullement fâcheux que la résistance insuffisante du bronze ait forcé l'artillerie à l'emploi d'une poudre lente, car nous verrons plus tard que c'est précisément cette dernière qui dans le canon donne le maximum d'effet utile.

La siccité de la poudre.

249. Elle augmente à un haut degré la vitesse de combustion.

On le conçoit aisément parceque l'eau pour se vaporiser absorbe une grande quantité de calorique qui y reste à l'état latent, et qui diminue la température des gaz et partant leur tension. L'humidité occasionne aussi des agglomérations de grains qui n'offrent plus de vides suffisants au libre passage des gaz enflammés ; enfin elle fait effleurir le salpêtre à la surface du grain et y occasionne une croûte peu inflammable.

La quotité de la charge.

250. La chaleur dégagée augmente avec la charge, et comme la vitesse des gaz devient plus grande à mesure que leur température s'élève, il est hors de doute qu'une forte charge se combure plus vivement que ne le fait une faible ; cela est d'autant plus vrai que la perte de chaleur que les parois de l'arme absorbent est beaucoup moins sensible lorsque la charge est forte que lorsqu'elle est faible ; en effet la faculté absorbante des parois est proportionnelle à leurs surfaces, ou ce qui revient au même au carré du calibre de l'arme, tandis que la chaleur dégagée croît comme le cube de ce même calibre.

Enfin plusieurs propriétés de la poudre qui en accélèrent la combustion ne peuvent avoir d'effet lorsque la charge est trop faible, ainsi par exemple, l'influence de la grosseur et de la forme du grain qui déterminent la libre circulation de la flamme à travers la masse, ne peuvent ressortir dans une très faible charge, qui quelle que soit la granulation de la poudre, est presque instantanément embrasée.

L'influence de la quotité de la charge sur la durée de la combustion semble être très grande, car une foule d'influences qui font varier cette durée lorsque la charge est faible, semblent être neutralisées et deviennent imperceptibles lorsqu'elle est forte.

La résistance à vaincre.

251. Lorsque le projectile offre une forte résistance, il se déplace plus tard que lorsque la résistance est faible, et son mouvement dans les premiers instants est alors moins rapide ; il résulte évidemment de là que la combustion s'achève dans un espace d'autant plus resserré que la résistance à vaincre est plus grande.

Or plus cet espace est petit, plus la chaleur reste concentrée, plus la température des gaz et partant leur vitesse s'élèvent, moins les gaz enflammés ont de chemin à parcourir, et il résulte de tout cela un concours de circonstances qui toutes accélèrent la combustion de la charge, et qui par conséquent doivent abréger très sensiblement la durée de cette combustion.

L'étendue et la forme du lieu où la combustion s'opère.

252. Pour que la combustion de la poudre, toutes choses égales d'ailleurs, soit la plus vive possible, il faut que le lieu que la charge occupe n'ait juste que la capacité nécessaire pour la contenir, et que sa surface soit un minimum. En effet à mesure que la combustion a lieu dans un espace plus resserré, on aura une plus grande concentration de la chaleur, et si en outre la surface enveloppante est un minimum, l'absorption du calorique par les parois le sera aussi, la combustion s'achèvera alors sous la plus haute température possible, de sorte qu'elle sera aussi vive que les autres circonstances le comportent.

Si l'étendue du lieu est telle qu'il reste entre la charge et le projectile un vide, cette circonstance est évidemment désavantageuse en ce que la combustion s'opérant dès le principe dans un espace plus grand que celui occupé par la charge, aura lieu sous une température moins élevée.

253. Anciennement lorsque les canons avaient une chambre appelée porte-feu, et qu'on introduisait la charge avec la lanterne, on ne se plaignait pas que les poudres fussent trop brisantes; elles l'étaient en effet moins que les poudres actuelles, mais il est néanmoins vrai que c'est avec raison que Piobert attribue ce fait au mode de chargement usité alors; en effet par ce mode la poudre n'était qu'en partie rassemblée par le refouloir, et ne remplissait qu'imparfaitement l'espace en arrière du boulet; celui-ci était d'ailleurs sensiblement porté en avant (par l'explosion de la poudre contenue dans la chambre porte-feu) avant que la plus grande partie des fluides élastiques fût développée et que le maximum de tension des gaz eût lieu.

254. Les dimensions du lieu où la combustion s'opère ont une telle influence sur la vitesse de cette dernière qu'elles neutralisent très souvent les grands effets résultant de la faible densité des grains sur la combustion, parceque celle-ci entraine une moindre

densité de la masse, et partant un accroissement du lieu que la charge occupe.

255. Le capitaine Piobert (Mémorial , tome IV) tire des résultats des expériences d'Esquerdes la conclusion qu'en interposant entre la charge et le projectile une matière compressible et perméable aux gaz , c'est-à-dire , en augmentant l'espace derrière le boulet , on pourrait rendre les poudres brisantes moins offensives aux bouches à feu que ne le sont les poudres lentes avec le mode de chargement actuel , et cette conclusion est tout à fait d'accord avec les considérations qui précèdent. Afin que la force employée à comprimer le corps interposé ne soit pas perdue , le capitaine Piobert conseille de se servir d'un corps suffisamment élastique pour qu'il puisse restituer au projectile la force qui lui a été communiquée.

256. Le chevalier d'Arcy , dans le but d'apprécier l'influence qu'exerce la surface enveloppante sur la vitesse de combustion , a fait de belles expériences qui méritent d'être rapportées ici.

1re. *Expérience.* Une trainée de poudre longue de $44^m,3506$, haute et large de $0^m,009$, fut disposée dans une sablière découverte par le haut. Le feu mis au bout de la trainée employa 25,5 secondes à la parcourir. M. d'Arcy constata par d'autres expériences que , tout le reste étant égal , les temps de combustion sont comme les longueurs des trainées de poudre.

2me. *Expérience.* Deux trainées de poudre des dimensions ci-après mentionnées ayant été disposées dans des sablières comme la précédente , le feu mit 75,5 secondes à parcourir la première , et 70,5 à parcourir la deuxième.

Si la première trainée avait eu la longueur de la seconde sa combustion se serait achevée , d'après l'expérience qui précède , en 50,33 secondes.

	Longueur.	Largeur.	Hauteur.	Durée de la combustion.
1re. Trainée	$187^m,1073$	0,018	0,009	75,5 secondes.
2me. Trainée	124,7683	0,009	0,009	70,5 —

3me. *Expérience.* Deux trainées de poudre des dimensions ci-

dessous indiquées ayant été disposées dans des sablières décou-
vertes, le feu mis à l'une des extrémités employa 18,5 secondes
à parcourir la première, et 25,5 à parcourir la seconde.

$$\text{Longueur.} - \text{Largeur.} - \text{Hauteur.}$$

1re. Trainée — 44,3406 — 0,018 — 0,009.

2me. Trainée — 44,3406 — 0,009 — 0,009.

En nommant v et v' les volumes des deux trainées de poudre
de même longueur, s et s' leurs surfaces, t et t' les temps de
leur combustion, l'on a pour la 2me expérience

$$v : v' = 2 : 1$$
$$s : s' = 3 : 2$$
$$t : t' = 0,713 : 1$$

Et pour la troisième

$$v : v' = 2 : 1$$
$$s : s' = 3 : 2$$
$$t : t' = 0,725 : 1$$

Poumet, dans le but de déduire de ces expériences le rapport
entre le temps de combustion et les surfaces enveloppantes de
deux quantités égales de poudre occupant la même longueur,
fait le raisonnement qui suit :

Supposons, dit-il, la trainée qui a 18 millimètres de largeur
divisée en deux dans le sens de la longueur, on obtiendra dans
chaque expérience deux trainées égales à la trainée simple,
qui n'est large que de neuf millimètres ; si donc la surface enveloppante en contact avec le bois ou l'air dans la moitié de la
trainée double était aussi, lors de la combustion, la même que
dans la trainée simple, leur combustion devrait s'achever dans
le même temps. Or la moitié de la trainée double ne présente
que trois faces au contact de l'air et du bois, tandis que la
trainée simple en présente quatre, toutes égales, donc les surfaces sont à peu près dans le même rapport que les temps de
combustion, d'où résulterait par induction la règle que les temps
de combustion sont comme les surfaces enveloppantes, tout le
reste étant égal.

Ce raisonnement me semble peu rigoureux, parcequ'on n'y tient aucun compte de la plus grande intensité de la flamme dans la trainée double, pour autant que celle-ci est due à la masse plus considérable de poudre.

Pour conclure rigoureusement au rapport des surfaces enveloppantes et à celui des temps de combustion de deux trainées équivalentes et égales en longueur il faudrait les renfermer dans deux tuyaux creux de forme et de surface différentes, mais d'égale capacité.

Quoiqu'il en soit, on peut déduire des expériences qui précèdent que l'augmentation de la surface enveloppante est nuisible à la vivacité de la combustion.

La grandeur du vent et de la lumière.

257. A mesure que le projectile a plus de vent et que le diamètre de la lumière est plus grand, il se dégage dès le principe une plus grande quantité de gaz inutilement, et cela d'autant plus que les poudres sont plus vives; il en résulte un abaissement de température et une perte de gaz enflammés qui doivent influer désavantageusement sur la vitesse de la combustion.

L'endroit où le feu est communiqué à la charge.

258. Lorsqu'une quantité de poudre est renfermée dans une enceinte dont toutes les parois offrent une égale résistance, il est hors de doute que l'inflammation et la combustion de la poudre seront le plus promptes possible lorsque le feu sera porté au centre de la charge.

Dans les armes les résistances que la force développée rencontre ne sont pas les mêmes dans toutes les directions; le projectile cède dès qu'une force suffisante pour le déplacer peut agir sur lui, et comme la combustion de la poudre est beaucoup moins vive qu'on ne le suppose ordinairement, il arrrive qu'une grande partie de la charge ne se combure qu'après le déplacement du projectile, la combustion s'achevant alors dans un espace beaucoup plus considérable que celui que la charge occupait, la tension des gaz et leur vitesse seront beaucoup moindres; de plus les grains non comburés, entraînés par le courant des gaz, se dérobent en quelque sorte à la flamme comburante, et il doit nécessairement en résulter un retard dans la combustion de la charge entière; cela posé, il semble évident que la combustion sera d'autant plus prompte que le déplacement du projectile sera plus tardif, et qu'elle atteindra son maximum de vitesse lorsque l'espace dans lequel la poudre se combure sera un minimum.

259. L'emplacement de la lumière peut influer sur le temps que met le projectile à se déplacer : ainsi par exemple, avec les lumières en usage c'est la partie supérieure de la charge, celle qui avoisine l'issue de la lumière dans l'âme du canon, qui la première prend feu, l'inflammation se propage ensuite en arrière et en avant de la lumière, et atteint promptement au projectile, les gaz enflammés s'échappent par dessus ce dernier, et le déplacent; il suit de là que dans cette position de la lumière l'espace dans lequel la combustion a lieu s'accroît dès le principe, et que la combustion s'achève dans un espace beaucoup plus considérable que celui primitivement occupé par la charge. — Si la lumière était percée dans le sens de l'axe du canon, et aboutissait au centre du fond de la charge, les gaz enflammés ne pourraient avoir un contact immédiat avec le projectile avant l'entière combustion de la charge, et le projectile ne pourrait céder avant ce moment, à moins que le mouvement ne lui fût communiqué par la poudre non comburée encore interposée entre lui et les gaz déjà développés, mais cette transmission exigerait un certain temps, et il est probable que la combustion de la poudre serait assez active pour que le projectile ne se déplaçât que très insensiblement avant que la combustion n'eût atteint les parties de la charge qui avoisinent le projectile.

260. L'explication qui précède étant admise, il semble probable que la direction de la lumière qui produit la combustion

la plus vive doit aboutir au centre du fond de la charge :
cette opinion qui déjà en 1766 fut émise par Muller et Désa-
guillers , à la suite des épreuves qu'ils avaient faites à ce sujet , me semble être mise hors de contestation par les belles
expériences qui eurent lieu en France en 1830 dans les écoles
d'artillerie de Douay , Strasbourg et Toulouse (mémorial de
l'ar. , tome IV , P. 435).

261. Ces épreuves ont eu lieu dans chaque école et autant
que possible dans des circonstances égales , sur trois canons de
même calibre dont la lumière était percée, savoir : pour le
premier, suivant le prolongement de l'axe de la bouche à feu ;
pour le second , dans une direction inclinée à 30 degrés sur cet
axe ; pour le troisième , dans la position ordinaire. A Douai ,
les canons avaient le calibre de 16, à Strasbourg et à Toulouse on les avait pris du calibre de 24. Les charges étaient
de poudre ordinaire anguleuse , et du tiers du poids du boulet.
L'ensemble des principaux faits observés est renfermé dans ce
qui suit :

1° Le recul moyen des canons de 16 dans les épreuves de
Douai a été sensiblement le même pour les trois positions de
la lumière. Ce recul d'ailleurs a varié de $1^m,75$ à $3^m,00$ suivant le temps et l'état des plates-formes.

A Strasbourg et à Toulouse , le recul moyen a été de $2^m,48$
pour les pièces à lumière suivant l'axe ; de $2^m,43$ pour celles
à lumière inclinée à 30° ; de $2^m,39$ pour les pièces à lumière
ordinaire. Ainsi d'après ces faits , le minimum du recul a lieu
pour les canons à lumière ordinaire.

2° Pour atteindre le but placé à la distance de 600^m , à
Douai on a pointé les trois canons de 16 un peu plus bas que
le centre du blanc , et l'on a obtenu de bons coups de cette manière dans les premières salves ; et dans les salves suivantes
la pièce dont la lumière était dans la direction de l'axe , a
perdu de sa justesse. A Strasbourg les trois pièces de 24 ont
été pointées à $1^m,70$ au-dessous du blanc , et ont également
bien tiré dans les premières salves , mais dans la suite du tir
la pièce à lumière ordinaire a conservé seule la même am-

plitude de portée et la même précision dans le tir. A Toulouse les trois canons de 24 ont été pointés à $2^m,60$ au-dessous du blanc, et le tir a donné lieu à des remarques analogues aux précédentes. Conséquemment dans les trois écoles, l'avantage sous le double rapport de la portée et de l'exactitude, est resté au canon à lumière ordinaire.

3° La vérification des bouches à feu après le tir a fait reconnaître les refoulements de métal ci-après :

A Douai, après 118 coups les augmentations des diamètres (vertical et horizontal) au logement du boulet ont été respectivement, savoir : pour la pièce à lumière suivant l'axe $26,15$ points ; pour celle à lumière inclinée à 30°, $25,17$ points, pour le canon à lumière ordinaire $3,2$ points. Le miroir a montré des battements dans ces trois pièces, mais moins nombreux et moins forts dans celle à lumière ordinaire.

A Strasbourg, le premier canon après 40 coups, et le second après 60, avaient cassé plusieurs boulets, et leur tir était très irrégulier.

Le nombre et l'importance des dégradations qu'ils avaient éprouvées les ont fait considérer comme hors de service. La troisième pièce, celle à lumière ordinaire, n'a subi aucune altération.

A Toulouse, après 6 coups, les augmentations des diamètres dans le sens vertical et dans le sens horizontal, au logement du boulet, étaient déjà, savoir : pour la pièce à lumière suivant l'axe, $25,13$ points, pour celle à lumière inclinée à 30°, $17,11$ points. La pièce à lumière ordinaire n'avait éprouvé aucun refoulement sensible. Après 30 coups, les refoulements se sont accru d'un tiers dans le premier canon, et de moitié dans le second. Après 60 coups, l'excès de calibre, au logement du boulet, s'est trouvé, dans la première pièce, tel que la mesure en a échappé à l'étoile mobile ; dans la seconde pièce il était de 3 lignes. La troisième pièce, à lumière ordinaire, n'a pas subi de dégradation notable.

En résumant les faits principaux de ces épreuves on est conduit à admettre 1° Que la position ordinaire de la lumière produit le moindre recul , et qu'elle a encore l'avantage sur les deux autres positions , sous le double rapport de la portée et de la justesse du tir. 2° Que cette même position ordinaire de la lumière n'a donné lieu à aucune altération sensible de la bouche à feu , tandis que les refoulements du métal ont dépassé deux lignes dans les pièces dont la lumière était dirigée suivant l'axe , ou formait un angle de 30° avec cet axe.

Les refoulements considérables qu'on a remarqués dans les pièces à lumière suivant l'axe , ou inclinée à lui sous un angle de 30°, et l'absence de ces accroissements de calibre dans les pièces à lumière ordinaire , ne peuvent s'expliquer que par une combustion beaucoup plus vive de la poudre dans les premières pièces que dans les secondes , car ces dégradations dues à l'action expansive des gaz doivent nécessairement être d'autant plus grandes que la tension de ceux-ci est plus forte.

La nature de l'amorce qui communique le feu.

262. La force et surtout la vitesse avec laquelle la flamme provenant d'une amorce fulminante pénètre une charge , sont incomparablement plus grandes que celles des gaz enflammés de la poudre ordinaire , une masse plus considérable de grains est dès le premier instant embrasée , et la vitesse de combustion de toute la charge en est considérablement accrue.

La perte de gaz par la lumière est beaucoup moindre en employant une amorce fulminante. C'est un fait d'expérience que par l'emploi de celles-ci pour les armes portatives on peut avec une charge sensiblement réduite communiquer à la balle la même vitesse que celle-ci acquiert par l'action de la charge entière lorsque le fusil est amorcé avec de la poudre ordinaire. Ce fait s'explique par la diminution de la perte des gaz par la lumière , par l'addition de la force provenant des gaz de la poudre fulminante , mais surtout par l'inflammation plus vive de la charge qui accompagne incontestablement l'emploi de l'amorce fulminante, et qui dans les armes portatives entraîne toujours une vitesse plus grande du projectile.

Le métal de l'arme.

263. Selon qu'il est plus ou moins bon conducteur de la chaleur, il abaisse plus ou moins la température des gaz, et retarde ainsi différemment la durée de la combustion. C'est un fait d'expérience qu'une bouche à feu en fonte donne, dans les mêmes circonstances, des portées plus fortes qu'une bouche à feu en bronze, probablement parceque le bronze est meilleur conducteur de la chaleur que la fonte.

La température acquise par l'arme.

264. Si l'arme avait la même température que les gaz, elle ne priverait pas par absorption ces derniers et la flamme comburante d'une partie de leur calorique. A mesure que la différence entre la température du métal et celle des gaz est plus grande, l'absorption doit être plus active, et l'abaissement de la température, qui accompagne la combustion, plus prompt.

La pression atmosphérique et la température de l'air ambiant peuvent exercer quelque influence sur la rapidité de la combustion, mais elle est légère.

Nous indiquerons maintenant les propriétés physiques des grains qui peuvent modifier la pénétration de la flamme à travers la masse et dans l'intérieur des grains.

La grosseur et la forme du grain.

265. Nous avons déjà dit que le grenage de la poudre en rend la combustion plus vive en ce qu'elle permet la libre circulation de la flamme dans la masse qu'elle pénètre pour ainsi dire instantanément. Si la poudre n'est point grenée, et que par conséquent les interstices entre les particules soient très petits, la flamme n'y peut plus pénétrer que de proche en proche, et la

combustion aura lieu par couches successives ; nous en voyons des exemples dans la lance à feu, qui nonobstant sa composition très vive brûle de 5 à 10 minutes, dans la fusée de signal qui s'élève à des hauteurs considérables avant que sa combustion soit achevée, dans la fusée du projectile creux enfin, qui brûle assez lentement pour que le projectile puisse fournir sa trajectoire avant que le feu soit communiqué à la poudre qu'il renferme.

L'étoupille aussi brûlerait lentement si elle était battue pleine, sa rapide combustion n'est due qu'au vide intérieur qui présente tout à coup à la flamme une grande surface.

La forme et la grosseur des grains modifient

1° L'étendue et la régularité des interstices que ces derniers laissent entre eux.

2° La surface que les grains présentent à la flamme comburante.

3° La densité de la masse de la poudre.

Or la grandeur et la régularité des interstices déterminent le passage plus ou moins libre de la flamme, et celle-ci communiquera l'inflammation à la masse en raison directe de la surface des grains qu'elle rencontre.

La densité plus ou moins grande de la masse concentrera la combustion dans un espace plus ou moins resserré, et influera par conséquent sur la température et la densité des gaz et la perte de calorique que les parois de l'âme absorbent. Il suit de là que la forme et la grosseur du grain doivent exercer sur la vitesse de combustion une influence des plus grandes.

266. La forme du grain est ou anguleuse ou sphérique, sa grosseur est déterminée en partie par le diamètre de la perce du grenoir. Chacune des deux formes, sphérique ou anguleuse, donne au grain des propriétés dont les unes sont avantageuses, les autres nuisibles à la rapidité de la combustion. La surface de la poudre grenée et la densité de la masse sont, à grosseur du grain égale, plus considérables dans la poudre anguleuse que dans la poudre ronde (Note 6). Ces deux circonstances sont avantageuses à la rapidité de l'inflammation ; les arêtes

vives le sont encore parcequ'elles divisent la flamme , et font
que celle-ci enveloppe pour ainsi dire les grains , tandis qu'elle
est plus ou moins réfléchie par la surface lisse et dépouillée du
grain rond. Par contre la poudre anguleuse laisse des interstices irréguliers , et il arrive , lorsque son grain est inégal ,
qu'une partie des interstices est remplie par les grains plus petits ; de là des entraves à la libre circulation de la flamme , et
cela souvent au point que les désavantages de la poudre ronde
sont compensés et au delà ; cette dernière doit en outre par
la régularité de ses interstices offrir moins d'anomalies dans les
effets , avantage très grand , auquel elle joint encore celui d'être
d'une conservation plus facile.

267. La surface que les grains offrent dans chacune des deux
poudres , sphérique et anguleuse , croit en raison inverse de la
grosseur du grain (note 7) , de sorte qu'il peut fort bien arriver
qu'une poudre ronde , si son grain est assez petit , présente plus
de surface qu'une poudre anguleuse dont le grain serait plus
gros.

L'égalisage et le nettoyage du grain.

268. Lorsque la poudre est peu égalisée , il arrive que les
grains les plus petits s'interposent en partie entre les grains les
plus gros , et gènent la libre pénétration de la flamme à travers
la masse. La lenteur qui est par là occasionnée dans l'embrâsement de la masse est encore augmentée lorsque la poudre est
peu nettoyée. — Les petits grains étant comburés les premiers
dégagent le fluide nécessaire au déplacement du projectile , et
la combustion d'une grande partie de la charge s'achève alors
dans un espace plus grand , d'autant plus lentement que la tension des gaz y est moindre.

269. C'est à ces causes que Maguin attribue la faiblesse qu'il
a observée dans les poudres à pilons.

L'expérience citée par cet auteur (Expériences sur les poudres faites à Esquerdes , pag. 36) prouve l'influence de l'égalisage des grains sur la vitesse de combustion des poudres. Il s'a-

gissait de reconnaître si , comme l'avait annoncé M. Maguin , la poudre des meules qu'il présentait donnait à la charge de $^1/_4$ des vitesses égales et des reculs moindres sans être plus offensive que la poudre des pilons employée au $^1/_3$ du poids du boulet.

On tira vingt coups à la charge au $^1/_3$ avec la poudre des pilons , de Maromme , 1832 , de onze heures de trituration , grain à canon de 459 au gramme , et dont la densité gravimétrique (*) était de 0,866 non tassée , et de 980 tassée , et vingt coups également à la charge de $^1/_3$ avec de la poudre de Ripault , 1816 , de quatorze heures , grain à canon de 330 au gramme , densité gravimétrique de 0,900 non tassée , et de 1,028 tassée. Ces deux poudres étaient d'ailleurs au dosage de guerre de 75 salpêtre , 12 $^1/_2$ soufre et 12 $^1/_2$ charbon noir fait en faulde. La moyenne des vitesses données par ces quarante coups , fut de 511^m, celle des reculs exprimée en vitesses du boulet 779^m.79 , et celle des dilatations de l'âme , mesurées à l'étoile dans une étendue de trois pieds à partir du fond , fut trouvée d'un $^1/_6$ de point. On tira ensuite quarante coups à la charge au $^1/_4$ avec la poudre des meules au dosage de 75 salpêtre , 10 soufre , et 15 charbon (c'est le dosage de la poudre anglaise) triturée pendant quatre heures , grains à canons égalisé de 303 au gramme , densité gravimétrique de 0,891 non tassée , et de 1,026 tassée ; pesanteur spécifique 1,720 (a). La moyenne des vitesses fut trouvée de 513^m, celle des reculs 726^m,52, et celle des dilatations de $^1/_4$ de point (b).

(*) On est convenu en France d'appeler densité gravimétrique , celle d'une masse de poudre en y comprenant les interstices entre les grains.

(a) On entend ici par pesanteur spécifique la densité de la galette ou des grains , abstraction faite des interstices qu'ils laissent entre eux.

(b) Les portées au mortier-éprouvette de trois espèces de poudre essayées étaient , savoir :

> Maromme   227,8
> Ripault   229,2
> Esquerdes 206,3.

Il résulte de ces données que la poudre des meules à la charge au $\frac{1}{4}$ a été un peu plus offensive que celle des pilons à la charge au $\frac{1}{3}$. La différence est très petite, mais elle aurait dû être plutôt en faveur de la poudre des meules, parce que la charge était moindre, et que les parois de l'âme avaient été écrouies par les quarante coups tirés avec la poudre des pilons.

On ne peut expliquer ce fait que par une vivacité trop grande de la poudre des meules, dont la combustion s'est opérée dans un espace moindre que celui où la poudre des pilons a été comburée, de là une tension plus forte des gaz, et par conséquent un refoulement plus fort du métal à l'endroit de la charge.

Pour remédier à cet inconvénient on détruisit l'égalisage des poudres des meules en y ajoutant de nouveau le fin grain qui en avait été extrait. Cette poudre moins égalisée était semblable à celle à canon, c'est-à-dire, à celle qu'on obtient quand le diamètre des perces est de $2^{mm},5$ pour l'égalisoir et de $1^{mm},40$ pour le sous-égalisoir. Dans cet état, le nombre des grains au gramme fut trouvé de 480, la densité gravimétrique de 0,873, la poudre non tassée, et de 1,014 tassée.

Après avoir mesuré de pouce en pouce, aussi exactement que possible, les diamètres de l'âme, on tira 30 coups à la charge au $\frac{1}{4}$. La vitesse moyenne produite fut de 515 mètres, et la vérification faite de l'âme, après que le canon fut refroidi, ne donna aucune dilatation pour ces trente coups. Ce fait semble indiquer que la poudre non égalisée a été moins vive que la poudre dont le fin grain avait été extrait.

Le lissage.

270. Le lissage des grains facilite la rapide transmission de la flamme à la totalité des grains, mais il s'oppose à la pénétration des gaz enflammés dans l'intérieur des grains, et diminue considérablement leur combustibilité ; ce dernier effet s'explique facilement, d'abord parce que la surface polie dont les pores ont été en partie bouchés réfléchit les gaz enflammés

et ne se laisse pas aussi facilement entamer par eux , et en second lieu parce que la densité plus considérable des grains
lissés rend plus difficile la pénétration de ces gaz à l'intérieur
du grain.

Lorsque la quantité de poudre est peu considérable , et que
par conséquent la flamme se transmet avec facilité à toute la
masse , la poudre lissée doit nécessairement être beaucoup moins
vive que celle qui ne l'est pas ; mais lorsque la charge est forte ,
la rapide pénétration des gaz à travers la masse , au point que
celle-ci tout entière est embrasée avant le déplacement de la résistance , peut abréger la durée totale de la combustion , et
renfermer celle-ci dans un espace moindre que celui où la combustion de la poudre non lissé s'achève.

Dans l'éprouvette la poudre lissée a un désavantage marqué :
Meyer cite une expérience, (Artillerie Technik , tom. I , page
215) avec deux poudres de même dosage et de même manipulation , l'une lissée , l'autre non lissée , qui donnaient au mortier
d'épreuve des portées très différentes , savoir la première 75
aunes et la seconde 98. Dans les canons au contraire surtout
ceux de gros calibre , les poudres lissées ont constamment l'a-
vantage.

La densité du grain.

271. La vitesse de combustion d'une masse de poudre dépend ,
ainsi que je l'ai déjà dit , de la combustibilité d'un seul grain ,
et de la facile pénétration de la flamme à travers toute la masse.

La poudre ronde facilite à un très-haut degré la transmission
de la flamme , et cela est d'autant plus vrai (parce que la grandeur des interstices augmente) que le grain en est plus gros. Si
donc chaque grain possède une très-grande combustibilité , il
est évident que la poudre ronde à gros grains sera éminemment
combustible.

Or la combustibilité du grain dépend d'abord de l'étendue et
de la nature de sa surface, et en second lieu de sa porosité ; si
cette dernière est grande , au point qu'on puisse considérer le

grain comme une agrégation de grains plus petits , laissant entre
eux des pores suffisamment grands pour que la flamme puisse
pénétrer facilement jusqu'au centre du grain , il est évident que
la déflagration de ce dernier est la plus rapide possible.

Il suit de là que la densité du grain doit exercer la plus grande
influence sur la vivacité de la combustion. L'expérience confirme pleinement ce que nous tâchons d'établir par le simple
raisonnement.

La poudre fabriquée d'après le procédé du général Congrève ,
dont le grain a une dureté excessive , est très peu inflammable ,
et donne à l'éprouvette et aux mortiers (bouches à feu qui exigent une poudre vive) des portées de beaucoup moindres que la
bonne poudre ordinaire. La porosité du grain est singulièrement
favorable à la combustion : le mémorial de l'artillerie (tom. III,
pag. 111) rapporte que Mr. Maguin commissaire des poudres à
Esquerdes , est parvenu à détruire une pièce de 4 avec une poudre à gros grains très poreux , faite avec du charbon noir , et
qu'il a même rompu des canons de fusil avec cette poudre ,
sans une charge beaucoup moindre qu'il n'en faudrait des meilleures poudres pour produire le même effet.

La grande vivacité de la poudre à gros grains sphériques
poreux est moins apparente lorsqu'on en combure de très-petites
quantités , comme cela a lieu , par exemple , dans l'éprouvette
Regnier , et l'on conçoit en effet que dans une très-petite masse
qui s'enflamme pour ainsi dire instantanément , la transmission
rapide de la flamme , l'une des causes de la vivacité de la poudre
ronde à gros grains poreux , ne peut exercer qu'une faible
influence.

DU TRAVAIL DE LA POUDRE DANS LES ARMES A FEU , ET DE SON ÉVALUATION.

272. L'action que la poudre exerce contre le projectile et
contre l'arme consiste dans les chocs et la pression des gaz que
la combustion de la poudre dégage, et dont la tension est des

plus grandes parcequ'ils sont fortement comprimés, et que leur température est très élevée.

Il sera probablement toujours impossible de déterminer d'une manière exacte la nature des gaz qui se dégagent, leurs quantités respectives, leur volume sous une pression donnée, mais surtout leur température; en effet tous ces facteurs de la force motrice dépendent essentiellement d'une réaction plus ou moins complète des composants de la poudre, réaction qui varie avec la quotité de la charge, la constitution de l'arme, la résistance à vaincre, et avec un grand nombre d'autres éléments qui ne sont nullement constants d'une arme à l'autre, et même dans une seule arme. Il suit de là que l'intensité de la force motrice des gaz n'a rien d'absolu, et qu'elle est au contraire essentiellement relative.

Pour apprécier les différents facteurs de la force motrice de la poudre, il faudrait pouvoir réaliser ailleurs les conditions sous lesquelles la poudre se combure dans les armes; il faudrait aussi pouvoir recueillir les produits de la combustion, et on devrait surtout avoir les moyens d'évaluer l'excessive chaleur qui accompagne la combustion de la poudre.

La force motrice des gaz développés dépend de leur volume sous une pression donnée, et de leur température; on peut calculer, d'une manière suffisamment approchée, le volume des gaz, mais on n'a aucun moyen d'évaluer leur température, et on n'a à cet égard que des présomptions plus ou moins hasardées.

273. L'action des gaz contre le projectile ne me semble pas pouvoir être assimilée à une pression, mais bien devoir être considérée comme une suite de chocs; en effet les gaz étant animés d'une vitesse plus grande que le projectile, surtout au moment de leur dégagement, tendent constamment à le devancer, et le choquent alors avec une intensité qui dépend de la vitesse relative des deux corps. La transmission de l'excédant de vitesse de l'un sur l'autre a lieu par degrés infiniment petits, et leur action cesse dès qu'ils ont des vitesses égales.

La vitesse s'accumule dans le projectile, et elle n'est nullement le produit de l'action instantanée de la pression des gaz mais bien de la somme des actions que ceux-ci ont exercées contre lui.

274. Pour évaluer le volume des gaz développés, j'admettrai le dosage théorique (61). Savoir :

$$74,639 \text{ salpêtre },$$
$$13,509 \text{ charbon },$$
$$11,825 \text{ soufre },$$

Et je supposerai une réaction complète de ces trois composants, de telle sorte que le charbon se combine avec la totalité de l'oxigène du mélange, et que le soufre se combine entièrement avec le potassium.

Il naîtra de la réaction indiquée des trois corps :

$$\text{Trois atômes d'acide carbonique } \quad 829,314 ,$$
$$\text{Deux atômes d'azote } \quad - \quad 177,036 ,$$
$$\text{Un atôme de sulfure potassique } 691,081 ,$$

Ainsi $829,314 + 177,036 + 691,081 = 1697,431$ unités de poids de poudre produisent $829,314$ unités d'acide carbonique et $177,036$ unités d'azote.

On déduit facilement de là les poids d'acide carbonique et d'azote que produit la combustion d'un litre de poudre, pesant 900 grammes, et l'on trouve :

$$1697,431 : 829,314 = 900^{gr} : x = 439,65^{gr}. \text{ acide carbonique.}$$
$$1697,431 : 177,036 = 900^{gr} : y = 93,87^{gr}. \text{ azote.}$$

En admettant maintenant que sous la pression de $0^m,76$, et à la température $0°$, on ait :

$$\text{La densité de l'acide carbonique} = 1,9805$$
$$- \quad - \quad - \text{ l'azote} \quad - \quad = 1,2675$$

L'on trouve que la combustion d'un litre de poudre produit :

$$222 \text{ litres d'acide carbonique },$$
$$74 \quad - \quad \text{ d'azote.}$$

___

296 litres de gaz à la température de $0°$ et sous une une pression de $0^m,76$.

Hauksbée, Robins et Saluces, qui ont cherché par des ex-

périences directes à mesurer ce volume de gaz permanents,
ramenés à la température ordinaire, l'ont trouvé l'un de 232,
l'autre de 244, et le troisième de 266.

La différence de cette évaluation avec la nôtre peut être attribuée soit à la difficulté de ce genre d'expériences, soit à un
dosage différent, soit enfin à une réaction des composants de la
poudre autre que celle que nous avons supposée.

Gay-Lussac s'occupant de la même recherche retira d'un litre
de poudre de chasse pesant 900 grammes :

$$
\begin{aligned}
&238 \qquad \text{Litres d'acide carbonique}\\
&22,50 \quad — \quad \text{d'oxide de carbone}\\
&189,00 \quad — \quad \text{d'azote}\\
&\overline{449,50.}
\end{aligned}
$$

Pour faire ces essais, il laissa tomber la poudre, grain par
grain, dans un tube chauffé à la température rouge, et disposé
de manière à recueillir les gaz.

La différence dans les quantités d'acide carbonique, l'une
obtenue par Gay-Lussac, l'autre résultant de notre calcul, et la
présence de l'oxide de carbone peuvent s'expliquer par un dosage
et par des réactions légèrement différentes ; quant à la grande
quantité d'azote que le célèbre chimiste a recueillie, elle m'est
tout à fait inexplicable, et doit, je crois, être le résultat d'une
erreur.

275. Si l'on connaissait maintenant la partie de ces gaz qui
est développée en un point quelconque de l'âme, et que l'on
connût également leur température, on en conclurait facilement
leur tension, et par conséquent la force motrice en cet endroit,
force qui accélère le mouvement du projectile.

En effet supposons que la quantité totale de 296 litres de gaz
soit développée, et que leur température soit de 1000° centigrades ils chercheront à occuper un volume exprimé par :

$$296 \left(1 + 1000 \times 0{,}00375 \right).$$

Parceque le volume que les gaz tendaient à occuper à 0° était
de 296, et qu'à chaque degré de température correspond une
augmentation de volume de 0,00375 du volume primitif.

Les 2137,5 volumes de gaz comprimés en un seul volume auraient une force élastique de $2137\frac{1}{2}$ atmosphères, et ce serait la force motrice des gaz dans l'hypothèse que la combustion du litre de poudre est achevée dans l'espace même que la charge occupe, et que la température des gaz est de 1000e centigrades.

276. La force du moteur, des gaz, sera évidemment un maximum lorsque la combustion de la charge s'achèvera dans le lieu même qu'elle occupe. Il faut soigneusement distinguer cette force, la force motrice, du travail utile. La force motrice est l'effort variable que le moteur exerce contre le projectile pour en accélérer le mouvement, et son intensité est égale à la force accélératrice $\dfrac{dv}{dt}$ multipliée par la masse du projectile.

Le travail au contraire n'est autre chose que la résistance vaincue le long du chemin parcouru.

Et le travail effectué en un point quelconque de l'âme est égal à la moitié de la force vive ou à $\dfrac{m\,v^2}{2}$, v étant la vitesse du projectile en ce point.

L'analogie qui existe entre l'action de la vapeur et celle des gaz que produit la combustion de la poudre rendait naturel de les évaluer de la même manière, c'est-à-dire, en pressions atmosphériques.

Rumford, dans le but de trouver la force absolue de la poudre (le maximum de la force expansive des gaz), fit, en 1793, des expériences très intéressantes à l'arsenal de Munich; il y augmenta la résistance opposée à la force motrice des gaz jusqu'à ce que l'équilibre eût lieu, et il y fit comburer la poudre dans un espace peu différent de celui qu'elle occupe.

Un petit canon était placé, son axe fixé dans une direction verticale, sur un bloc de pierre qui reposait lui-même sur une fondation solide en maçonnerie.

Les dimensions du canon étaient :

Calibre. . . . . . . $0^{m},00635$
Longueur d'âme. . . $0,05100$
Epaisseur des parois. . $0,03220.$

L'âme du canon se terminait par un conduit conique qui, au dehors formait une queue, destinée à être reçue dans un boulet chauffé au rouge à l'aide duquel on communiquait le feu à la charge.

La queue avait les dimensions qui suivent :

Longueur. 0,04460
Diamètre de la grande bâse de la lumière. . 0,00132

La section de l'âme du canon perpendiculaire à son axe, avait une surface de 31,8 millimètres carrés ; son volume, non compris la partie qui était occupée par une rondelle de cuir servant à fermer hermétiquement la bouche, était de 1577 millimètres cubes, et pouvait contenir 24 $^1/_2$ grains (poids médical) ou 1,568 grammes de poudre.

L'orifice du canon était bouché par une rondelle de cuir imprégnée de suif, et par un hémisphère d'acier qui, posant sur la tranche du canon par sa surface plane, comprimait la rondelle. La résistance à vaincre enfin reposait sur l'hémisphère en acier, et était maintenue, lorsqu'elle consistait en un canon, par une cage en charpente.

On augmenta chaque fois la résistance à vaincre jusqu'à ce qu'elle fût seulement tant soit peu soulevée, sans que la rondelle de cuir fût entièrement chassée.

Pour mesurer la pression des gaz qui agissaft contre la résistance, on évaluait celle-ci en atmosphères.

La pression d'une atmosphère étant de 1^k,033 par centimètre carré, on avait pour celle qui s'exerçait sur la section droite de l'âme 0^{gr},32849 (Rumford dit, 0,33377). Il suit de là que pour avoir la force expansive évaluée en atmosphères, il suffisait de diviser le poids soulevé (exprimé en kilogrammes) par 0,32849.

En représentant le volume de l'âme, à l'exclusion de celui occupé par la rondelle, par 10000, un grain (0,064 grammes) en occupait la $\frac{10000}{24,5}$ partie, soit 408 ; 2 grains 816, etc.

277. Les résultats obtenus se trouvent rassemblés dans le tableau suivant ; la dernière colonne contient la tension des gaz, calculée d'après la loi de Mariotte, par conséquent l'on n'y a tenu aucun

compte de l'augmentation due à la température plus élevée à mesure que de plus grandes quantités de poudre sont comburées.

CHARGE DE LA POUDRE EN GRAINS DONT UN ÉGALE 6,4 CENTIG.	FORCES OU PRESSIONS EXPRIMÉES EN ATMOSPHÈRES.	FORCES POUR UN GRAIN id.	ESPACES DANS LESQUELS SONT CONTENUS LES GAZ D'UN GRAIN DE POUDRE A CHAQUE ÉPREUVE.	TENSION DES GAZ CALCULÉE D'APRÈS LA LOI DE MARIOTTE EN PRENANT POUR POINT DE DÉPART LA 1re EXPÉRIENCE QUI CORRESPOND A UN GRAIN DE POUDRE.	OBSERVATIONS.
1	78	7 8	10,000	78	
2	182	9 1	5,000	156	
3	288	9 6	3,333	234	
4	382	95 5	2,500	312	
5	561	112,2	2,000	390	
6	»	»	1,666	468	
7	812	11 6	1,428	546	
9	1551	173,3	1,111	702	
10	1884	188,4	1,000	780	
11	2219	201,7	909	858	
12	2574	214,5	833	936	
13	3288	25 3	769	1014	
14	4008	286,3	714	1092	
15	4722	31 5	666	1170	
16	7090	44 3	625	1248	
18	10977	609,5	555	1404	A cette charge le mortier a éclaté.

En comparant les 2èmes et 5ème colonnes de ce tableau, l'on voit que, tandis que les densités des gaz provenant de la combustion de 1 , 2 , 3 , 4 , — 18 grains de poudre dans un lieu de grandeur constante croissent comme les membres premiers , leurs tensions réelles suivent la progression :

$$1 \quad — \quad 2,33 \; — \; 3,69 \; — \; 4,90 \; — \; 7,20$$
$$— \quad » \quad — \quad 10,41 \; — \; 19,80 \; — \; 24,11 \; — \; 28,4$$
$$— \; 33,00 \; — \quad 42,10 \; — \; 51,40 \; — \; 60,50 \; — \; 90,90$$

beaucoup plus rapidement croissante que la première. C'est ainsi que la tension réelle des gaz provenant de la combustion de 18 grains de poudre est presque 8 fois plus grande qu'elle n'eût été en la calculant d'après la loi de Mariotte. Cette énorme différence est due à l'influence de la chaleur qui augmente très rapidement à mesure que de plus grandes quantités de poudre sont comburées , et qui fait croître dans une progression très rapide la tension des gaz.

L'observateur a calculé que si l'âme du canon eût été remplie , la force exercée par les gaz de $24\frac{1}{2}$ grains de poudre eût été suffisante pour vaincre la pression de 29346 atmosphères.

278. Nous avons vu précédemment que 900 grammes de poudre produisent 296 litres de gaz à 0° et sous la pression de 0,^m76 ; 18 grains ou 1,152 grammes en produisent donc 0,379 litres sous la même pression et à la même température ; lorsque ces gaz sont comprimés dans un volume de 0,001158 décimètres cubes ils exercent une pression de 327,80 atmosphères.

Pour élever cette pression à 10977 atmosphères , soit x la chaleur nécessaire , nous aurons (d'après la loi de Gay-Lussac) :

$$10977 = 327,80 \, (1 + x \cdot 0,00375)$$

d'où $x = 8663°$ centigrades ou environ 120°^s du pyromètre de Wedgewood , chaleur qui égale quatre fois celle qui est nécessaire à la fusion du cuivre , et qui égale presque celle à laquelle le fer se fond.

Lorsqu'on considère que la force qu'on aurait trouvée si la chambre avait été remplie , eût de beaucoup dépassé celle des

18 grains de poudre (Rumford l'évalue à 89346 atmosphères), et que par suite, la chaleur aurait dû être de beaucoup plus élevée encore pour atteindre à cette énorme pression, on demeure convaincu que les métaux ne résisteraient pas à une chaleur aussi excessive, et que par conséquent elle n'accompagne pas la combustion de la poudre.

279. Cette contradiction apparente entre la théorie et le fait, provient d'une fausse hypothèse sur l'action de la force motrice qu'on a supposée être une pression de gaz en repos, n'ayant d'autre tendance que de s'étendre indéfiniment, tandis qu'en réalité les gaz au moment de l'explosion se meuvent avec une très grande rapidité, et choquent le projectile avec une énergie d'autant plus grande que leur température et partant leur vitesse est plus considérable.

Le déplacement de la résistance n'est d'ailleurs pas produit par une seule action instantanée, mais bien par une suite d'actions qui dès le premier moment de la combustion ont agi sur le fardeau, et l'ont déjà ébranlé, mais d'un mouvement imperceptible. (*)

Quoiqu'il en soit il est certain qu'on ne peut attribuer l'énorme effort produit à la seule pression des gaz déjà développés, et les expériences de Rumford même ont mis cette vérité hors de doute. En effet on remarqua dans toutes les expériences dans lesquelles les gaz n'avaient pas eu d'issue, combien peu ils conservaient de force expansive lorsqu'ils avaient séjourné quelques

(*) S'il pouvait rester le moindre doute à cet égard, il devrait disparaître en présence du fait connu qu'un intervalle entre la charge et la résistance à vaincre, telle que de la terre glaise, du sable, ou de la neige introduits dans le canon, ou des intervalles entre plusieurs charges peuvent souvent faire éclater les canons de fusil. — Ce fait s'explique par l'excessive vitesse avec laquelle les gaz choquent la résistance avant que celle-ci ait pu acquérir un mouvement sensible; il est en effet évident que les gaz rejaillissent alors avec une extrême violence du projectile contre les parois de l'âme, et exercent contre celles-ci un effort bien plus considérable que celui qu'elles peuvent développer lorsque la différence entre les vitesses des gaz et du projectile est moins prononcée.

minutes et même quelques secondes dans le mortier après l'explosion ; car lorsqu'on soulevait le poids comprimant, les gaz, au lieu de s'échapper à grand bruit, sortaient en sifflant, tout au plus comme l'explosion ordinaire d'un fusil à vent, et à peine aidaient-ils à soulever le poids qui pressait sur la rondelle. — Il est vrai qu'on trouva alors dans le mortier une substance très dure, d'un gris sale, qu'on supposait en partie provenir de la condensation des gaz en une masse solide, supposition qui ne me semble pas fondée.

280. En admettant que le déplacement de la résistance n'est pas le résultat d'une pression instantanée des gaz, mais bien du travail mécanique que ceux-ci ont exercé contre lui, l'on conçoit que la force de la poudre, même au moment de son dégagement, n'a rien d'absolu, et peut par exemple dépendre de la résistance à vaincre.

Le colonel Duchemin dans un mémoire sur la vitesse initiale, mémorial de l'artillerie, n° IV, page 185, démontre en effet, à l'aide de sa formule de la vitesse, déduite de l'expérience, que la force motrice initiale des gaz dépend du poids du projectile.

En effet la formule de la vitesse applicable aux charges qui ne dépassent pas la moitié de la charge maximum, est

$$v^2 = \frac{8\,\mu\,q\,e}{0,3771\sqrt{\dfrac{e\,\delta}{c}}}$$

$$v^2 = \frac{8\,\mu\,q}{0,3771}\sqrt{\frac{a\,e}{\delta}},$$

Dans laquelle les lettres ont les significations suivantes :

v. La vitesse initiale du projectile.

μ Une quantité linéaire dont la valeur dépend de la force de la poudre employée et qui doit être considérée comme un multiple de g, force accélératrice de la pesanteur.

a. Longueur de l'âme du canon.

c. Calibre de l'âme.

δ. Densité du projectile.

q. Nombre de calibres qui répond à la longueur de la charge employée.

m. Nombre de calibres qui répond à la charge maximum.

$$a = \frac{e}{c}.$$

En différenciant cette formule, il vient :

$$2\,v\,dv = \frac{8\,\mu\,q}{0,3771} \cdot \frac{de}{2\sqrt{e}} \cdot \sqrt{\frac{e}{\delta}}.$$

$$\frac{v\,dv}{de} = \frac{2\,\mu\,q}{0,3771\sqrt{\frac{e}{c}\,\delta}}.$$

$$\frac{v\,dv}{de} = \frac{2\,\mu\,q}{0,3771\sqrt{a\,\delta}} = \frac{2\,\mu\,q}{m}.$$

$\dfrac{v\,dv}{dc}$ étant l'expression analytique de la force accélératrice des gaz, celle-ci devient pour le point qui correspond à $e = c$ ou $a = 1$ égale à $\varphi = \dfrac{2\,\mu}{0,3771\,\delta^{\frac{1}{2}}}$.

La force motrice initiale de la poudre enflammée est égale à la masse du boulet $M = \dfrac{1}{6}\,\dfrac{\pi\,c^3\,\delta}{g}$, multipliée par la force accélératrice, et l'on a pour son expression analytique :

$$F = \varphi M = \frac{2\,\mu}{0,3771\,\delta^{\frac{1}{2}}} \times \frac{1}{6}\,\frac{\pi\,c^3\,\delta}{g} = \frac{3\,\pi\,c^3\,\delta^{\frac{1}{2}}\,\mu}{0,3771\,g}.$$

Force qui varie avec la densité, et qui dépend par conséquent du poids du projectile.

281. Les gaz développés par la combustion de la poudre agissent constamment sur le projectile tant que celui-ci n'est point sorti de l'arme, et lui impriment un mouvement accéléré.

La vitesse que le projectile aura acquise au sortir du canon (vitesse initiale) dépendra donc évidemment:

1°. De l'intensité de la force accélératrice à chaque instant qu'elle agit sur le projectile (c'est-à-dire de la loi de variation de la force accélératrice) et 2° Du temps pendant lequel cette dernière agit sur le projectile.

Une poudre très combustible donne presque instantanément une impulsion violente à l'arme et au projectile, déplace ce dernier aussitôt, et le chasse de même hors du canon; mais la force motrice s'y étant développée tout d'un coup, y décroît aussi dans une progression très-rapide, lorsque les gaz, se répandant dans un plus grand espace, deviennent moins denses, et perdent de leur calorique.

Une poudre lente produit un déplacement plus tardif du projectile, et lui imprime ainsi qu'à l'arme une secousse moins violente, mais le projectile se mouvant moins rapidement, est plus long-temps soumis à l'action des gaz, et cette action même suit une progression décroissante moins prononcée, parceque la combustion de la charge ne s'achève que durant le trajet du projectile dans l'âme, et parcequ'elle compense ainsi en partie la perte des gaz que la force accélératrice aura subie par la diminution de la densité et l'abaissement de la température de la masse de gaz déjà développée.

Si donc le projectile ne cède pas trop facilement à l'action des gaz, et que l'arme soit suffisamment longue pour que la durée de l'action compense la moindre intensité primitive de la poudre lente, il se peut fort bien que le projectile ait, au sortir du canon, la même vitesse initiale ou même une vitesse initiale plus grande que celle qu'une poudre très vive lui aurait communiquée. On conçoit cela facilement en réfléchissant que la vitesse initiale n'est autre chose que la somme des accélérations de vitesse partielles que le projectile a reçues, et qu'un grand nombre de petites accélérations qui décroissent lentement, peut fort bien égaler et même dépasser un nombre plus restreint d'accélérations beaucoup plus fortes dans le principe, mais rapidement décroissantes.

282. Si le raisonnement qui précède ne semblait pas concluant, on pourrait rendre le fait en question plus évident encore en construisant une figure géométrique. — En effet le travail mécanique exercé contre le projectile se compose de la somme des travaux qu'il a fallu exercer contre lui pour vaincre sa résistance en chaque point de l'âme; chaque travail partiel se

compose de la résistance vaincue le long d'un élément du chemin parcouru , et comme la résistance du projectile en chaque point de l'âme est égale à la force motrice qui la surmonte , on trouve que ces travaux partiels sont encore égaux aux forces motrices multipliées par les éléments du chemin parcouru.

Si donc sur l'axe de l'âme divisée en parties égales on élève des ordonnées dout la longueur représente la force motrice , et qu'on désigne l'élément du chemin parcouru par la distance entre deux ordonnées , on aura pour chaque travail partiel le petit rectangle construit sur l'ordonnée , et l'élément de l'axe des abscisses , et le travail mécanique total exercé contre le projectile sera représenté par la surface limitée par la courbe , les ordonnées extrêmes et l'axe des abscisses.

Cela posé , l'on voit très-bien que la surface limitée par une courbe dont les ordonnées sont d'abord très-grandes mais ensuite rapidement décroissantes peut fort bien être moindre que celle qui a pour limite une courbe dont les ordonnées sont d'abord moindres , mais qui s'approche moins rapidement de l'axe des abscisses.

283. La poudre lente doit avoir l'avantage sur la poudre vive chaque fois que la charge est forte , que la résistance à vaincre est considérable et que l'arme est longue. Je vais tâcher de le prouver par le simple raisonnement , et le corroborer ensuite par les intéressants résultats obtenus par Mr. Maguin dans ses expériences faites à Esquerdes de 1832 à 1834 , et par des faits qui sont généralement connus.

Dans le mortier et l'obusier court , bouches à feu dont l'âme a peu de longueur , l'action de la force motrice sur le projectile a nécessairement peu de durée , à moins que la résistance à vaincre ne soit très grande et par suite son déplacement tardif.

Il faut pour ces bouches à feu que la force motrice se développe rapidement et décroisse de même , ou en d'autres termes que la poudre soit vive et d'autant plus vive que le projectile est plus léger.

Dans l'arme portative la balle cède au moindre développement de la force motrice ; si alors le projectile n'est pas chassé très rapidement hors du canon, le contact des gaz avec les parois de l'âme se prolonge et il en résulte un abaissement sensible dans la température des gaz et par suite une diminution notable de leur force vive.

Le poudre de l'effet maximun à l'arme portative doit donc être vive.

Au canon la combustion de la charge développe assez de chaleur pour que celle que les parois absorbent ne constitue qu'une perte peu sensible ; en second lieu le travail de la force motrice y peut avoir une certaine durée , et parce que le projectile ne se déplace pas aussi facilement que dans l'arme portative et parce que son trajet dans l'âme y est plus long que dans l'obusier ou dans le mortier ; dès-lors il est possible qu'une force motrice instantanément développée , mais n'agissant sur le projectile que très peu de temps et avec une intensité très rapidement décroissante , produise un travail utile moindre qu'une autre force dont l'intensité subit des variations moins brusques et qui agit plus long-tems sur le projectile.

Les poudres lentes peuvent donc dans ces bouches à feu avoir l'avantage sur les poudres vives, surtout si la charge est forte, le projectile lourd et que l'âme a une longueur considérable.

Observons toutefois que s'il est important qu'au canon le développement de la force motrice ne soit pas trop rapide , une combustion trop lente de la charge serait également nuisible. Mais cette vitesse de combustion relative des fortes charges est obtenue bien plus par une facile transmission de la flamme comburante que par une grande combustibilité des grains.

284. L'expérience confirme pleinement les résultats de notre raisonnement : Les poudres vives montrent une supériorité marquée dans les bouches à feu courtes , telles que les mortiers , et surtout dans les armes portatives , mais cette supériorité décroit à mesure que la longueur de l'arme , le calibre , la charge et la résistance à vaincre augmentent , et on arrive bientôt à une limite où , avec des poudres plus lentes , on obtient un effet utile plus grand qu'avec des poudres vives.

285. Il résulte de l'ensemble des expériences qu'on a faites que pour produire le plus grand effet utile la poudre doit être d'au-

tant plus vive que la durée de l'action des gaz sur le projectile est moindre, et que la charge est plus faible ; dans ce dernier cas une faible influence sur la combustibilité ou une perte peu considérable de calorique deviennent très-sensibles.

Il est en outre prouvé par ces expériences que dans les armes portatives et dans les mortiers , surtout dans ceux d'un faible calibre , les poudres vives donnent au projectile des vitesses beaucoup plus fortes que ne le font les poudres lentes.

Dans les canons au contraire , les poudres lentes communiquent au projectile une vitesse plus grande que les poudres vives , et cela d'autant plus que le calibre du canon est plus fort, que l'âme en est plus longue , que le vent est plus petit , que le projectile a un poids plus considérable , et que la charge est plus forte.

286. La charge et le poids du projectile étant fixés , il existe pour chaque arme une poudre d'une combustibilité donnée qui produit le maximum d'effet utile, en supposant, bien entendu , la qualité des matières et leur dosage constants ; cette combustibilité varie ensuite avec la quotité de la charge et le poids du projectile , et diminue à mesure que la charge et la résistance à vaincre augmentent.

Il résulte de là que quoiqu'une arme exige , par exemple , une poudre vive , il arrive cependant que cette arme devienne insensible à un degré de combustibilité plus grand que celui qui est exigé , ou donne même un effet utile moindre ; c'est pour cette raison que l'éprouvette actuelle , quoique donnant l'avantage aux poudres vives , ne déclare cependant ni l'augmentation de combustibilité due à l'emploi du charbon roux , ni la différence de combustibilité des poudres à canon et à mousquet , tandis que ces différences sont très-bien marquées à l'éprouvette Regnier et dans les armes portatives.

287. Dans les armes qui exigent des poudres vives , la combustibilité doit être d'autant plus grande que la charge est plus petite.

Ce fait est mis hors de doute par les expériences faites par Mr. Maguin , dont les résultats sont consignés dans le tableau suivant :

23

Essais faits à Esquerdes par Maguin en 1828 avec des poudres fabriquées par la presse hydraulique.

DENSITÉ GRAVIMÉTRIQUE DE LA POUDRE.	NOMBRE DE GRAINS AU GRAMME.	MODÈLES DES CANON	VITESSES DUES AUX CHARGES DE		
			5 gr.	10 gr.	15 gr.
0,670	260	1777	328	469	488
		1816	338	479	518
0,712	208	1777	319	482	551
		1816	326	482	546
0,720	61	1777	312	468	552
		1816	313	474	566
0,745	27	1777	201	445	542
		1816	294	452	556

On y voit qu'avec la charge de 5 grammes la vitesse croissait constamment en raison inverse de la densité ; lorsque au contraire on employa une charge de 10 grammes la vitesse correspondante à une densité de 0,712 et à une granulation de 208 grains au gramme était plus forte que celle qu'on obtenait avec une poudre de 0,67 de densité et comptant 260 grains au gramme. Enfin avec la charge de 15 grammes la poudre d'une densité de 0,72 et contenant 61 grains au gramme donnait le maximum d'effet.

La même remarque que je viens de faire pour les poudres vives est applicable aux poudres lentes ; ainsi il arrive qu'avec une forte charge les effets obtenus au canon augmentent sensiblement en raison inverse de la combustibilité et que ces effets croissent au contraire en raison directe avec elle si on diminue considérablement la charge.

288. Je vais maintenant extraire de l'ouvrage de Mr. Maguin (expériences sur les poudres de guerre faites à Esquerdes pen-

Résumé des principaux résultats moyens obtenus dans les expériences préliminaires faites pour le compte de la marine.

DÉSIGNATION DES POUDRES PAR		le nombre de grains au gramme.	LA DENSITÉ DE LA POUDRE.		la densité de la galette.	la densité des grains.	TIR AU CANON DE 30 LONG.									portées à l'épreuvette.	OBSERVATIONS.
le nom de la fabrique et l'année de fabrication.	le nom du fabricant.		non tassée.	tassée.			CHARGE DE 2k,50.			CHARGE DE 3k,75.			CHARGE DE 5k,00.				
							vitesse du boulet.	recul exprimé en vitesse du boulet.	rapport du recul à la vitesse.	vitesse du boulet.	recul exprimé en vitesse du boulet.	rapport du recul à la vitesse.	vitesse du boulet.	recul exprimé en vitesse du boulet.	rapport du recul à la vitesse.		
Maromme, Ripault, Metz, 1820-1831. Esquerdes 1838.	Pilons, (poudre à canon) Résultat moyen.	361	0,834	0,684	»	1,812	376,52	523,50	1,3902	424,33	627,93	1,4600	458,45	722,62	1,5756	235,92	
	Tassées, trituration 5 heures.	45	0,947	1,095	1,800	1,782	»	»	»	466,30	694,86	1,6027	502,76	807,36	1,6059	116,66	
		14	0,984	1,072	1,800	1,715	»	»	»	466,78	693,41	1,4872	526,76	844,96	1,8900	114,32	
Esquerdes, 1839.	Mondes, trituration 3 heures.	32	0,855	1,005	1,800	1,755	»	»	»	473,84	708,75	1,4994	601,64	847,01	1,5926	195,60	
		12	1,030	1,134	1,900	1,840	»	»	»	466,37	693,18	1,4895	601,96	844,29	1,6244	98,00	
		14	0,876	0,941	1,800	1,682	468,85	575,75	1,3987	483,17	716,72	1,4836	»	»	»	220,08	
		4	0,886	0,935	1,850	1,691	415,72	567,56	1,3718	687,11	744,20	1,4855	»	»	»	217,00	(a) Le canon a éclaté sur cette charge.

B.

Tableau comparatif des résultats moyens fournis par des poudres des usines différant entre elles par la compression imprimée aux galettes et par la grosseur des grains.

DÉSIGNATION DES POUDRES PAR

Le nom et signalement	la compression approximative donnée aux galettes	le diamètre de la pore du grain (mil.)	le nombre de grains au gr.	la densité gravimétr. ou poids d'un litre de poudre — non tassée (gr.)	— tassée (gr.)	la pesanteur spécifique des grains (l'eau étant 1,000)
Résult. moyen des poudres pilées.	»	2,50	354	831	957	1,508
Poudres de guerre.—Esquerdes, 1832.— Poudres fabriquées—1 h. 1/2 de trituration.	1,750	10,00	3 1/4	901	954	1,674
		9,00	4 1/2	912	977	1,695
		7,00	12	903	979	1,712
		4,70	31	878	920	1,689
		3,80	62	891	984	1,716
		2,50	179	864	946	1,703
	1,650	10,00	4	876	919	1,635
		9,00	5	894	929	1,632
		7,00	13	867	920	1,622
		4,70	30	846	889	1,597
		3,80	81	833	901	1,608
		2,50	194	840	900	1,606
	1,650	10,00	3 1/4	862	911	1,551
		9,00	4	858	901	1,552
		7,00	14	846	889	1,565
		4,70	32	834	882	1,547
		3,80	64	814	879	1,504
		2,50	214	811	853	1,551
	1,450	10,00	4	901	952	1,600
		9,00	4 1/2	836	880	1,530
		7,00	10 1/2	820	861	1,590
		4,70	34	848	892	1,451
		3,80	7	797	863	1,501
		2,50	216	805	881	1,467

TIR AU CANON DE 88 COURT

CHARGE DE 1k,408 — CHARGE DE 2k,90

(diamètre)	1k,408 Vent du boulet (mil.)	Vitesse du boulet par seconde (m.)	Recul exprimé en vitesse du boulet (m.)	Rapport du recul à la vitesse	2k,90 Vent du boulet (mil.)	Vitesse du boulet par seconde (m.)	Recul exprimé en vitesse du boulet (m.)	Rapport du recul à la vitesse
2,50 (moyen)	6,25	320,65	416,93	1,2000	»	»	»	»
10,00	»	»	»	»	»	»	»	»
9,00	»	»	»	»	»	»	»	»
7,00	»	»	»	»	»	»	»	»
4,70	»	»	»	»	»	»	»	»
3,80	»	»	»	»	»	»	»	»
2,50	»	»	»	»	»	»	»	»
10,00	»	»	»	»	»	»	»	»
9,00	»	»	»	»	»	»	»	»
7,00	»	»	»	»	»	»	»	»
4,70	»	»	»	»	»	»	»	»
3,80	»	»	»	»	»	»	»	»
2,50	»	»	»	»	»	»	»	»
10,00	»	»	»	»	»	»	»	»
9,00	»	»	»	»	»	»	»	»
7,00	6,3	350,71	421,44	1,2845	»	»	»	»
4,70	6,3	338,62	432,22	1,2764	»	»	»	»
3,80	6,3	326,93	419,37	1,2825	»	»	»	»
2,50	6,6	321,83	420,00	1,2930	»	»	»	»
10,00	»	»	»	»	»	»	»	»
9,00	»	»	»	»	»	»	»	»
7,00	6,25	363,83	427,86	1,2838	6,2	366,63	489,12	1,3340
4,70	6,25	332,12	428,20	1,2849	6,3	369,03	486,66	1,3184
3,80	6,25	338,02	426,87	1,2837	6,2	360,06	478,46	1,3280
2,50	6,3	327,80	422,45	1,2887	»	»	»	»

CHARGE DE 3k,50 — CHARGE DE 3,75

(diamètre)	3k,50 Vent du boulet (mil.)	Vitesse du boulet par seconde (m.)	Recul exprimé en vitesse du boulet (m.)	Rapport du recul à la vitesse	3,75 Vent du boulet (mil.)	Vitesse du boulet par seconde (m.)	Recul exprimé en vitesse du boulet (m.)	Rapport du recul à la vitesse
2,50 (moyen)	6,3	374,41	521,33	1,3865	6,25	424,76	636,32	1,4611
10,00	6,55	365,20	501,23	1,3705	6,3	489,33	679,66	1,5507
9,00	6,2	370,43	508,26	1,3725	6,3	484,37	685,12	1,4722
7,00	6,2	375,50	517,77	1,3676	6,3	486,43	689,90	1,4793
4,70	6,3	355,05	429,89	1,3655	6,3	473,60	690,05	1,4570
3,80	6,3	394,75	550,96	1,3602	6,3	489,42	683,92	1,4612
2,50	6,4	344,13	327,01	1,3708	6,3	463,81	653,55	1,4730
10,00	6,4	389,30	536,01	1,3766	6,3	476,51	699,88	1,4892
9,00	6,4	388,09	525,44	1,3719	6,3	479,75	701,34	1,4618
7,00	6,4	394,95	540,17	1,3688	6,3	473,10	699,71	1,4730
4,70	6,4	307,27	543,30	1,3675	6,3	464,49	687,25	1,4792
3,80	6,4	384,33	533,54	1,3846	6,3	469,13	672,53	1,4639
2,50	6,2	388,85	535,58	1,3766	6,3	459,50	676,96	1,4731
10,00	6,3	397,64	541,53	1,3697	6,3	485,67	704,21	1,4501
9,00	6,5	390,87	530,12	1,3758	6,3	482,60	708,54	1,4682
7,00	6,3	406,83	560,80	1,3889	6,3	476,77	781,54	1,4715
4,70	6,33	406,52	556,61	1,3643	6,3	472,04	692,03	1,4601
3,80	6,3	361,10	546,74	1,3631	6,2	463,30	687,86	1,4675
2,50	6,3	358,54	540,09	1,3692	6,3	458,57	678,69	1,4797
10,00	6,16	402,36	553,55	1,3758	6,3	466,84	710,31	1,4589
9,00	6,2	403,59	555,96	1,3745	6,8	460,59	709,54	1,4582
7,00	6,2	409,04	569,02	1,3667	6,3	479,76	695,73	1,4774
4,70	6,133	402,75	559,49	1,3767	6,3	477,12	701,68	1,4706
3,80	6,4	393,11	541,45	1,3771	6,3	455,69	677,38	1,4513
2,50	6,3	393,76	543,44	1,3801	6,6	443,73	663,43	1,4931

CHARGE DE 5k,00 — poids et nombre (éprouvette n° 45)

(diamètre)	5k,00 Vent du boulet (mil.)	Vitesse du boulet par seconde (m.)	Recul exprimé en vitesse du boulet (m.)	Rapport du recul à la vitesse	poids et nombre (éprouvette n° 45)	Observations
2,50 (moyen)	6,39	480,81	714,79	1,5505	236,50	
10,00	»	»	»	»	150,00	
9,00	»	»	»	»	144,50	
7,00	»	»	»	»	152,50	
4,70	»	»	»	»	184,00	
3,80	»	»	»	»	195,00	
2,50	»	»	»	»	260,00	
10,00	»	»	»	»	165,50	
9,00	»	»	»	»	176,00	
7,00	»	»	»	»	198,60	
4,70	»	»	»	»	213,00	
3,80	»	»	»	»	213,50	
2,50	»	»	»	»	220,00	
10,00	»	»	»	»	194,00	
9,00	»	»	»	»	201,75	
7,00	»	»	»	»	211,50	
4,70	»	»	»	»	214,00	
3,80	»	»	»	»	220,40	
2,50	»	»	»	»	227,50	
10,00	»	»	»	»	208,50	
9,00	»	»	»	»	210,50	
7,00	»	»	»	»	214,00	
4,70	»	»	»	»	219,50	
3,80	»	»	»	»	222,00	
2,50	»	»	»	»	227,50	

(a) La densité gravimétrique considérable de cette poudre provient de ce que son grain est moins anguleux et plus arrondi que celui des autres poudres de même granulation.

(b) Le canon a éclaté sur le deuxième coup de cette poudre à la charge de 3 kil. 75 tiré avec un boulet d'un vent de 0m,6.

dant les années 1832 à 1835) plusieurs résultats obtenus qui viennent à l'appui des faits que je viens d'indiquer, et sur lesquels, avant que ces belles expériences fussent faites, on n'avait que de vagues présomptions.

Je commencerai par donner ci-dessous le résumé des principaux résultats moyens obtenus dans les expériences préliminaires faites pour le compte de la marine :

(*Voyez le tableau ci-contre* A).

Il résulte de ce tableau :

1° Que les poudres denses et à gros grains, des tonnes et des meules, n° 2, 3, 4, 5, quoique très faibles au mortier d'épreuve, ont donné au canon des vitesses sensiblement plus fortes que les poudres des pilons de densité et de grosseur de grains ordinaires.

2° Que la vitesse du projectile a plus augmenté pour les fortes charges que pour les faibles.

3° Que les poudres denses et à gros grains n° 2, 3, 4, 5 avec une charge du $\frac{1}{4}$ du poids du boulet ont donné au projectile une vitesse égale à celle que les poudres des pilons lui ont communiquée à la charge du $\frac{1}{3}$.

4° Que les poudres des meules à gros grains, n° 6 et 7, d'une densité moindre que celle des poudres n° 2, 3, 4, 5, mais plus forte que celle de la poudre des pilons, ont produit le maximum d'effet, mais ont fait éclater le canon.

289. Une commission présidée par le général Tirlet constata en 1835 que la poudre des meules d'Esquerdes, plus dense et d'un grain plus gros que la poudre des pilons en usage, donnait, dans la pièce de 24, à la charge au $\frac{1}{4}$, des vitesses égales et des reculs moindres que la poudre des pilons à la charge du $\frac{1}{3}$ du poids du boulet. Les qualités physiques des deux poudres employées ont été déjà indiquées. (269)

290. Le tableau ci-contre (B) contient les résultats moyens obtenus par Mr. Maguin dans le tir du canon de 30 court aux expériences d'Esquerdes.

Je tire de ce tableau les conclusions suivantes qui viennent corroborer la théorie donnée sur l'action des poudres dans les armes :

1° Toutes les poudres des meules essayées ont été plus faibles à l'éprouvette et plus fortes au canon que les poudres des pilons.

2° A la charge de 2,50 (au $\frac{1}{76}$) les vitesses du boulet ont augmenté en raison inverse de la densité de la galette jusqu'à celle de 1,550 inclusivement : passé cette limite elles ont diminué avec la densité pour les trois dernières granulations.

3° A la charge de 3,75 (au $\frac{1}{74}$) les vitesses du boulet ont constamment augmenté en raison inverse de la densité pour les trois premières granulations , ont varié d'une manière indécise pour la quatrième , et ont diminué pour les deux dernières.

4° A la charge de 2,50 la poudre de l'effet maximum exige le grain d'une grosseur moyenne, de telle sorte cependant que cette grosseur varie en raison inverse de la densité.

5° A la charge de 3,75 pour les poudres d'une densité absolue (a) de 1,550 et 1,450 , la vitesse du boulet décroît constamment avec la grosseur du grain ; pour la densité 1,650 la grosseur du grain qui donne la poudre la plus forte semble être un peu moindre que la plus grande indiquée au tableau , et elle semble décroître encore pour la densité la plus forte , celle de 1,750.

Il résulte des observations qui précèdent :

6° Que pour une même charge la vitesse maximum correspond à une grosseur du grain d'autant plus considérable que la densité de la galette est plus faible.

7° Que la vitesse maximum de chaque groupe de poudres appartient à un grain d'autant plus gros que la charge est plus considérable.

8° Aucune portée maximum au mortier-éprouvette ne correspond à une vitesse maximum au canon ; elles appartiennent toutes au grain le plus fin.

9° Aucune des poudres qui ont donné au canon un maximum de vitesse n'est de réception au mortier éprouvette.

(a) Je désigne sous cette dénomination la densité de la galette.

Toutes les poudres d'Esquerdes mentionnées dans les tableaux sont lissées et faites avec du charbon distillé roux, c'est-à-dire, provenant de bois de bourdaine dont 100 parties à l'état sec ont produit 35 $^0/_0$ de charbon. Les poudres à pilons ne sont pas lissées ; elles sont faites avec le charbon de bourdaine fait à l'air libre (100 parties de bois sec produisent 20 à 22 $^0/_0$ de charbon), ce charbon est noir.

M. Maguin a aussi fait des expériences sur l'influence qu'exerce le lissage du grain sur l'effet utile dans le canon de 30 court. Les résultats de ces expériences sont consignés dans les tableaux 5 et 5 bis de l'ouvrage de Mr. Maguin, et nous y renvoyons le lecteur : — Il en résulte que quoique le lissage n'exerce qu'une faible influence sur l'effet utile, les poudres lissées ont cependant l'avantage aux charges du $^1/_6$ et du $^1/_4$ du poids du boulet, et que ce n'est qu'à la charge du $^1/_9$ que les poudres demi-lissées l'ont emporté sur les poudres lissées. — Les poudres non lissées enfin ont eu à toutes les charges un désavantage assez marqué.

291. L'arme à feu, comme toute autre machine, n'emploie utilement qu'une partie de la force motrice, et il est même facile de voir que cette partie utile est comparativement petite à cause des pertes considérables qui proviennent de la fuite des gaz par la lumière, par le vide entre le projectile et les parois de l'âme, par la bouche au départ du projectile et enfin des chocs des gaz contre les parois de l'âme.

Le travail utile des gaz est représenté par la moitié de la force vive du projectile qui est égale au produit du carré de sa vitesse initiale par sa masse (1).

(1) Travailler c'est vaincre une résistance le long du chemin parcouru par cette résistance ; l'élément du travail utile est donc la résistance vaincue le long d'un élément du chemin parcouru par le projectile, ou encore le produit de la force motrice par l'élément du chemin, parce que dans chaque point de l'âme l'action de la force motrice est égale à la réaction du projectile. Si e désigne le chemin parcouru par le projectile, m sa masse, φ la force accélératrice du projectile, variable d'un point à l'autre du chemin parcouru, l'on aura pour l'élément du travail utile $dt = \varphi\, mde$,

Le travail utile est égal à la différence du travail de la force motrice utilement employée et des travaux des résistances nuisibles, ces derniers consistent ;

1° Dans le recul du système entier.

2° Dans les frottements et chocs des gaz contre les parois de l'âme.

3° Dans les frottements et chocs du projectile contre ces mêmes parois.

4° Dans le travail perdu des gaz qui s'échappent inutilement et de ceux qui se répandent dans l'air au départ du projectile.

292. L'effet utile d'une unité de poids de poudre donnée varie avec la constitution de l'arme, et avec la quotité de la charge ; il dépend surtout :

1° De la longueur de l'âme,

2° De la grandeur du vent,

3° Du diamètre de la lumière,

4° De la configuration et de la capacité du lieu qui renferme la charge,

5° De la quotité de la charge,

6° Du calibre de l'arme,

7° De la résistance à vaincre.

De la longueur de l'âme.

293. On conçoit aisément que la vitesse du projectile, et partant l'effet utile de la force motrice, doivent augmenter avec la longueur de l'âme jusqu'à une limite qu'on n'atteint jamais dans la pratique ; en effet pour qu'une augmentation de la longueur de l'âme ne fît plus croître la vitesse, il faudrait que la force qui accélère le mouvement du projectile fût moindre que les forces qui retardent ce même mouvement, et qui sont la ré-

et en intégrant l'on trouve le travail utile $t = \int \varphi \, m\, de = \int \frac{v\, dv}{de} \, m\, de$

$= \int m\, v\, dv = \frac{m v^2}{2}$. Ce travail est emmagasiné par le projectile, et est ensuite détruit par le travail de la résistance de l'air, par les chocs du projectile contre le terrain, et par le travail de la résistance des terres que le projectile laboure.

sistance de l'air, le frottement et les chocs du projectile contre les parois de l'âme. Il faudrait, dis-je, une âme d'une longueur démesurée pour que la tension des gaz fut équilibrée par ces résistances ; mais lorsque le projectile est forcé, comme on en a pour les armes portatives il arrive que la force retardatrice dépasse celle qui accélère, et c'est à cela qu'il faut attribuer la force de percussion peu considérable des balles forcées.

La formule de la vitesse initiale applicable aux charges jusqu'à la moitié du maximum que donne le colonel Duchemin dans son mémoire déjà cité, est :

$$v^2 = \frac{8\,\mu\,q\,e}{0,3771} \sqrt{\frac{e}{c}}\,\delta;$$

$$= \frac{8\,\mu\,q}{0,3771} \sqrt{\frac{e\,c}{\delta}}\,(A).$$

Pour laquelle j'ai déjà indiqué la signification des lettres (280.)

Il en résulte que dans deux armes qui ne diffèrent que par la longueur de l'âme, et qui lancent des projectiles de même poids, l'on a :

$$v : v' = \sqrt[4]{e} : \sqrt[4]{e'}$$

Ou en d'autres termes la vitesse initiale est proportionnelle à la racine quatrième de la longueur de l'âme ; et l'effet utile augmente en raison directe de la racine carrée de cette même longueur.

Si la charge dépassait la moitié du maximum, l'accroissement de l'effet utile serait encore plus fort.

De la grandeur du vent.

294. Le vent, c'est-à-dire, la différence entre les diamètres de l'âme et du projectile, modifie, par sa grandeur, très-sensiblement l'effet de la poudre, et on le conçoit aisément parce que le gaz qui s'échappe par dessus le projectile a été inutilement dépensé. C'est un fait connu de tous les artilleurs qu'en enveloppant le projectile d'une étoffe graissée, jusqu'au point d'annuler le vent, on obtient avec une charge beaucoup moindre

la même portée qu'on aurait obtenue avec une charge ordinaire en laissant au vent sa grandeur.

Hutton dans ses intéressantes expériences sur les vitesses initiales d'un boulet de trois livres , expériences que je rapporterai en parlant des principes de construction des bouches à feu , trouva qu'une augmentation de vent de o ,1 de pouce anglais (2,5 millimètres) occasionnait une perte de plus d'un quart de la charge inutilement comburé.

La lumière produit également une fuite de gaz qui n'ajoutent rien à l'effet utile , et cette perte croît évidemment en raison du carré du diamètre de la lumière.

295. Le colonel Duchemin donne , page 152 de son mémoire déjà cité , une formule empirique de la perte de vitesse initiale du projectile due à la fuite des gaz par le vent et la lumière ;

la voici : $v - v' = v \left[\left(\dfrac{s}{ac} \right)^{\frac{1}{2}} + \left(\dfrac{b}{\theta} \right)^{\frac{1}{2}} \right].$

Dans la quelle les lettres ont les significations qui suivent :

v. La vitesse totale ou sans perte de fluide exprimée par la formule A.

v'. La vitesse quand il y a perte de fluide par la lumière et par le vent du boulet.

c. Le calibre du canon.

c'. Le calibre du boulet.

$b = c - c'$, le vent du boulet.

s. Le diamètre de la lumière.

$a = 3,5$, un nombre constant.

$\theta = 0^m, 182857$ une quantité constante de même espèce que c et c'.

$v - v'$. La perte de vitesse.

A la page 211 de ce mémoire , le colonel a calculé les pertes de vitesses dues à la fuite du fluide par le vent et la lumière , dans une pièce de 24 et dans un fusil d'infanterie ; les voici :

	Pièce de 24.	fusil d'inf.
Vitesse totale	795^m,41	602^m,45.
Perte de vitesse due à la lumière .	81,75	115,67.
Perte de vitesse due au vent du boulet .	123,13	49,95.
Vitesse réelle	582,21	416,94.
	787,09	582,56.

La différence de ces derniers nombres avec les vitesses totales exprime la perte de vitesse due à la résistance de l'air et autres indépendantes de la lumière et du vent. L'on voit que si cette dernière est insignifiante il n'en est pas de même des pertes qui nous occupent, et qui dans la pièce de 24 égalent $^1/_{14}$ de la vitesse totale, et le dépassent dans le fusil.

Un vent considérable a encore le désavantage de produire des chocs plus forts du projectile contre les parois de l'âme, chocs qui entraînent une nouvelle perte du travail du moteur.

De la configuration et de la capacité du lieu qui renferme la charge.

296. La configuration du lieu qui renferme la charge, ou la chambre, si celle-ci n'est pas une partie de l'âme, peut diminuer l'effet de la poudre :

1° Par une mauvaise relation entre sa surface et son volume.

2° Par le vide qui se trouve dans la chambre non remplie entre la charge et le projectile.

3° Par un orifice trop grand.

En effet à mesure que la chambre s'approche du corps, qui pour un volume donné, offre un minimum de surface, elle réalise davantage les conditions requises pour que la chaleur soit plus concentrée, et son absorption par les parois la moindre possible, et lorsqu'en même temps il n'existe pas de vide entre le projectile et la charge, les gaz plus denses et d'une température plus élevée auront une tension plus forte ; s'il y a un vide les premiers chocs du fluide contre le projectile sont extrêmement violents, mais ce dernier ne s'étant pas encore mis

en mouvement, il en résulte une perte de force vive (d'effet
utile) très sensible, inutilement employée contre les parois de
la chambre violemment choquées par le fluide qui rejaillit du
projectile. C'est à cette cause qu'on doit attribuer l'effet utile
comparativement peu considérable de la chambre conique lorsqu'elle n'est pas remplie.

Vega, pour s'assurer de l'effet désavantageux du vide entre
le projectile et la charge, fit des expériences avec un mortier
lançant un globe de 30^{lb} (Cours de mathématiques, tome III,
pag. 141); il le chargea de $0,^{k}42$ de poudre, et obtint une
portée de 83 mètres; ayant ensuite rempli le vide entre le projectile et la charge avec de la sciure de bois, renfermée dans
un sac de toile, il eut avec une charge de $0,^{k}385$ une portée
de 265 mètres, c'est-à-dire, avec une charge moindre que celle
primitivement employée, une portée plus que triple.

La grandeur de l'orifice de la chambre exerce une influence
sur la vitesse initiale du projectile, et on remarque généralement que celle-ci est d'autant plus grande que l'orifice est plus
petit, du moins jusqu'à une certaine limite. C'est ainsi que la
chambre cylindrique d'un petit diamètre, donne des portées
plus grandes que celle d'un diamètre plus considérable; or sa
surface devient au contraire un minimum lorsque son diamètre
est très considérable comparativement à sa longueur, c'est-à-
dire, double de la hauteur du cylindre, d'où il suit que le plus
grand effet qu'on puisse obtenir avec une chambre d'un moindre
calibre ne peut être déterminé que par la petitesse de l'orifice.

Je cherche à m'expliquer l'influence avantageuse, sur l'effet
utile des gaz du petit orifice de la chambre, et je pense qu'elle
doit être attribuée au déplacement plus tardif du projectile : en
effet plus petite est la surface que ce dernier offre à l'action des
gaz, plus la tension de ceux-ci doit être grande pour vaincre la
résistance du projectile. La combustion sera donc resserrée plus
longtemps dans un petit espace, et l'action des gaz sur le projectile en sera prolongée. Il est en outre probable que l'espace
entre le projectile et les parois de la chambre (qui reste d'ordi-

naire vide) devenant plus considérable à mesure que le diamètre de cette dernière augmente, contribue à rehausser l'influence avantageuse qu'un plus petit orifice exerce.

La chambre sphérique donne la plus grande portée; quant aux autres, elles suivent, sous le rapport des portées, l'ordre suivant : 1° La chambre en forme de poire. 2° La chambre paraboloïde. 3° La chambre cylindrique. 3° La chambre cônique. L'infériorité de la chambre cônique, devient d'autant moindre que la charge est plus considérable, et que le vide que la charge laisse inoccuppé se remplit davantage.

De la quotité de la charge dans le même canon.

297. Hutton a déjà trouvé que jusqu'à la charge dont le poids est la moitié de celui du projectile, la vitesse croît comme la racine carrée de la charge. Cette conclusion est confirmée par la formule de la vitesse initiale du colonel Duchemin, applicable aux charges qui ne dépassent pas la moitié du maximum; en effet cette formule

$$v^2 = \frac{2\,\mu\,q\,c}{m}$$

Donne

$$v^2 : v^2_1 = q : q'$$

Ou les carrés des vitesses initiales comme les charges.

Mais dans la même arme, lançant des projectiles de même poids, les travaux utiles étant comme les carrés des vitesses initiales, il en résulte que ces travaux sont aussi entre eux comme les charges.

Au delà de la charge moitié du maximum, la combustion de la poudre n'est pas entièrement achevée lorsque le projectile sort du canon, et dans ce cas le travail utile croît dans un rapport moindre que la charge.

Du calibre de l'arme.

298. Il était à présumer que l'effet utile d'une quantité donnée de poudre augmente avec le calibre de l'arme, parceque la cha-

leur développée suit une progression plus rapide que la charge ,
et que la perte de la chaleur , absorbée par les parois , est moins
sensible lorsque la charge est forte que lorsqu'elle est faible ;
cette présomption a été confirmée par l'expérience.

En effet la formule empirique de la vitesse initiale , donnée
par le colonel Duchemin ,

$$v^2 = \frac{8\,\mu\,q\,e}{m}$$

Applicable jusqu'à la charge moitié du maximum , donne pour
deux canons semblables , recevant des charges semblables ,

$$v : v' = \sqrt{\overline{e}} : \sqrt{\overline{e'}}$$

Parceque les quantité q et $m = 0{,}3771 \sqrt{\frac{c}{e}}\,\delta$, sont alors constantes.

En combinant la proportion précédente avec celle

$$e : e' = c : c' ,$$

Il vient $v : v' = \sqrt{\overline{c}} : \sqrt{\overline{c'}}$ ou les vitesses initiales
comme les racines carrées des calibres.

En multipliant par ordre les proportions

$$v^2 : v'^2 = c : c'$$
$$m : m' = c^3 : c'^3$$

L'on a $mv^2 : m'v'^2 = c : c' = c^4 : c'^4$ ou les effets utiles comme
les puissances quatrièmes des calibres.

Mais l'on a aussi

$$p : p' = c^3 : c'^3$$

Donc

$$e : e' = p^{4/3} : p'^{4/3}$$

C'est-à-dire les effets utiles des charges sembl bles dans des
bouches à feu semblables croissent plus rapidement que les
charges.

L'expérience apprend que le rapport précédent ne convient
qu'aux vitesses des boulets des canons du calibre $\omega = 0^m{,}0541$

et au-dessous ; pour les canons d'un calibre plus grand la formule de la vitesse devient

$$v^2 = \frac{8\,\mu\,q\,e}{m} \left(\frac{\omega}{c} \right)^{3,5}$$

C'est-à-dire que les vitesses suivent, seulement dans ce dernier cas, qui est celui des bouches à feu, le rapport de la puissance trois dixièmes des calibres.

En opérant comme précédemment l'on trouve

$$v^2 \quad : v'^2 \quad = c^{0,6} : c'^{0,6}$$
$$m \quad : m' \quad = c^3 \quad : c'^3$$
$$mv^2 : m'v'^2 = e \quad : e' = p^{1,2} : p'^{1,2}$$

Et l'on conclut de là que les effets dans les bouches à feu croissent aussi plus rapidement que les charges, mais moins que dans les armes portatives.

Il est à remarquer que, si dans le même canon, les effets utiles varient dans le rapport des charges, et si dans des canons semblables l'augmentation de l'effet utile ne suit pas une progression sensiblement plus forte, l'action des gaz augmente au contraire dans un rapport beaucoup plus grand lorsqu'on augmente la résistance jusqu'à faire équilibre à la force motrice. (Voyez les expériences du comte de Rumford.)

Cette observation fait ressortir de nouveau que l'on n'emploie utilement qu'une faible partie de la force motrice ; ce qu'il faut, je pense, attribuer à la disproportion qui existe entre cette dernière et la résistance du projectile, et aussi au peu de temps que dure l'action de la force ; nouvelle preuve, que pour de fortes charges surtout il est utile de prolonger la durée de l'action des gaz, en employant une poudre moins vive que pour les armes portatives.

De la résistance à vaincre.

299. Une force ne peut agir que lorsqu'elle rencontre une résistance qu'elle tend à vaincre ; si le projectile résiste peu à la force motrice, celle-ci le déplacera dès le principe de son déve-

loppement , et cela avec une vitesse d'autant plus grande que la résistance du projectile sera moindre. Il suit de là qu'un projectile trop léger a le même inconvénient qu'une âme trop courte , c'est à-dire , qu'il abrège trop la durée de l'action des gaz.

La résistance que le projectile oppose à la force motrice est due à son frottement contre les parois de l'âme , et à son inertie ; à quoi il faut ajouter une partie de son poids lorsque l'axe du canon fait un angle positif avec l'horizon.

Le frottement du projectile contre les parois de l'âme , et l'inertie qu'il oppose à la force motrice , croissent en raison directe de son poids , et c'est par conséquent de ce dernier que dépend la résistance que les gaz ont à vaincre.

La formule de la vitesse du colonel Duchemin déjà donnée , savoir ,

$$v^2 = \frac{8\mu q e}{0,3771 \sqrt{a\delta}}$$

Indique que les vitesses initiales obtenues dans le même arme , avec une charge donnée , mais en employant des projectiles de poids différents sont entre elles comme les racines quatrièmes des poids ; en effet dans ce cas les quantités μ, q et a sont constantes , et les poids des projectiles sont entre eux comme leurs densités ; par conséquent l'on a

$$v : v' = \sqrt[4]{\delta'} : \sqrt[4]{\delta} = \sqrt[4]{p'} : \sqrt[4]{p}$$

En multipliant par ordre les proportions

$$v^2 : v'^2 = \sqrt[2]{p'} : \sqrt[2]{p}$$
$$m : m' = p : p'$$

L'on a

$$m v^2 : m'v'^2 = p^{\frac{1}{2}} p : p'^{\frac{1}{2}} p'$$
$$= p^{\frac{1}{2}} : p'^{\frac{1}{2}}$$

Ou les effets utiles croissent dans le rapport des racines carrées des poids des projectiles.

DÉSIGNATION DES EXPÉRIENCES.	Espèce de canon.	Poids du projectile.	DONNÉES — Calibre et diamètre de la lumière.	DONNÉES — Longueur de l'âme.	Charge.	Charge-maximum calculée.	VITESSES — Vitesse calculée.	VITESSES — Vitesse de l'expérience.	Effet utile en kilogram-mètres, pour chaque gramme de la charge employée.	OBSERVATIONS.
De M. Gregory, en 1816. (Annales de Physique et de Chimie, tom. V).	de 24.	11k,878	m. $c = 0{,}148025$ $c' = 0{,}149350$ $b = 0{,}054676$ $a = 0{,}005084$	$e = 2{,}07088$ $e = 2{,}75295$	k. 1,514400 1,514400	3,069 3,083	m 374,235 366,505	m 379,115 394,255	k. m. 44,733 48,401	c Calibre de l'arme. c' — du projectile. b Vent. a diamètre de la lumière.
Id. en 1818. (Ibidem, tom. IX).	de 12.	5,314 5,774	$c = 0{,}117760$ $c' = 0{,}112500$ $b = 0{,}005400$ $a = 0{,}005084$	$e = 1{,}88728$	1,514400 1,514843	4,374 »	480,420 »	473,760 471,025	33,365 48,103	Le vent était réduit à 2,2 millimètres.
De Hutton, en 1791. (Nouvelles expériences d'artillerie, n° 190, tom. II).	de 6.	2,756	$c = 0{,}092781$ $c' = 0{,}090838$ $b = 0{,}002634$ $a = 0{,}005084$	$e = 2{,}04588$ $e = 1{,}43088$	0,326800 0,453800 0,580400 0,007300 0,326800 0,453800 0,680400 0,007300	2,528 2,102	283,580 370,390 451,639 519,726 242,790 373,310 419,070 489,510	275,110 396,380 465,905 519,265 262,455 384,399 415,809 465,423	43,84 40,10 44,46 40,34 44,23 43,70 40,97 26,20	
Id. en 1789. (Ibid. n°s. 140 et 148).	de 3.	1,324	$c = 0{,}074725$ $c' = 0{,}076659$ $b = 0{,}004088$ $a = 0{,}005084$	$e = 1{,}76608$ $e = 1{,}00848$	0,113400 0,026860 0,340020 0,453900 0,026400 0,453600	1,2932 1,023	259,970 324,525 398,195 472,975 550,050 404,125	267,450 324,300 392,480 474,275 627,656 418,155	25,53 31,10 30,71 33,48 27,60 26,02	
Id. de 1783 à 1788. (Ibid. n°s. 111, 112 et 144). Nota. Dans ces expériences comme dans celles qui précèdent, la distance de la bouche du canon au pendule était de 0m,15.	de 1.	0,464	$c = 0{,}051340$ $c' = 0{,}049815$ $b = 0{,}001820$ $a = 0{,}005084$	N° 1, $e = 0{,}716799$ N° 2, $e = 0{,}968575$ N° 3, $e = 1{,}455295$ N° 4, $e = 2{,}033455$	0,850700 0,113460 0,170100 0,066760 0,113400 0,170100 0,307087 0,014170 0,051270 0,388550 0,066700 0,113400 0,170100 0,226800 0,066705 0,113400 0,226800	0,241 0,366 0,481 0,568	257,935 335,500 408,700 354,475 452,890 428,285 93,940 138,945 189,275 196,796 379,075 394,875 479,705 550,839 300,185 432,425 587,195	257,960 335,500 404,709 354,675 356,995 448,420 64,345 136,043 167,549 196,725 276,189 396,428 484,950 545,635 295,210 417,899 519,489	23,61 23,47 20,91 27,05 27,08 21,41 29,00 31,32 31,18 32,27 32,27 32,74 33,68 30,07 36,20 30,49 25,14	
	Obusier de 0m,15 long.	7k,415	$c = 0{,}151700$ $c' = 0{,}147700$ $b = 0{,}004000$ $a = 0{,}005300$	$e = 1{,}533$	1,000000	5,693	363,1	»	49,85	
Commissaire de l'Institut, en 1804.	Canon de fusil 1777.	0,02424	$c = 0{,}017445$ $c' = 0{,}015290$ $b = 0{,}001505$ $a = 0{,}002256$	$e = 1^m{,}137$	0,012350 0,006175	0,036800 »	397 282	428 254	17,50 12,81	Poudre à canon. Id.
Idem.	Canon de mousqueton.	0,02424	$c = 0{,}017107$ $c' = 0{,}015090$ $b = 0{,}001137$ $a = 0{,}002306$	$e = 0{,}766$	0,012360 0,006175	0,036430	379 298	390 302	15,31 13,71	Id. Id.
Capitaine Callerström, 1831. (Zeitschrift für kunst Wissenschaft und geschichte, année 1835, tom. I). Nota. Le pendule était à 4,35 du canon.	Canon de fusil Suédois, modèle 1815.	0k,0305	$c = 0{,}01866$ $c' = 0{,}01765$ $b = 0{,}00104$	$e = 1{,}056$	0,00947 *	»	»	832	24,74	* Plus 0,83 gr. pour l'amorcer. (Poudre à mousquet suédois).
Idem. Ibidem.	Canon de fusil Suédois rencontre.	0,0305	$c = 0{,}01855$ $c' = 0{,}01755$ $b = 0{,}00104$	$e = 0{,}87g$	0,00817 * 0,00804 *	» »	» »	772 850	23,45 23,69	* Plus 0,83 gr. pour l'amorcer. (Poudre à mousquet suédois). * Id.
Idem. Ibidem.	Canon de fusil Anglais.	0,0313	$c' = 0{,}01966$ $c' = 0{,}01795$ $b = 0{,}00173$	$e = 0{,}9891$	0,00961 * 0,00904 * 0,00693 *	» » »	» » »	770 759 598	22,75 22,81 21,84	* Id. p. a. à mousquet anglaise. * Id. id.

C'est un fait connu que, toutes choses égales d'ailleurs, la vitesse initiale du projectile, et partant l'effet utile de la charge, augmentent avec l'angle de projection du projectile. Cela tient évidemment à l'accroissement de la résistance due à la fraction du poids du projectile, proportionnelle au sinus de l'angle de projection, qui pèse sur la charge. Cette augmentation de la résistance occasionne un déplacement plus tardif du projectile, et le développement de la force en est singulièrement augmenté.

300. Ayant maintenant indiqué l'influence des principaux facteurs qui, conjointement avec la combustibilité de la poudre, déterminent l'effet utile de la charge dans les armes, je montrerai par quelques citations de résultats obtenus que l'effet utile d'une quantité donnée de poudre varie en effet avec la constitution de l'arme, et avec le poids du projectile.

Nota. Pour que ces exemples fussent tout-à-fait concluants, il aurait fallu que la poudre employée eût été constamment de même qualité, ce qui n'a pas toujours eu lieu ; malgré cela ils peuvent servir à jeter du jour sur la question que je traite, et c'est pour cette raison que je les donne.

Le tableau ci-contre contient ces résultats.

301. Les résultats contenus dans ce tableau confirment en touts points les principes donnés sur l'action de la poudre dans les armes.

L'on s'assure d'abord que l'effet utile d'une même quantité de poudre décroit avec le calibre ; il est le plus grand dans la pièce de 24, et descend au plus bas pour les armes portatives.

L'effet utile dans les armes portatives françaises est sensiblement moindre que celui qu'on obtient avec les fusils suédois et anglais ; cela tient à la différence dans la granulation de la poudre ; en effet sous l'Empire on employait pour les armes françaises de la poudre à canon, tandis que les Suèdois et les Anglais employaient de la poudre à mousquet.

L'effet remarquable que Hutton a obtenu dans la pièce de 6 doit tenir à la qualité de la poudre qui était probablement plus dense que ne l'était celle employée par Gregory.

L'influence de la longueur de l'âme sur l'effet utile se remarque à toutes les expériences.

La diminution sensible dans l'effet utile qu'entraîne une augmentation du vent ressort à l'évidence dans les expériences avec le 12 anglais ; on y voit en effet qu'en diminuant le vent de 54 à 22 dix-millimètres , l'effet utile a augmenté presque d'un quart.

Il semble que l'effet utile obtenu dans une même arme avec des boulets de même poids , mais avec des charges différentes , ne croisse pas exactement en raison du poids de la charge jusqu'à celle moitié du maximum , mais qu'il varie d'une manière légèrement différente ; si la charge est faible l'effet semble suivre une progression plus rapide que la charge , et ce n'est que lorsque la charge a atteint une certaine limite que le rapport des charges est le même que celui des effets.

Cette vérité ressort évidemment des résultats obtenus avec le canon de 1^{lb} n° 3 de Hutton , et des expériences suédoises avec le fusil anglais. — On conçoit aisément que la diminution dans la tension des gaz , due à la perte de la chaleur absorbée par les parois , doit être plus sensible lorsque la charge est faible que lorsqu'elle est forte , et qu'il peut en résulter pour cette dernière une plus grande diminution de l'effet utile.

ESPÈCES DE POUDRE.

302. Dans presque tous les pays on emploie aujourd'hui pour les armes de guerre deux espèces de poudre , dont l'une , à gros grains , est destinée aux bouches à feu de l'artillerie , et dont l'autre , fine , sert pour les armes portatives.

L'emploi de deux espèces de poudre est fondé sur la manière différente dont les armes à feu utilisent la force motrice , et est parfaitement conforme aux principes que j'ai développés. Je vais brièvement en rappeler les avantages.

303. Dans l'arme portative l'effet utile de la charge croît constamment , du moins jusqu'à une limite très éloignée , avec la vitesse de combustion de la poudre , et surtout avec le prin-

cipal élément de cette vitesse dans les armes de petit calibre , savoir, la finesse du grain. L'influence décisive de cet élément de la vitesse de combustion qu'on remarque dans l'arme portative , doit être attribuée à deux causes :

1° A ce que, pour une petite charge, la combustibilité partielle des grains est bien plus importante que la facile transmission de la flamme ;

2° A ce que la densité relative de la poudre grosse , plus forte que celle de la poudre fine lorsque le diamètre du récipient est considérable , diminue dans une progression très rapide avec le diamètre et qu'on arrive à une limite où la poudre fine est plus dense que la poudre grosse.

Il suit de là que dans l'arme portative la diminution de la grosseur du grain n'augmente pas la longueur du parcours de la flamme , et que la tension des gaz , dans le premier moment de leur expansion , n'en est également pas diminuée parce que l'espace qu'occupe la charge de poudre fine n'est pas plus grand , et peut même être moindre que celui qui serait nécessaire à une charge de même poids de poudre grosse.

Les causes que je viens d'indiquer , la faiblesse de la charge et de la résistance , la perte sensible , pour une petite charge , du calorique absorbé , d'autant plus grande que les gaz restent plus long temps en contact avec les parois de l'âme , expliquent jusqu'à la dernière évidence l'accroissement de l'effet utile en raison directe de la combustibilité qu'on remarque dans l'arme portative.

304. Si dans l'arme portative on augmente l'effet utile à mesure que la poudre devient plus vive et surtout plus fine , nous savons au contraire qu'au canon c'est la poudre lente , c'est-à-dire , celle à gros grains et d'un densité absolue considérable , qui a l'avantage.

L'augmentation de l'effet utile qu'on obtient avec elle est tellement considérable qu'au canon de 30 long dans les expériences d'Esquerdes , les poudres des meules , denses et grosses , ont produit à la charge du $^1/_4$ du poids du boulet le même effet utile que les poudres ordinaires à pilons à la charge du tiers.

D'autres avantages sont attachés à l'emploi de la poudre fine dans les armes portatives, et ils influent d'une manière si remarquable sur l'efficacité des feux de l'infanterie que je ne puis les passer sous silence.

Les ratés, tant ceux d'amorce que de canon, diminuent en raison directe de la vitesse de combustion de la poudre; en effet, si l'arme est à silex les particules incandescentes d'acier arrachées à la face de la batterie enflamment d'autant plus facilement l'amorce, et celle-ci communique d'autant plus sûrement le feu à la charge que la poudre de celle-ci est plus vive, et afflue mieux dans le canal de la lumière; il est tout aussi évident que dans l'arme à percussion la communication du feu à la charge dépend encore essentiellement de la vivacité de la poudre et de la facilité avec laquelle elle afflue dans le vide du piston.

305. Les poudres lentes ont l'inconvénient d'encrasser beaucoup le canon de fusil. Ainsi en se servant de la poudre d'artillerie française, passée au grenoir dont la perce a 2 $\frac{1}{2}$ millimètres, et d'une balle de 18 à la livre, on est obligé de laver le canon après 50 coups pour pouvoir y introduire la cartouche; tandis qu'avec de la poudre d'infanterie, grenée au grenoir dont les perces ont un millimètre, on peut tirer jusqu'à 200 coups avec la balle de 18 à la livre sans laver le canon.

Un crassement aussi considérable amena en France la diminution du poids de la balle qui sous l'Empire n'était que d'un vingtième de l'ancienne livre. Cette diminution occasionna une nouvelle perte de force motrice, et diminua considérablement la justesse du tir.

On conçoit facilement que les poudres lentes doivent encrasser fortement le canon; en effet une combustion moins vive, une absorption de calorique plus considérable par les parois de l'âme, doivent entraîner un abaissement de la température des gaz d'autant plus sensible que la charge est plus faible.

Cet abaissement de température modifie la réaction des composants de la poudre; il se forme plus d'oxide carbonique; une partie de la potasse n'est pas décomposée, et se combine avec les acides carbonique et sulfurique qui se forment; il suit de là

que le résidu de la combustion n'est plus du sulfure potassique
seul , qui est très déliquescent , mais un mélange de ce dernier
avec le sulfate et le carbonate potassiques.

306. Pour se faire une idée exacte de la diminution de l'effet utile
qu'entraîne l'emploi d'une poudre trop lente et la diminution du
poids de la balle , devenue alors nécessaire , on n'a qu'à jeter un
coup d'œil sur le tableau , page 195; nous y voyons en effet que les
effets utiles d'un gramme de poudre ont varié de 24,74 à 17,50 ,
environ dans le rapport de 3 à 2; le premier a été obtenu avec
le fusil suédois en employant de la poudre à mousquet , et le
second avec le fusil français , du modèle 1777 , en se servant
de la poudre à canon.

Cette énorme différence doit être attribuée :

a. A la différence dans la grosseur du grain des poudres employées ;

b. A la différence du vent qui dans le fusil suédois était de 10
dixmillimètres et dans le fusil français de 15 (2 de moins que le
vent réglementaire) ;

c. Au poids différent des balles , la balle suédoise pèse 30 , et
l'ancienne balle française pesait 24 grammes.

De nouvelles expériences faites récemment en France , (mémorial de l'Artillerie , tome III , page 223) avec le fusil de munition chargé avec de la poudre de mousqueterie , et une balle
de 19 à la livre , ayant démontré qu'on pouvait réduire l'ancienne charge de 11,20 gr. à 9,00 (non compris l'amorce d'un
gramme) sans entraîner une diminution de l'effet utile et une
augmentation du recul , on a fixé la charge actuelle à 10,50$^{\text{gr.}}$
dont un pour l'amorce.

On a pris un demi gramme au delà de la charge strictement
nécessaire parce qu'on a pensé avec raison qu'une altération de
la poudre ou une déperdition plus grande que celle d'un gramme
pour l'amorce , ne pouvait pas toujours être évitée , et qu'ainsi
on n'aurait pu compter constamment sur une charge de neuf
grammes de bonne poudre , qui avait été cependant reconnue indispensable.

On a voulu connaître la part, qui pouvait être attribuée, dans la diminution de la charge de 11,20 à 9,50 ou de 100 à 84, d'un côté à la différence de granulation de la poudre, de l'autre à l'augmentation du diamètre de la balle.

Quelques essais faits au moyen du pendule ont montré : 1° Qu'avec la balle de 20 à la livre il fallait 10,50 de poudre à mousqueterie à pilons pour produire le même effet que l'ancienne charge. 2° Qu'avec la balle de 19 à la livre 10 grammes de poudre à canon donnaient le même effet que 9,50 de poudre à mousquet, les poudres étant toutes deux à pilons. Ainsi la qualité de la poudre n'a fait obtenir que la réduction de 11,20 à 10,50; la seule augmentation de la balle a permis de réduire l'ancienne charge de 11,20 à 10 ; et dans les 16 °/₀ de diminution obtenue il faut en attribuer 11 à la nouvelle balle, et 5 à la nouvelle poudre.

La nouvelle balle pesant 0,02561, et recevant de 9 grammes de poudre à mousquet une vitesse égale à celle qu'avait l'ancienne balle, de 20 à la livre, avec une charge de 11,20 , savoir , 397ᵐ , nous trouvons pour l'effet utile d'un gramme de la charge actuelle 22,86 dynames, ce qui est 5,36 de plus que l'ancien effet utile obtenu en France , mais 1,88 de moins que l'effet utile obtenu en Suède.

307. Si une augmentation de l'efficacité des feux d'infanterie aussi notable que celle qui résulte de l'emploi d'une poudre vive devait entraîner la prompte destruction de l'arme , on pourrait concevoir l'emploi d'une seule espèce de poudre pour toutes les armes à feu; mais il n'en est rien , le métal du canon de fusil excelle par sa ténacité , et possède une dureté suffisante pour ne pas contracter des refoulements : il résiste donc parfaitement aux poudres vives.

Les bouches à feu au contraire, qui exigent une poudre lente, sont de bronze ou de fonte , dont le premier , sensiblement moins ténace que le fer forgé, manque de la dureté nécessaire , et dont la seconde possède la dureté à un haut degré , mais manque de ténacité et surtout d'élasticité ; les chocs violents qu'occasionnerait une poudre vive seraient pour la fonte une cause de destruction infaillible, et d'autant plus dangereuse qu'aucun signe visible n'annoncerait la prochaine rupture du canon.

Ainsi donc la poudre qui donne le maximum d'effet utile dans l'arme portative ne lui est pas trop offensive, et la poudre la plus forte au canon est précisément celle qui nuit le moins à la conservation de ce dernier.

308. L'emploi d'une seule poudre de guerre procure quelques avantages dont les principaux sont : de rendre impossibles des méprises qui feraient compter sur un agent qu'on n'a pas à sa disposition ; de pouvoir s'en servir indistinctement dans toutes les armes ; enfin d'éviter une complication qui est toujours fâcheuse si elle n'est pas impérieusement imposée.

Je ne veux nullement atténuer l'importance d'aucun des avantages que l'emploi d'une seule espèce de poudre procurerait ; celui surtout qui consiste en ce qu'aucun service ne souffre, pourvu qu'on ait suffisamment de la poudre, est tellement saillant qu'en France, où on emploie maintenant aussi deux espèces de poudre, et partout ailleurs où cet usage était depuis long temps établi, la différence entre la poudre à canon et celle à mousquet est cependant limitée par la condition de pouvoir au besoin se servir de l'une et de l'autre pour une arme quelconque.

Mais quelques grands que soient les avantages qui militent en faveur d'une seule espèce de poudre, ils ne me semblent pas de nature à pouvoir être pris en considération ; on ne peut pas en effet vouloir diminuer l'efficacité des feux d'infanterie d'une manière aussi notable que nous l'avons démontrée, pour éviter des inconvénients, graves sans doute, mais qu'on peut le plus souvent prévenir.

309. Le fait observé aux expériences sur les poudres faites à Esquerdes, savoir, qu'un vide longitudinal laissé dans les gargousses des poudres à pilons augmente considérablement la vitesse du projectile, a suggéré au capitaine Piobert (mémorial de l'artillerie, tome IV, page 239 et suivantes) un moyen de rendre inoffensives au canon les poudres les plus vives, tout en

employant utilement la force motrice qui réside en elles. Ce moyen consiste à augmenter l'espace derrière le boulet par l'interposition, entre le projectile et la charge, d'une matière légère, perméable aux gaz, et assez élastique pour rendre au projectile la presque totalité de force motrice qui a été absorbée pour la comprimer.

Par ce moyen on diminuerait certainement la tension des gaz dans les premiers moments de leur expansion, car cette tension est évidemment d'autant moindre que l'espace dans lequel les gaz peuvent se détendre dès le principe est plus considérable.

Par l'emploi de bouchons perméables aux gaz on pourrait peut-être éviter celui de plusieurs poudres, et se servir d'une seule qui devrait être suffisamment vive pour les armes portatives ; dans celles-ci on placerait la balle immédiatement sur la charge, tandis que des bouchons plus ou moins volumineux sépareraient l'une et l'autre dans l'âme des canons.

Je pense toutefois que pour les pièces de bataille l'usage des bouchons serait inadmissible, et qu'il vaudra mieux de continuer l'emploi de deux poudres, l'une uniquement destinée aux armes portatives, l'autre aux bouches à feu de l'artillerie. — Mais je voudrais cependant utiliser le moyen indiqué par Monsieur Piobert en déterminant la poudre d'artillerie de telle sorte qu'elle donnât le maximum d'effet utile au canon de bataille d'un calibre moyen, par exemple au 8. — Une telle poudre serait probablement encore trop offensive aux canons de siège et de place, mais j'éviterais ce défaut par l'emploi de bouchons qui, ici, n'auraient aucun inconvénient.

Une poudre d'artillerie qui serait la plus forte au canon de bataille, avec la charge usitée, serait probablement assez vive encore pour être employée avantageusement pour les mortiers et obusiers et au besoin même pour l'arme portative, ce qui est, je l'ai déjà fait observer, d'une très grande importance.

310. Ce qui précède démontre à l'évidence la nécessité d'avoir au moins deux poudres de grosseur de grain différente, et il se présente maintenant la question de savoir si deux espèces de poudre sont suffisantes.

En Angleterre et chez nous on a adopté , outre la poudre à mousquet , la poudre fine pour les carabines , et le Capitaine Meyer conseille l'emploi de deux poudres à canon , l'une destinée aux canons de bataille , l'autre aux canons de siège et de place.

Pour ce qui regarde l'emploi de deux poudres fines , il s'explique par la charge très faible de la carabine qui fait désirer une poudre plus vive que pour le fusil de munition. On pourrait cependant l'éviter en employant pour ce dernier une poudre plus vive que celle actuellement en usage , d'autant plus que l'effet utile , obtenu dans cette arme , en serait également augmenté.

On pourrait craindre que la finesse du grain poussée au delà de la limite actuellement en usage n'occasionnât un inconvénient fâcheux , savoir , qu'une partie de la charge ne fût retenue par les parois encrassées du canon , et ne parvînt pas au fond de l'âme , mais je pense toutefois que cet inconvénient serait moins à craindre que la complication des poudres destinées aux armes portatives.

Il faudrait donc d'abord constater si l'inconvénient signalé est réel , et dans l'affirmative tâcher d'augmenter la vitesse de combustion , non pas tant par la finesse du grain , mais plutôt par l'emploi du charbon roux , par une division plus grande des matières , par un mélange plus exact , et enfin , s'il le faut , par une densité absolue moindre.

Je crois cependant que la combustion très vive de la poudre plus fine donnerait moins de crasse , et qu'ainsi l'adhérence des grains aux parois ne serait pas sensiblement augmentée par une plus grande finesse des grains , surtout si ces derniers étaient bien lissés et égalisés.

Quant à l'opinion de M^r. le Capitaine Meyer sur l'utilité qu'il y aurait d'avoir deux poudres d'artillerie , l'une destinée au canon de bataille et à la bouche à feu courte , l'autre aux canons de siège et de place , je la crois également non fondée. En effet il est très probable que le moyen indiqué par Monsieur le Capitaine Piobert pour rendre la poudre trop vive inoffensive au canon de fort calibre , est très efficace , car il s'appuie d'une part sur un raisonnement très logique , et d'autre part sur le fait d'expériences desquelles il résulte que les bouchons de foin ou d'une autre matière perméable aux gaz aident à conserver les canons.

Cela posé , il est évident que la poudre la plus forte au canon de bataille peut être d'un bon usage au canon de siège ou de place ; si on objectait que cette poudre serait probablement trop lente pour les obusiers et les mortiers , je répondrais que deux considérations puissantes s'opposent à l'usage d'une poudre trop vive pour ces bouches à feu ; la première est puisée dans la tendance où l'on est aujourd'hui de couler ces bouches à feu en fonte , et la seconde dans l'adoption des obusiers longs. L'on sait en effet que la bouche à feu en fonte ne résiste pas à une poudre trop vive , et que pour l'obusier long la poudre du maximum d'effet doit être beaucoup moins vive que pour l'obusier court.

J'ajoute enfin que ce ne sont que les mortiers d'un faible calibre qui exigent réellement une poudre vive , et que ces bouches à feu sont peu employées.

Concluons donc que deux espèces de poudre de guerre suffisent , et tâchons de résoudre la question de savoir si celles actuellement en usage ont les qualités requises , et si non , quelles seraient les conditions auxquelles ces poudres devraient satisfaire.

311. Il n'est guère probable que les poudres en usage satisfassent à toutes les conditions qu'on peut raisonnablement se poser , et qui peuvent , je le pense , se résumer ainsi qu'il suit :

1°. La poudre d'infanterie doit s'approcher de celle qui au fusil de munition produit le maximum d'effet utile ;

2°. La poudre d'artillerie doit s'approcher de celle qui est la plus forte au canon de bataille ;

3°. On doit pouvoir employer l'une ou l'autre de ces poudres pour une arme à feu quelconque, et obtenir avec elles un effet utile satisfesant sans qu'elle soit trop offensive à l'arme ;

4°. Les poudres doivent être d'une conservation facile.

Pour satisfaire à cette dernière condition il faudrait revenir à la densité absolue des anciennes poudres (1,63 au lieu de 1,5), ou même en adopter une plus grande , par exemple , celle de

1,7 , et il faudrait en second lieu que toutes les poudres de guerre fussent lissées.

Des expériences bien coordonnées , faites avec l'arme portative et le canon , pour les quelles on emploierait plusieurs séries de poudre , différant chacune par un des agents de la combustibilité , et dans lesquelles on constaterait rigoureusement l'effet utile obtenu (évalué au pendule) et l'action destructive sur l'arme, conduiraient promptement à la connaissance des poudres convenables.

312. Les agents les plus efficaces qui modifient la vitesse de combustion de la poudre sont :

a. L'emploi d'un charbon plus ou moins carbonisé ;

b. Le changement du dosage ;

c. Un mélange plus ou moins exact des composants ;

d. Des différences dans la densité absolue ;

e. Une différence dans la grosseur et la forme du grain ;

f. Un lissage plus ou moins parfait ;

g. Des limites plus ou moins rapprochées pour la grosseur des grains (l'égalisage).

Parmi ces moyens , la grosseur et la forme du grain déterminent d'une manière décisive la vitesse de combustion lorsque la charge est petite ; l'influence de la densité du lissé et de l'égalisage ne peuvent au contraire ressortir convenablement que lorsque la charge est forte , mais dans ce cas même l'influence de la grosseur du grain est encore très remarquable.

Pour la poudre d'infanterie il serait probablement avantageux d'employer le charbon roux , de faire entrer dans le dosage une plus grande quantité de charbon , en adoptant , par exemple , le dosage anglais ; de fabriquer les poudres par les nouveaux procédés introduits en France , enfin de diminuer la grosseur du grain dont la forme devrait toujours être anguleuse. *

* Dans les expériences qui ont servi à fixer en France les charges actuellement en usage pour les poudres d'infanterie , il semblerait que la poudre anguleuse à mousquet fabriquée par les nouveaux procédés n'a pas eu d'avantage sur la poudre anguleuse à mousquet faite aux

Quant à la poudre d'artillerie , on continuerait probablement pour elle l'usage du charbon noir ; on augmenterait un peu la proportion du charbon en diminuant celle du soufre , on fabriquerait la poudre sous les meules sans avoir trituré et mélangé au préalable les composants , on éviterait enfin un égalisage trop parfait.

pilons. La poudre de chasse a sur celle à mousquet une supériorité représentée par le rapport de 20 à 19. — La première observation est en contradiction avec les résultats d'autres expériences faites au fusil-pendule ; ils sont rapportés par Colson , mémorial de l'artillerie , tome III , page 122 , et je les transcris ci-dessous.

Relation entre les forces des différentes poudres au fusil-pendule (en exprimant par 1000 la force de la poudre superfine nouvelle).

POUDRE SUPERFINE.		POUDRE DE CHASSE ORDINAIRE.		POUDRE DE GUERRE A MOUSQUET.			POUDRE DE GUERRE A CANON.		
Nouveaux procédés.	Pilons.	Nouveaux procédés.	Pilons.	Nouveaux procédés.		Pilons, anguleuse.	Nouveaux procédés.		Pilons, anguleuse.
				Ronde.	Anguleuse.		Ronde.	Anguleuse.	
1000	956	955	941	894	947	914	863	890	908

Dans les premières expériences aussi bien que dans celles rapportées par Mr. Colson l'effet utile de la poudre ronde à l'arme portative a été sensiblement inférieur à celui de la poudre anguleuse , nouvelle preuve que dans une petite charge la facilité de combustion des grains pris individuellement est bien plus importante que les causes qui déterminent une rapide transmission de la flamme.

La densité absolue étant déterminée, celle de 1,7, par exemple, on arriverait facilement à fixer les limites de la grosseur des grains pour l'une et pour l'autre poudre.

L'on pourrait prendre pour points de départ :

Pour la poudre d'artillerie un égalisoir ayant des perces de trois millimètres de diamètre, et un sous-égalisoir dont la perce serait de la moitié moins grande que celle de l'égalisoir.

Pour la poudre d'infanterie un égalisoir ayant une perce d'un millimètre et un sous égalisoir ayant une perce d'un demi millimètre.

On augmenterait et on diminuerait en suite les perces par dixième de millimètre jusqu'à ce qu'on eût trouvé la grosseur de grain convenable.

LIVRE IV.

DE L'ESSAI DES POUDRES.

313. L'essai de la poudre a pour objet de vérifier les qualités qui influent sur son effet utile, sur sa conservation et sur celle de l'arme à laquelle elle est destinée.

L'effet utile de la poudre dépend de son degré de combustibilité et de sa force intrinsèque (*a*). La qualité de se conserver, soit dans les magasins, soit dans les transports, est déterminée par la forme, le poli et la dureté du grain, par la quantité de soufre employée, mais surtout par la qualité du salpêtre d'où dépend l'absorption de l'eau, cause principale des avaries qui surviennent.

L'effet plus ou moins destructif de la poudre sur l'arme, dépend essentiellement de sa vivacité de combustion et de son dosage : au delà d'une certaine limite de combustibilité, les poudres dégradent très-promptement les armes, surtout celles de fort calibre, et deviennent ce qu'on appelle brisantes ; quant au dosage il détermine la nature du résidu. Nous disions paragraphe 59 et suivants, que le dosage dont les produits de la combustion sont l'acide carbonique, le nitrogène et le sulfure potassique, correspond au plus grand effet utile, parce que la réaction y est la plus complète possible.

Dans la pratique, les imperfections de la fabrication, ne permettent guères d'atteindre cette limite théorique : à côté de l'acide carbonique, il se développe de l'oxide de carbone ; une

(*a*) J'appellerai force intrinsèque de la poudre celle qui est due à la qualité des matières premières, et à leur dosage.

partie de la potasse reste indécomposée et se combine avec les acides sulfurique et carbonique formés par la réaction des composants, et le résidu solide de la combustion devient un mélange de sulfure, de sulfate et de carbonate potassiques. A mesure que le sulfure y domine le résidu devient plus déliquescent mais corrode de plus en plus le bronze.

314. Les deux facteurs de l'effet utile, la combustibilité et la force intrinsèque, le modifient d'une manière variable suivant la nature des armes; dans les unes il est surtout déterminé par la combustibilité, dans les autres la vitesse de combustion de la poudre, au delà d'une certaine limite, n'y exerce plus qu'une faible influence.

Il suit de là qu'une arme ne peut classer les poudres dans un ordre qui soit vrai pour toutes les autres, et que chacune au contraire les différencie d'une manière particulière.

La vitesse de combustion est considérablement modifiée par les qualités physiques de la poudre, telle que la densité, la forme, la grosseur du grain, etc.; la force intrinsèque dépend au contraire exclusivement de la qualité des matières premières et de leur dosage.

Vérifier ces deux qualités par le même instrument, est un problème difficile; si, par exemple, l'on se servait d'un canon, même de faible calibre (de 4 livres, par exemple), l'on apprécierait assez bien la force intrinsèque, mais le degré de combustibilité, en deçà et au delà de certaines limites, échapperait à l'investigation; si, par contre, on faisait usage d'un petit mortier, à faible charge, ou d'un arme portative, l'influence de la combustibilité serait trop prédominante, et ne permettrait pas de reconnaître les facteurs de la force intrinsèque.

315. Dans les pays où la fabrication des poudres se fait par les soins du gouvernement l'épreuve doit surtout constater la combustibilité de la poudre; quant à sa force intrinsèque, elle est à peu près constante, parce que les circonstances qui la déterminent sont elles mêmes constantes. Dans les pays au contraire où la fabrication est abandonnée à des particuliers, il devient urgent de s'assurer d'une manière rigoureuse non-seule-

ment de la combustibilité, mais encore de la force intrinsèque, partant, de la qualité des matières premières, et de leur dosage.

Si l'analyse chimique de la poudre ne laissait rien à désirer, elle pourrait servir à reconnaître la qualité des matières premières et leur dosage ; de quelques signes empiriques, et de la densité du grain, on déduirait ensuite le degré de leur mixtion, et il ne resterait plus qu'à constater la combustibilité par la vérification des qualités physiques, et surtout par le tir avec une arme qui y serait suffisamment sensible.

Mais l'analyse ne donne pas des résultats d'une exactitude rigoureuse ; elle exige d'ailleurs des connaissances avancées en chimie et beaucoup d'habitude, de sorte qu'elle n'est guère possible dans une épreuve ordinaire. Enfin elle ne pourrait suppléer à l'épreuve de la force par le tir. Lorsque cependant les poudres sont avariées, il faut nécessairement y avoir recours.

Il résulte de ce qui précède que l'essai de la poudre doit comprendre non-seulement la vérification des qualités physiques du grain et de la combustibilité qu'elles modifient, mais encore celle de la force intrinsèque. Cette dernière épreuve exige nécessairement une arme dans laquelle l'effet de la poudre soit surtout déterminé par sa force intrinsèque, et par conséquent différente de celle qui sert à évaluer la combustibilité ; un point essentiel auquel on devrait toujours avoir égard dans les épreuves des poudres, consiste à ne pas les recevoir lorsque leurs qualités diffèrent de la poudre type, car les grandes anomalies dans le tir sont encore bien plus nuisibles qu'un degré de force et de combustibilité un peu différent : il faut donc rejeter les poudres, non-seulement lorsque leur force et leur combustibilité sont moindres que celles de la poudre type, mais encore lorsqu'elles l'emportent sur cette dernière sous ce rapport. La grosseur du grain, sa forme et sa densité ne doivent varier qu'entre les limites inévitables.

316. On pourrait se demander ici si l'essai des poudres doit rester constamment le même, quelle que soit l'arme à laquelle elles sont destinées. Il me semble que lorsqu'on vérifie la combustibilité et la force par des procédés différents, qui dif-

férencient convenablement les poudres sous chacun de ces rapports qu'il est inutile de les changer : jamais on ne pourra faire autre chose avec des éprouvettes que classer les poudres sous le rapport de leur force et de leur combustibilité, et c'est de leur numero d'ordre et de la vérification des qualités physiques que doit ressortir leur convenance pour telle ou telle arme. Si donc les instruments sont suffisamment sensibles à la qualité qu'elles doivent mesurer, il est évident qu'on a tous les éléments nécessaires pour faire un bon essai.

317. L'essai des poudres neuves comprendrait d'après cela :

1° La vérification des qualités physiques ;

2° Celle de la combustibilité ;

3° Celle de la force.

A quoi il faudrait ajouter l'analyse chimique pour les poudres avariées ou celles dont la qualité des matières ou le dosage paraîtraient en défaut, et enfin l'essai qui constate que la poudre est facile à conserver ; ce qui résultera de la quantité d'eau absorbée dans des circonstances données, de la dureté et du lissage du grain, et de la quantité de soufre que la poudre contient ; cette dernière, ainsi que la pureté de salpêtre ne peut être constatée d'une manière exacte que par l'analyse.

Je décrirai d'abord l'analyse chimique de la poudre, je ferai connaître ensuite les signes empiriques et les procédés par lesquels on vérifie ses qualités physiques, sa combustibilité et sa force intrinsèque.

318. Pour faire l'analyse de la poudre, le meilleur procédé semble être celui de Mr. Gay-Lussac, que je rapporterai ici d'après Thénard (Traité de chimie, 6ième édition, 3ième vol. p. 358).

On commence par dessécher une certaine quantité de poudre pour connaître le degré d'humidité qu'elle contient, et pouvoir déterminer avec le plus de certitude la proportion du charbon qu'on n'obtient dans ce procédé que par soustraction.

On évalue le nitre en lessivant la poudre, évaporant l'eau de lavage, et faisant fondre le résidu salin.

Pour obtenir le soufre, on mêle 5 grammes de poudre avec

un poids égal de carbonate de potasse pur, ou au moins ne contenant pas d'acide sulfurique ; on pulvérise exactement le mélange dans un mortier, et on ajoute ensuite 5 grammes de nitre, et 20 de chlorure de sodium. Le mélange étant rendu bien intime, on l'expose dans une capsule de platine sur des charbons ardens ; la combustion du soufre se fait tranquillement, et bientôt la masse devient blanche. L'opération est alors terminée ; on retire la capsule du feu, et quand elle est refroidie, on dissout la masse saline dans l'eau, on sature la dissolution avec de l'acide hydro-chlorique ou nitrique, et on précipite l'acide sulfurique qu'elle contient par le chlorure barytique, en prenant de ce dernier une dissolution titrée, c'est-à-dire, dont on connaît la proportion exacte, en poids, de chlorure barytique et d'eau. On verse cette dissolution dans celle qui contient l'acide sulfurique jusqu'à ce qu'il ne se fasse plus de précipité. Quand la précipitation approche de sa fin, on doit ajouter le chlorure barytique par gouttes seulement ; on attend que le liquide ne soit plus trouble avant d'en ajouter une nouvelle quantité, ou bien si l'on veut accélérer l'opération, on filtre une portion de la liqueur dans une petite éprouvette très-nette, et on verse une goutte de chlorure barytique dans la liqueur filtrée. Le même filtre peut servir pendant toute l'opération.

Il n'est pas à craindre ici que le sulfate barytique passe à travers le filtre ; cela n'a lieu que lorsque l'eau ne contient plus ou presque plus de matières salines en dissolution, car les sels s'excluent en général les uns les autres de la même solution ; le sulfate barytique se trouve exclu du liquide et précipité quand celui-ci contient une certaine quantité de substances salines.

La quantité d'acide sulfurique, et conséquemment celle du soufre, est donnée par le poids du chlorure barytique employé, car le poids atomique du soufre étant 201,165, et celui du chlorure barytique cristallisé (ch² ba $+$ 2aq) 1524,49, il suffira de faire cette proportion 1524,49 : 201,165 $=$ le poids de chlorure barytique employé est à un quatrième terme qui sera la quantité de soufre cherchée (a).

(a) En effet 1 atome de chlorure barytique (ch². ba) exige pour se chan-

27

Ce procédé peut donner un résultat exact à un cinq centième près , et même à un millième ; mais comme on doit verser la dissolution de chlorure barytique goutte à goutte, et qu'avec un flacon cela est très-difficile , il est nécessaire de se servir d'une pipette formée par une petite boule portant deux tubes droits opposés , et dont l'un est effilé , pour qu'on puisse modérer plus facilement l'écoulement du liquide en appliquant l'index sur l'ouverture de l'autre tube.

Le tube effilé traverse un bouchon de liége destiné à fermer le petit flacon qui contient la dissolution , afin d'empêcher toute évaporation ; on remplit la pipette par aspiration , on applique aussitôt le doigt sur son extrémité supérieure , et on la retire avec la précaution de ne jamais lui faire toucher le goulot du flacon, pour ne pas y déposer de liquide : le flacon contenant la dissolution doit être léger , et ne contenir au plus que le double de la quantité de dissolution présumée nécessaire pour opérer la précipitation , afin de moins charger la balance qui doit en faire connaître le poids , et obtenir , par conséquent , plus de précision.

On pèse le flacon avec sa pipette et son bouchon avant la précipitation ; on le pèse de nouveau après. On ne doit pas compter la dernière goutte et on doit même ne prendre que la moitié de l'avant-dernière , qui a terminé la précipitation. Pour faire cette correction , on fait tomber de la pipette cinquante gouttes par exemple , on en prend le poids , et on divise par cinquante pour avoir celui d'une goutte.

Le nitre et le soufre étant déterminés l'un et l'autre avec précision , on obtient le charbon en retranchant leur poids de celui de la poudre soumise à l'analyse.

319. Berzelius (Traité de chimie, vol 3ième , p. 400) indique un autre procédé que voici :

On souffle sur un tube barométrique deux boules , l'une à côté de l'autre , et on introduit dans l'une le mélange de carbone et

ger en sulfate barytique ($\ddot{s}\,\overline{b}a$) 1 atome d'acide sulfurique ($\ddot{s}$) qui contient 1 atome de soufre.

de soufre. On dirige à travers le tube un courant d'hydrogène qui a d'abord passé sur du chlorure calcique, et dès que ce gaz a chassé tout l'air atmosphérique des boules, on chauffe très doucement, à la lampe alcoolique, la boule qui renferme le mélange. Le soufre se vaporise et est conduit par le gaz hydrogène dans la boule vide. Quand il ne passe plus de soufre, on laisse refroidir le charbon et le soufre au milieu du gaz hydrogène, puis on coupe le tube entre les deux boules, on pèse le soufre et le charbon avec les verres, après quoi on nettoie ceux-ci, et on détermine aussi leur poids.

320. On peut aussi déterminer, d'une manière directe, la quantité de charbon que la poudre contient : pour cela on mêle un poids donné de poudre avec une égale quantité de potasse et un peu d'eau, et on chauffe ; le nitre et le soufre se dissoudront, et en filtrant la liqueur, le filtre retiendra le charbon qu'il faut laver et sécher convenablement avant de le peser.

321. Les qualités physiques de la poudre qu'il importe surtout de vérifier sont : la réduction convenable des matières premières, leur mélange intime, la couleur de la poudre, la dureté du grain, sa forme et sa grosseur, la quantité de poussier que la poudre contient, l'eau qu'elle a absorbée, et enfin et surtout ses densités absolue et relative.

En écrasant quelques grains de poudre on reconnaît au toucher les particules de soufre qui n'auraient pas été convenablement réduites. La couleur uniforme de la poudre, lorsqu'elle a été écrasée, indique un mélange exact, la couleur de la poudre triturée aussi bien que de celle en grains doit être d'un bleu ardoise pas trop foncé ; une couleur terne est un indice d'une poudre humide ; enfin des points blancs et brillants à la surface du grain proviennent du salpêtre qui s'effleurit.

On s'assure de la dureté convenable du grain en en écrasant quelques-uns dans le creux de la main, sa forme se reconnaît à la simple vue, et sa grosseur par des tamis à l'aide desquels on s'assure aussi de l'égalisage du grain.

Pour se convaincre que la poudre est convenablement dépouillée de poussier, on en fait rouler une certaine quantité sur la main où elle ne doit pas laisser de traces.

La quantité d'eau absorbée par la poudre peut s'estimer avec précision en en pesant un échantillon avant et après l'avoir séché.

La densité enfin est la qualité physique qui, avec la grosseur du grain, modifie le plus la combustibilité de la poudre, c'est elle et le lissé du grain qui déterminent la conservation de la poudre, la quantité de soufre restant constante. Il est donc extrêmement important de la vérifier.

On distingue la densité des grains (ou de la galette qu'on a grenée) de celle d'une masse de grains sous son volume apparent; nous nommerons la première la densité absolue, la seconde la densité relative de la poudre. La densité absolue est déterminée par la qualité des matières, par la proportion dans laquelle elles sont prises, par le procédé de fabrication, mais surtout par le mode et la durée de la compression qui a servi à donner à la galette la consistance nécessaire au grenage; on peut la rendre extrêmement considérable à l'aide d'une presse, tandis que par l'action des pilons ou des meules on ne peut lui faire dépasser une certaine limite.

La densité relative est déterminée par la densité absolue, par la forme et la grosseur du grain, et par son égalisage.

322. Le moyen le plus simple de vérifier la densité absolue de la poudre consiste à en verser un échantillon, exactement pesé et bien sec, dans une fiole pleine d'alcool rectifié, [a] c. à d., privé d'eau autant que possible (l'alcool a alors une densité de 0,7947 à 15°) et de conclure du poids de l'alcool qui déborde le volume de ce dernier, lequel égale le volume absolu de l'échantillon de poudre; connaissant alors de ce dernier et le volume et le poids, on en déduit aisément son poids spécifique absolu.

Voici comme on opère :

On place un flacon plein d'alcool et bien bouché dans un des bassins de la balance, et on produit l'équilibre; ayant ensuite mis l'échantillon de poudre à côté du flacon, on ajoute, dans

____

(a) L'alcool rectifié ne dissout aucune des matières premières de la poudre.

l'autre bassin le poids nécessaire pour que l'équilibre soit rétabli : ce sera le poids de l'échantillon.

On introduit ensuite la poudre dans le flacon , et on remet ce dernier dans le bassin ; le poids qu'il faut ajouter à celui du flacon pour produire l'équilibre sera celui de l'alcool qui a débordé en introduisant la poudre dans la fiole.

Si maintenant nous nommons d la densité de l'alcool employé , x la densité absolue de la poudre, p le poids de l'alcool qui a débordé , et p' le poids de l'échantillon de poudre soumis à l'essai , nous aurons (le volume absolu de ce dernier et celui de l'alcool qui a débordé étant égaux) :

$$d : x = p : p'$$

$$\text{ou} \quad x = \frac{dp'}{p}$$

Pendant l'opération il est nécessaire d'attendre quelque temps pour que l'alcool puisse chasser tout l'air que la poudre renfermait.

Pour que le résultat de l'épreuve soit aussi exact que possible , il est nécessaire que l'alcool et la poudre soient parfaitement anhydres , sans cela l'eau dissoudrait une petite quantité de salpêtre , et cette dissolution se mêlerait à l'alcool.

Pour avoir l'échantillon de poudre parfaitement sec , on peut le placer , dans une sous-tasse , sous le récipient d'une machine pneumatique , et , à côté de lui , une autre sous-tasse remplie d'acide sulfurique.

A mesure que l'air se raréfie sous la cloche , l'eau s'évapore et est absorbée par l'acide sulfurique.

323. Say a inventé un instrument fort ingénieux pour évaluer la densité absolue des corps granuleux solubles. En voici la description :

Un tube en verre parfaitement calibré est divisé en parties d'égale longueur , et se termine en haut par un vase cylindrique d'un diamètre plus grand que celui du tube ; les bords du vase sont usés à l'émeri de telle sorte qu'on puisse le fermer hermétiquement par un plateau de verre dépoli. La communication entre le vase et le tube est assez étroite pour que les grains ne puissent pas arriver dans ce dernier.

Pour se servir de l'instrument, on plonge le tube dans une cloche pleine de mercure, de manière que le métal arrive jusqu'à la communication du tube avec le vase, et après avoir couvert ce dernier, on le soulève jusqu'à ce que le niveau de la colonne de mercure dans le tube affleure une division d de l'échelle ; supposons que dans cette position il y ait n divisions vides entre le niveau de la colonne métallique et le sommet de l'échelle. Cela fait, on découvre le vase et on plonge de nouveau le tube dans le bain de mercure de telle sorte que le métal arrive jusqu'à la communication entre le vase et le tube ; on place l'échantillon de poudre dans le vase et après avoir couvert ce dernier, on soulève de nouveau l'instrument jusqu'à ce que le niveau de la colonne métallique affleure de nouveau la division d. Supposons qu'alors il y ait n' divisions vides au dessus de la colonne de mercure. Cela posé, nous aurons la proportion

$$v : v - v' = n : n'$$

Dans laquelle v désigne la capacité du vase et v' le volume absolu de l'échantillon de poudre, c'est-à-dire, le volume de la poudre abstraction faite du volume des interstices.

En effet les pressions exercées sur la colonne de mercure dans la première opération, lorsque le vase ne contient pas encore l'échantillon, sont en raison inverse des volumes, ou

$$\pi : \pi' = v + n : v$$

Les pressions que cette même colonne supporte lorsque l'échantillon de poudre est mis dans le vase étant également en raison inverse des volumes d'air, et de plus égales aux premières pressions, l'on a

$$\pi : \pi' = v - v' + n' : v - v'$$
$$\text{donc } v - v' + n' : v - v' = v + n : v$$
$$n' : v - v' = n : v$$
$$v' = v \frac{(n - n')}{n}$$

Si on appelle maintenant d la densité absolue de la poudre,

p le poids de l'échantillon soumis à l'essai et dont le volume est v', p' enfin le poids d'un volume d'eau égal à v', l'on a

$$d : 1 = p : p'$$

$$d = \frac{p'}{p}$$

324. **Meyer** (Ergaenzende notizen zu den vortraegen der Artillerie Technik , page 72) rapporte la modification suivante de l'instrument de Say :

Deux tubes de verre , ayant une longueur, l'un de 35 p_o , l'autre de 34 , sont lutés dans un vase en fer muni d'un robinet ; le tube le plus long est surmonté d'un vase en verre dont la capacité est environ la moitié de celle du tube. Ce vase , qu'on peut fermer hermétiquement avec un plateau de verre dépoli , est destiné à recevoir, dans une petite capsule en métal, l'échantillon de poudre dont on veut évaluer la densité. On remplit de mercure le vase en fer et les tubes jusqu'à ce que le métal s'élève dans ces derniers à un pouce de l'orifice du tube le moins long ; cela fait on couvre le vase en verre et en ouvrant le robinet on laisse écouler le mercure jusqu'à ce que le niveau dans le tube le plus court soit descendu de 15 pouces plus bas que dans le tube le plus long. Soit d la hauteur de laquelle est descendu le mercure dans le tube le plus court. On répète la même opération , en plaçant cette fois dans le vase l'échantillon de poudre , et on laisse de nouveau écouler le mercure jusqu'à ce que son niveau soit à 15 pouces plus bas dans le tube court que dans le tube long. Soit d la hauteur de laquelle est descendu cette fois le mercure dans le tube court.

Cela fait , on aura évidemment la proportion

$$v : v - v' = n' : n$$

dans laquelle v désigne la capacité du vase en verre et de la partie du tube qui reste toujours vide et v' le volume de l'échantillon de poudre et de la capsule qui le contient. En effet lorsque le niveau du métal dans les deux tubes s'élève , à un pouce près , jusqu'à l'orifice du tube court, les pressions π et π' que supportent les deux colonnes métalliques sont respectivement égales à une pression atmosphérique ; lorsque ensuite le mercure est descendu à 15 pouces plus bas dans le tube court que dans le tube long, les pressions π'' et π''' qu'exerce l'air renfermé dans les deux opérations, sur les colonnes de métal, sont encore égales entre elles. Ces pressions se calculent d'ailleurs facilement à l'aide de la loi de Mariotte, et l'on a

$$v : v + n = \pi : \pi''$$
$$v - v' : v - v' + n' = \pi' : \pi'''$$

D'où
$$v' = \frac{v(n - n')}{n}$$

Et partant $d = \dfrac{p'}{p}$ comme précédemment.

325. Pour évaluer la densité relative de la poudre, on se sert en France du gravimètre. C'est une mesure cylindrique, de la capacité d'un litre, qui est surmontée d'un entonnoir mobile garni d'une soupape. La poudre versée dans l'entonnoir tombe toujours de la même hauteur, et se tasse également dans le récipient.

L'opération s'exécute ainsi qu'il suit : ayant placé le gravimètre sur une table bien solide et rempli l'entonnoir de poudre sèche bien époussetée, on ouvre la soupape, et on ne la ferme que lorsque la poudre se répand par dessus les bords du litre. On enlève alors l'entonnoir et on arrose la poudre contenue dans le litre avec un râcloir. Le poids, en kilogrammes, du litre rempli moins celui du litre vide sera la densité relative cherchée.

326. Lorsqu'on n'a pas à sa disposition un gravimètre, on peut verser la poudre dans un litre à travers un entonnoir tenu à une hauteur constante.

On peut enfin opérer comme suit :

Dans un tube parfaitement calibré on verse un poids donné, p. ex., un hectogramme, d'eau distillée ; on divise l'espace qu'elle occupe dans le tube en 100 parties égales et on continue la division au dessus de son niveau. Ayant ensuite vidé le tube, on le sèche bien, et on y verse, d'une hauteur constante et à travers un entonnoir, le même poids de poudre : on marque la hauteur à laquelle elle parvient dans le tube. Les densités de deux poids égaux de deux corps différents étant en raison inverse de leurs volumes, et ces derniers en raison directe des hauteurs des espaces que les corps occupent dans le tube, on en déduit aisément la densité relative de la poudre. En effet, soit cette densité $= d$, celle de l'eau étant 1, et supposons que l'hectogramme de poudre occupe 116 divisions dans le tube, on aura

$$d : 1 = 100 : 116$$

$$d = \frac{110}{116} = 0,862.$$

La densité relative doit être essayée aussi bien pour la poudre tassée jusqu'au refus que pour celle qui n'est pas tassée ; la densité de la première offre un excellent moyen de reconnaître l'égalisage de la poudre, qui est d'autant moindre que la grosseur du grain est moins uniforme.

327. En Belgique les densités relatives prescrites par le réglement sont : 0,866 pour la poudre d'artillerie, et 0,835 pour la poudre d'infanterie.

En Prusse on exige que la densité de la poudre d'artillerie soit de 0,899 à 0,915, et celle de la poudre d'infanterie de 0,892 à 0,907. *

En France les densités sont :

    Poudre d'artillerie. $= 0,831$
    Poudre ronde de Champy. $= 0,820$
    Poudre sphérique de 1044 grains par gramme. $= 0,813$
    Poudre sphérique de 417 grains par gramme. $= 0,793$

328. Nous arrivons maintenant à l'épreuve la plus importante, celle par laquelle, en comburant une quantité plus ou moins grande de poudre renfermée (a), et en la faisant tra-

* En comparant les densités réglementaires en Prusse avec celles prescrites en Belgique, il me semble que les nôtres sont trop faibles. Une densité moindre est toujours un indice que la poudre n'a pas été suffisamment travaillée.

(a) Un moyen empirique pour reconnaître la bonne qualité de la poudre consiste à en brûler quelques grains sur un papier blanc. La combustion en doit être vive et complète, sans occasionner des brûlures

vailler pour déplacer une résistance , on apprécie la combustibilité et la force intrinsèque de la poudre.

L'instrument qui sert à cet essai porte en général le nom d'é-
prouvette.

Suivant que l'éprouvette est plus spécialement destinée à mesurer la force intrinsèque ou la vitesse de combustion , elle doit
posséder des propriétés différentes , et le procédé de vérification
doit subir des modifications. L'essai de la force intrinsèque , c. à
d. , celle qui est indépendante des qualités physiques du grain,
exige que la charge soit prise au poids , car la plus légère différence dans les densités absolue ou relative, dans la forme et la
grosseur du grain , modifierait le volume , et des volumes égaux
de deux poudres différentes sous ces rapports n'auraient plus
le même poids ; or la force intrinsèque croît dans un rapport
direct avec le poids de la charge , donc cette dernière doit être
exactement pesée.

Dans ce cas , il faut encore que le mobile reçoive toute l'impulsion des gaz et n'échappe à leur action qu'après l'entière
combustion de la charge. On peut satisfaire à cette condition ,
soit en prenant un poids très lourd qui s'oppose à l'action des

ou des taches sur le papier. Des taches jaunes ou noires dénotent un excès de soufre ou de charbon ; une combustion lente et par intervalles
indique un mélange vicieux ; des grains non comburés, qui restent sur
le papier , font présumer un salpêtre mal raffiné ; les brûlures enfin sont
ordinairement produites par de la poudre humide ou de mauvaise qualité. En Angleterre le réglement d'épreuve prescrit de brûler deux drachmes de poudre sur une lame de cuivre : la poudre, pour être bonne ne
doit pas jeter d'étincelles , et sa combustion ne doit laisser aucun résidu ,
ni produire des taches. On fait toujours simultanément le même essai
avec une poudre reconnue bonne.

Pour juger de la vitesse de combustion de la poudre , on peut en comburer des traînées, et comparer le temps nécessaire à la combustion avec
celui d'une traînée de poudre type , en tout égale à celle qu'on essaie. On
peut encore, comme le conseille von Helwig , en répandant de la poudre
sur une toile blanche, et tirant par dessus avec un pistolet, s'assurer de
la combustibilité plus ou moins grande par la quantité de poudre non
comburée qui reste sur la toile.

gaz , soit en employant une arme longue dont le projectile soit toutefois d'un poids assez considérable.

Ce dernier moyen , est préférable , car quoique dans le mortier d'épreuve le rapport entre les poids de la charge et du projectile soit $\dfrac{1}{323}$, on sait cependant qu'il est beaucoup plus sensible à la combustibilité qu'à la force.

Cet essai exige encore qu'aucune partie des gaz ne puisse fuir sans avoir agi utilement sur le projectile , surtout dans une épreuve en petit.

Lorsque, par contre , on veut vérifier la vitesse de combustion , qui est surtout modifiée par les qualités physiques du grain , le vide plus ou moins grand entre la charge et le mobile, la quantité d'eau absorbée par la poudre, etc. , il est nécessaire de prendre la charge au volume , parce qu'une différence dans les volumes exercerait une plus grande influence sur l'effet dynamique (l'instrument étant propre à l'essai) qu'une différence dans les poids. Le mobile destiné à recevoir l'impulsion des gaz (l'obturateur) doit ici échapper à leur action avant la combustion complète de la poudre; il faut donc qu'il soit léger , ou que l'arme ait peu de longueur , et que l'obturateur pose sur le tube qui contient la charge , par juxta-position.

Dans ce cas , l'action des gaz sur l'obturateur sera , pour ainsi dire , instantanée , et l'impulsion reçue par l'obturateur , proportionnelle à la quantité de poudre brûlée dans un temps donné , c. à. d, à sa combustibilité (car on peut considérer comme sensiblement égale la durée très-petite de l'action des gaz sur l'obturateur , les poudres étant différentes).

Il résulte de ce qui précède , que pour mesurer la force de la poudre , il est indispensable de se servir d'un instrument qui ne soit pas trop sensible à la combustibilité. Telles sont les armes courtes et les longues d'un faible calibre , comme les armes portatives.

329. Aux qualités spéciales que doivent posséder les éprouvettes qui servent à vérifier la combustibilité ou la force , il faut ajouter des qualités générales qu'une éprouvette quelcon-

que doit avoir. Une éprouvette doit être simple , et peu ou point
sujette à se dégrader ; il faut enfin que les résultats qu'on obtient
par elle soient comparables entre eux.

330. Plusieurs qualités de la poudre n'ayant rien d'absolu ,
mais étant relatives , il faut faire avec chaque arme des essais
préalables pour reconnaître la poudre qui lui convient , et le but
de l'essai n'est alors autre que de constater les qualités qu'on
a reconnu convenir pour tel ou tel service.

331. Toutes les éprouvettes qu'on a imaginées pour vérifier
séparément la combustibilité ou la force absolue de la poudre ,
ou toutes les deux à la fois , peuvent se classer en quatre catégories :

1° Les éprouvettes à ressort , telles sont l'éprouvette à peson
de Regnier , et celle à roue dentée en forme de pistolet , dans
lesquelles la résistance se trouve dans un ressort.

2° Les éprouvettes dans lesquelles la résistance qu'on oppose
à l'action des gaz est le poids de l'obturateur. Ce dernier est
attaché à un fil ou il fait système avec une barre dentée , et alors
l'éprouvette est dite à crémaillière.

3° Les éprouvettes hydrostatiques dans lesquelles l'effet produit consiste dans l'immersion d'un flotteur dans l'eau.

4° Les armes à feu ordinaires ; ces dernières éprouvettes peuvent se subdiviser en trois classes , suivant qu'on emploie le
canon , le mortier , ou l'arme portative.

On pourrait aussi les classer en prenant pour base le procédé
d'évaluation de l'effet dynamique. Pour connaître ce dernier ,
on mesure soit la quantité de mouvement imprimée à l'arme ,
ou au projectile , soit la portée de ce dernier , soit enfin la pénétration du projectile dans une masse aussi homogène que possible.

332. On conçoit aisément qu'aucune éprouvette ne peut être
parfaite et rigoureusement comparable avec elle-même , car les
dégradations possibles peuvent bien être restreintes mais non
pas évitées entièrement , et il en résultera nécessairement des
variations dans l'action du moteur et de la résistance qu'on lui
oppose , partant, dans l'effet dynamique. Lorsque l'éprouvette

est à ressort , la résistance à vaincre par l'action des gaz varie avec la température , avec le poli et l'usé des points d'appui du ressort , sans compter qu'il est impossible de donner exactement à ce dernier une élasticité déterminée , et surtout de la lui conserver.

Dans l'éprouvette à crémaillière l'effet utile est modifié par des chocs , par le poli des points d'appui , etc.

Dans l'éprouvette hydrostatique la résistance dépend de la densité de l'eau , et l'effet utile y est modifié par le nombre variable des grains qui ont été lancés hors du mortier sans avoir ajouté à l'effet.

Lorsque l'éprouvette est une arme à feu , le vent , l'évasement de la lumière , la température de l'ame , les variations dans les diamètres de l'ame et du projectile , sont autant de causes qui modifient l'action des gaz et la résistance du projectile. De plus , le procédé d'évaluer l'effet dynamique y est coûteux et laborieux si on veut le mesurer au pendule , et il est sujet à de graves erreurs , lorsqu'on veut le mesurer d'une manière différente (a).

Dans toutes les éprouvettes enfin , la moindre erreur dans la pesée de la charge influe d'autant plus sur l'effet utile que la charge est moins considérable.

L'éprouvette proposée par le chef d'escadron Colson (mémorial de l'Artillerie , n° III , pag. 45) est la seule que je connaisse qui évite presqu'entièrement les frottemens , et dans laquelle les variations de la force motrice et de la résistance me semblent être restreintes autant que possible. Je la considère comme un excellent instrument pour vérifier la combustibilité de la poudre , mais je la crois peu propre à en mesurer la force :

(a) En effet , il est bien difficile d'évaluer la quantité de mouvement du projectile en se basant, p. ex, sur sa pénétration dans une matière donnée , par la simple raison qu'il est impossible d'en trouver une parfaitement homogène. La portée n'est pas toujours chose facile à constater sans compter qu'il peut fort bien arriver que deux projectiles aient eu des quantités de mouvement initiales très différentes , et que malgré cela ils atteignent sensiblement la même portée.

il me semble que l'absorption du calorique par les parois de l'âme y étant, proportion gardée, plus grande que dans une bouche à feu, il est à craindre que, même avec un obturateur très lourd, l'instrument ne soit encore trop sensible à la vitesse de la combustion.

333. Nous décrirons succinctement les différentes éprouvettes en usage, les moyens de s'en servir, et nous ajouterons quelques mots qui pourront en faire apprécier le mérite. Quant au mortier d'épreuve, notre instrument légal, nous entrerons dans plus de détails à son égard.

Eprouvette à peson de Regnier (Pl. 3, fig. 5.)

334. C'est un ressort à deux branches b et c, bridées par une traverse d dont l'une des extrémités fait corps avec la branche b, et dont l'autre extrémité passe librement à travers la branche c. La traverse d se termine par un obturateur e qui ferme par juxta-position l'orifice du canon a et y exerce une pression de trois kilogrammes. A la culasse de ce canon est adapté un arc de cercle gradué f, concentrique avec la traverse d; et passant librement à travers la branche b. Un fil de laiton g, pris d'un bout dans la vis h, traverse librement la branche b, et perce également une petite pièce ronde de maroquin huilé qui sert d'index.

Le canon peut contenir un gramme de poudre de chasse; sur l'arc de cercle f est tracée une échelle en 30 parties dont chacune correspond à la pression d'un kilogramme; ces parties sont inégales entre-elles car à mesure que la branche mobile b s'approche de la branche fixe c, elle éprouve une plus forte résistance.

Pour se servir de l'instrument, on rapproche les deux branches et on les maintient ainsi pendant qu'on introduit la charge dans le canon (à l'aide d'une petite broche qu'on fait entrer dans le trou k) qu'on remplit exactement; on ratisse l'embouchure avec une lame, et on y laisse descendre doucement l'obturateur. Avant de mettre le feu, l'index est placé contre la branche b du ressort.

La poudre de chasse ordinaire marque 12, la superfine 14 divisions de l'échelle.

L'instrument est très propre à mesurer la vitesse de combustion de la poudre ; il y est beaucoup plus sensible que le mortier d'épreuve ; mais comme la résistance du ressort ne reste pas la même, il devient indispensable de faire chaque fois deux épreuves : l'une avec la poudre que l'on veut essayer, et l'autre avec une poudre type reconnue bonne.

Colson voudrait que le canon contint deux grammes au lieu d'un afin de pouvoir mesurer les degrés sur une échelle plus grande.

Mr. Maguin possède une éprouvette dont la chambre a la forme d'une calotte sphérique au lieu de celle d'un cylindre ; l'objet de ce changement est d'offrir au moteur une large surface sur laquelle il puisse agir, et d'abréger par là l'exercice de la force. La chambre de cette éprouvette a une capacité d'environ 0,7 de centimètre cube et contient à peu près 0,6 d'un gramme de poudre.

Dans les éprouvettes Regnier en usage dans ce pays, la pression que l'obturateur exerce sur la branche du canon est beaucoup plus forte que trois kilogrammes ; il en résulte le grave défaut que l'instrument devient beaucoup moins sensible à la vitesse de combustion de la poudre, qu'il ne l'est lorsqu'on suit rigoureusement les indications de l'inventeur.

Éprouvette à roue dentée en forme de pistolet (fig. 1, p. 4.)

335. Un appendice *b* faisant corps avec la roue dentée *cc*, mobile autour d'un axe *d*, ferme par juxta-position l'orifice du canon *a*, et y est maintenu par l'action du ressort *e*, dont le bout engrène avec la roue. Le feu est mis à la charge comme dans un pistolet ordinaire.

Pour charger le canon *a* on ramène le ressort à l'aide de la bride *f*, sur la queue de laquelle on visse l'écrou *g*. Ayant ensuite chargé le canon, on y ramène l'obturateur et on enlève la bride *f*, pour que le ressort puisse agir librement sur la roue. Enfin on lâche la détente pour mettre le feu à la charge.

Cet instrument sert également à vérifier la combustibilité, mais il me semble moins parfait que le précédent. Il exige, comme ce dernier, un essai comparatif avec une poudre type.

Eprouvette autrichienne à crémaillière. (fig. 2, pl. 4.)

336. L'explosion de la charge (1,5 grammes) d'un petit canon en fer *c*, implanté dans la base de l'instrument, soulève le poids PP qui fait système avec la crémaillière AB; un cliquet D, n'appuyant sur les dents de la crémaillière que par son poids, empêche la chûte de l'obturateur, ce dernier parfaitement équilibré par les poids P, P, glisse librement sur les montants M qui le percent.

Il est facile de voir que l'ascension de l'obturateur n'éprouve d'autre obstacle à vaincre que son propre poids, celui du cliquet, et les frottements de ce dernier autour de son axe de rotation, et de l'obturateur sur les montants; ce dernier peut être considéré comme nul, vu la position parfaitement horizontale de l'obturateur.

L'instrument est très simple et peu sujet à se déranger.

Il peut servir également à mesurer la combustibilité et la force absolue de la poudre; dans ce dernier cas, il doit être chargé au poids.

Il donne des résultats parfaitement concordants avec ceux obtenus par l'éprouvette à peson de Regnier. Ses défauts consistent dans la fuite des gaz par la lumière, les frottements, les pressions de l'obturateur contre les montans, ses chocs contre le chapeau de l'instrument; enfin dans la variabilité de la résistance du cliquet produite soit par son allongement, soit par le frottement variable que son axe éprouve.

Eprouvette de Dupont, en usage en Amérique.

337. Elle consiste en un petit canon dont l'âme peut contenir une charge de fusil. La charge, en faisant explosion, soulève

un obturateur du poids d'environ deux kilogrammes, fixé à un bras de levier.

En s'élevant, l'obturateur entraîne un ruban divisé qui en mesure l'ascension.

Eprouvette de Colson, pl. 4, fig. 3, 4, 5, 6 (*Mémorial de l'artillerie, tome III*).

338. « Deux montants M M en fer (fig. 3, pl. 4) implantés dans
» le plateau N, supportent une traverse en fer AB qui sert de
» chappe aux deux poulies concentriques en cuivre P et P'
» (fig. 3 et 4). Le bord extérieur de la grande poulie est denté,
» sa circonférence est graduée ; sa gorge a un diamètre de
» $0,2292^m$ afin que chaque degré soit de deux millimètres ;
» dans cette gorge est fixé le bout d'un cordon en soie, à l'autre
» extrémité duquel est attaché le poids O, projectile destiné
» à être lancé verticalement par l'explosion de la poudre.

» Le diamètre de la petite poulie P' est moitié de celui de la
» grande ; elle supporte, au bout d'un fil roulé dans sa gorge, un
» poids O', plus petit que O, tendant à faire tourner le système
» des deux poulies de droite à gauche.

» Un petit canon C, dont la chambre peut contenir deux
» grammes de poudre, est implanté par un appendice vertical
» dans le plateau N ; sur la tranche de ce petit canon repose,
» par une disque bien dressé, le projectile O. L'axe du canon,
» celui du projectile et du cordon qui met ce dernier en com-
» munication avec la gorge de la grande poulie, doivent être
» dans une même ligne verticale, ce qui suppose que le plateau
» N repose sur une plate-forme de niveau.

» Le cliquet D empêche la poulie de tourner de gauche à
» droite, et rien n'arrête son mouvement de rotation de droite
» à gauche par l'action du poids O'. Le bout du cliquet peut
» appuyer contre les dents de la poulie par son propre poids,
» ou y être poussé par un petit ressort.

» Voici maintenant le jeu de la machine :

» On charge le petit canon C, on pose le projectile O sur la

» bouche , le petit poids O' se trouve alors remonté à sa plus
» grande hauteur ; on met le feu : le projectile O est lancé ver-
» ticalement ; le cordon qui le lie à la gorge de la grande poulie
» se trouve lâche , alors le poids O' agit , fait tourner la poulie
» de droite à gauche , enroule, dans la gorge de la grande pou-
» lie , le cordon du projectile. Quand ce dernier est arrivé au
» sommet de sa trajectoire verticale , et qu'il veut redescendre ,
» il en est empêché par le cliquet D , et il reste suspendu à son
» point le plus élevé ; son élévation est mesurée par le nombre
» de tours et de degrés dont la poulie a tourné de droite à
» gauche.

Le moyen que cette machine offre de rendre le résultat de
l'épreuve indépendant du frottement des tourillons et du cliquet,
est fort ingénieux ; le voici :

On règle par tâtonnement le poids O' de sorte qu'il puisse non-
seulement enrouler par sa chûte la partie du cordon devenue
lâche par l'ascension de l'obturateur, mais encore favoriser cette
dernière ; on observe la hauteur totale à laquelle le projectile O''
parvient, et on le soutient à cette hauteur en le plaçant sur une
traverse EF , qui à l'aide d'une machoire à vis , fig. 6 , peut être
fixée à une hauteur quelconque sur le montant M. On remonte
le poids O' au point où il était avant le tir , et on le laisse retom-
ber aussi bas qu'il est parvenu pendant l'épreuve : il enroulera
d'abord toute la partie flottante de la corde du projectile O'' , et
agira ensuite sur ce dernier avec toute la quantité de mouvement
acquise pendant sa chûte ; le poids O'' s'élèvera de nouveau ,
et si on retranche la hauteur à laquelle il s'élève maintenant par
l'action du poids O' de celle à laquelle il est parvenu pendant l'é-
preuve , on aura évidemment celle qu'il eût atteinte par l'action
seule de la poudre.

L'inventeur croit que la machine peut servir à mesurer soit la
force , soit la combustibilité de la poudre : dans le premier cas
il conseille de prendre les poids O et O' dans un rapport convenable pour qu'il en résulte sur la bouche du canon une pression
telle que toute la charge soit brûlée avant le déplacement de l'obturateur (on obtient cette relation entre les poids par tâtonne-

ment) ; pour év aluer la combustibilité , il veut au contraire que la pression sur la bouche du canon soit aussi petite que possible , afin qu'une partie seulement de la charge puisse brûler avant que le projectile soit soulevé.

239. Voici la manière dont l'inventeur prescrit de déterminer les poids O et O' pour régler la machine pour la mesure des forces. (Mém orial de l'art. tome III , p. 98.)

« On adaptera d'abord à la machine deux poids quelconques
» dont l'un O' soit assez fort pour être certain que , dans tous les
» cas, sa descente soit plus rapide qu'il ne faut ; on augmentera
» graduellement l'autre poids O jusqu'à ce que ses divers ac-
» croissements n'en produisent plus dans l'effet dynamique : on
» sera certain alors d'être arrivé à la pression suffisante pour que
» toute la charge soit brûlée.

» Cela fait , pour ramener le poids O' à n'être pas excessif et
» à n'avoir que la masse suffisante à l'effet qu'il doit produire ,
» on retranchera graduellement des deux poids O et O' des quan-
» tités telles que la pression reste la même ; on arrivera par là
» au minimum de masse du poids O' et au maximum du poids O.

» Pour régler la machine pour la mesure des vitesses de com-
» bustion, on choisira , *à priori*, la pression sur la bouche du
» canon inférieure à la précédente (la moindre paraît à l'in-
» venteur la meilleure) ; on placera deux poids O et O' de ma-
» nière à ne laisser subsister que la pression convenue ; on les
» augmentera graduellement , l'un et l'autre , de sorte que la
» pression reste toujours la même , jusqu'à ce qu'on soit arrivé
» à donner au poids O' une masse qui lui fasse remplir l'effet
» qu'il doit produire en toute sûreté et pour toute espèce de
» poudre.

Pour empêcher la perte de gaz , chose très importante dans un essai en petit, l'inventeur conseille le moyen suivant de fermer la lumière aussitôt que le feu est mis à la charge :

Un bassinet en forme de coin , fig. 5 , et mobile dans une coulisse , sert à mettre le feu ; il est percé d'une lumière vis-à-vis de celle du canon , qui communique avec une petite chambre au fond de l'âme.

L'explosion de l'amorce fait reculer le bassinet dans sa coulisse, et la lumière du canon ne correspondant plus avec celui du bassinet, se trouve fermée.

Éprouvette hydrostatique de Regnier (Pl. 4, Fig. 7).

340. Un tube en laiton *c*, poli et gradué, traverse librement le couvercle d'un seau de fer blanc et une rondelle de laiton *h* maintenue au-dessus du seau par quatre supports *bb*; le haut du tube reçoit un petit mortier en fer destiné à contenir la charge, et sa partie inférieure porte un plongeur *d* en fer blanc qu'on leste par un poids *e*.

Le petit mortier *g* est muni d'un couvercle qui ne laisse qu'une petite ouverture circulaire pour pouvoir y introduire la charge, et mettre le feu à cette dernière à l'aide d'un brin de mèche de communication. Le mortier peut contenir environ 6 grammes de poudre, mais on ne le charge ordinairement que de trois grammes.

Pour procéder à l'épreuve on verse dans le seau de l'eau jusqu'aux trois quarts de sa capacité (il est essentiel que l'eau ait autant que possible une température constante); on y place le plongeur muni de son tube et de son mortier, ensuite on verse de nouveau de l'eau dans le seau jusqu'à ce que le zéro de la division du tube s'élève à la hauteur de la rondelle *h*. Enfin on met le feu, et on note l'immersion du plongeur produite par l'action de la poudre.

Lorsque la qualité et la température de l'eau restent constantes, l'éprouvette hydrostatique donne des résultats très exacts.

Le Capitaine prussien Meyer loue beaucoup cet instrument à cause de cette constance de l'effet dynamique, les poudres étant de qualité égale.

Dans une fabrique de poudre, en Allemagne, l'instrument, dont le mortier recevait une charge d'une demi drachme (environ 4 grammes), marquait constamment 110° avec de la poudre de chasse ordinaire, et 156° avec de la poudre de chasse superfine. L'eau dont on se servait était tirée d'un puits, et avait une température à peu près constante.

Mortiers d'épreuve.

341. Dans presque tous les pays on se sert pour l'essai de la poudre de mortiers d'épreuve qui sont ordinairement à semelle. Le calibre du mortier, la position de son axe pendant le tir, la longueur d'âme, la charge, le poids du projectile, le métal de ce dernier et de l'arme diffèrent d'un pays à l'autre. Voici quelques-unes des principales modifications.

A. *Calibre.*

France, Belgique, Hollande, etc. . . . 0,191^m
Angleterre 0,203
Prusse 0,131
Russie . . . . »

B. *Longueur d'âme.*

France, Belgique, Hollande, etc. . . . 1,25 calibres.
Angleterre . . . . »
Prusse (mortier à bilboquet) . . . . $^1/_2$ calibre.

C. *Poids du projectile.*

France, Belgique, Hollande, etc. . 29,80 kilogrammes.
Angleterre 29,00
Prusse 9, 95
Hanovre (autrefois) 0,972
Russie 0,453

D. *Poids de la charge.*

France, Belgique, Hollande, etc. . . 92 grammes.
Angleterre. . . . . 56,7 »

Prusse . . . . 43,8 grammes
Hannovre (autrefois) 11,3   »
Russie 12,7   »

E. *Capacité de la chambre.*

La chambre des éprouvettes française , prussienne , etc. , est remplie par la charge.

Celle de l'éprouvette anglaise peut contenir 1^k,019 de poudre.

F. *Angle de projection.*

Belgique , France , Angleterre , Prusse, Hollande.   45°
Russie . . . , ... 90°

G. *Portées exigées.*

France , Belgique, Hollande , etc.	poudres neuves , 225 mètres
	poudres radoubées , 200 à 210 . .
Angleterre . .	poudre à charbon noir 46 . . .
	. . . . . . roux 55 . . .
	. . radoubée 32,6 . . .
Prusse . . .	poudre fine sèche . 113 . . .
	. . . humide . 94 . . .
	. ordinaire sèche . 75 . . .
	. . . humide . 64 . . .
Russie . . .	poudre à canon . 10,66 à 12,19.
	. à mousquet . 15,23 à 21,32.

342. Le mortier d'épreuve en usage chez nous et en Hollande est en tout le même que celui dont on se sert en France. Il est à semelle (Pl. 3 , fig. 9) et a les dimensions qui suivent :

Calibre . . . . 0,1910^m
Longueur totale de l'axe , à partir du dessus de la semelle jusqu'à la tranche 0,3450
Longueur de la volée 0,1435
        du ventre 0,0935
        du pourtour de la chambre 0,1435

Épaisseur de métal , à la volée 0,027
au ventre 0,033
au pourtour de la chambre . 0,056
Profondeur de l'âme , y compris l'hémisphère qui la
termine 0,239
Longueur de la chambre 0,065
Diamètre de la chambre 0,050
Diamètre de la lumière 0,004

La chambre se termine par un segment sphérique dont le centre est l'intersection de l'axe du mortier avec la demi-circonférence qui limite le profil de l'âme. Le globe étant mis , la chambre a une capacité de 131,078 centimètres cubes , elle peut donc contenir 113,5 ou 109,5 grammes de poudre selon que la densité relative de cette dernière est 0,866 ou 0,835.

L'axe de la lumière perce la paroi intérieure de la chambre à deux millimètres du point d'intersection de la génératrice supérieure avec l'arc de cercle qui en termine le profil.

Elle est forée dans un grain de lumière de cuivre rosette corroyé, composé de trois troncs de cône superposés , mais faisant corps ensemble , fig. 10. Le tronc de cône supérieur (le plus long) est reçu dans une vis de fer , fig. 11 , qui appuie contre le tronc de cône du milieu , sa partie supérieure est sans filet , et dépasse la paroi extérieure du mortier , lorsque le grain y est mis.

Le logement du grain est taraudé à l'endroit où il doit recevoir l'étui qu'on y visse avec force.

Le mortier et la semelle ainsi que la partie prismatique qui les réunit (la languette) sont coulés d'une pièce. L'axe du mortier fait un angle de 45° avec le plan de la semelle. Cette dernière est en partie reçue dans l'encastrement d'une pièce de bois (le madrier), et fixée sur elle par quatre boulons qui la traversent ainsi que le madrier , et qui sont retenus par des écrous appuyant sur la semelle. Aux deux extrémités , le madrier est enveloppé de bandes de fer munies de quatre poignées qui servent à soulever l'appareil.

343. Les globes qu'on lance avec le mortier Pl. 3 , fig. 12 , sont de bronze ; il y en a de deux espèces : les grands , ayant

un diamètre de 0,190ᵐ, et les petits dont le diamètre est de 0,1895ᵐ. Un trou taraudé dans le globe, sert à recevoir le bout fileté d'un anneau, fig. 20, qu'on emploie à soulever le globe et à le placer dans le mortier.

Le globe étant mis sur la charge, on remplace l'anneau par un bouchon, fig. 13.

Le poids moyen du globe est de 29,3, et celui du mortier monté de 170 kilogrammes.

344. Pour faire l'épreuve, on place le mortier sur une plate-forme établie au-dessus d'un massif solide de maçonnerie. La plate-forme est construite avec des lambourdes de 0,16ᵐ de hauteur sur 0,10ᵐ de largeur : on les place de champ dans la direction de la ligne du tir (afin de diminuer le frottement), et on les assemble aux extrémités par des traverses.

345. Parmi les causes les plus influentes qui modifient l'effet utile, il faut compter : le vent, la grandeur de la lumière, la sphéricité du projectile et l'angle de projection ; il convient donc de soumettre à une vérification rigoureuse l'âme et la lumière du mortier, le globe et la plate-forme ; il importe surtout de bien s'assurer de l'état de la lumière, et de la grandeur du vent. Cette dernière résulte de la comparaison du diamètre de l'âme à la naissance de l'hémisphère qui la termine, avec celui du grand cercle perpendiculaire à l'axe prolongé du trou qu'on a taraudé dans le globe pour y visser l'anneau ou le bouchon.

346. Les instruments vérificateurs sont :

1° Pour vérifier l'âme du mortier : l'étoile mobile (Pl. 3 , fig. 14 , A, B, C et D.)

2° Pour vérifier les globes : des lunettes et un cadre octogonal, muni d'une vis, fig. 17.

3° Pour vérifier la lumière : des sondes, fig. 18.

347. L'étoile mobile consiste en une verge de fer, logée dans un tube de cuivre; la verge est munie à l'un de ses bouts d'une poignée, et à l'autre d'un pignon dont l'axe perce un plateau, et qui fait mouvoir simultanément sur ce dernier deux crémaillières dont les extrémités, presqu'en contact avec les parois du mortier, sont garnies de pointes d'acier.

Du côté de la poignée la verge porte une aiguille qui parcourt un cercle gradué fixé sur le tube : l'aiguille étant beaucoup plus longue que le rayon du pignon, marque le chemin que la crémaillère parcourt, dans le rapport de la longueur de l'aiguille au rayon du pignon.

L'étoile proprement dite, fig. 14, A, B, C, D, se compose :

1° D'une verge d'acier *aa* fixée à angle droit, par deux vis, sur une lame de cuivre *bb*. Les longueurs respectives de la verge *aa* et de la lame *bb*, sont de $0,^{m}1905$ et $0,^{m}1840$.

2° De deux crémaillères D, garnies de pointes d'acier *h* dont les talons sont reçus dans des entailles *f* à l'extrémité de la lame *bb*.

Les crémaillères mues simultanément par le pignon, peuvent glisser sur la lame *bb*; des brides *e*, et un anneau *d* qui termine le tube *g* et qui est vissé sur la partie circulaire de la lame *bb*, servent à maintenir les crémaillères ; l'anneau est entaillé pour le passage de ces dernières.

L'arc *mm* qui surmonte le tube du côté de la poignée *i*, est gradué de sorte qu'une division parcourue par l'aiguille *k* marque une augmentation de 0,1 de millimètre de la distance entre les extrémités des crémaillères.

Enfin un curseur *pp ll*, muni de quatre branches de cuivre *ll*, rectangulaires entre elles et partant de sa circonférence, glisse sur le tube, et peut être fixé à volonté par une vis de pression *o*. Cette croix mobile sert à donner à l'instrument une position stable dans le mortier, en appuyant contre la tranche de ce dernier ; les branches *ll* ont à leurs extrémités des saillies (talons) *p* (fig. 14, B), dont la distance est telle que, lorsque les branches *l* appuient contre la tranche, leurs saillies *p* touchent la paroi intérieure du mortier.

Pour se servir de l'instrument on cherche d'abord le point de l'arc gradué *mm* sur lequel l'aiguille s'arrête lorsque les pointes d'acier des crémaillères ont une distance de $0^{m},191$ entre elles : une règle d'acier (Pl. 3, fig. 15) encastrée dans une pièce de bois (fig. 16) sert à le trouver.

La règle a deux saillies exactement distantes de $0^{m},191$ contre lesquelles on serre les pointes des crémaillères en tournant la verge , l'étoile étant d'abord placée dans son encastrement pratiqué dans la pièce de bois.

On introduit l'étoile dans le mortier à une profondeur quelconque , on fait glisser le curseur sur le tube jusqu'à ce que les branches l de la croix mobile appuient contre la tranche du mortier , et on le fixe avec la vis o ; puis on tourne la verge jusqu'à ce que les pointes des crémaillères rencontrent les parois de l'âme , et on note la distance entre le point où l'aiguille se trouve et celui avec lequel elle devrait coïncider lorsque le diamètre de l'âme serait exactement de $0^m,191$; enfin on déduit de ces données le véritable diamètre de l'âme à la profondeur où l'on y a introduit l'étoile.

348. On vérifie les globes avec des lunettes en acier à travers lesquelles ils doivent passer à frottement dans tous les sens. On emploie à la même fin , mais surtout pour vérifier le grand cercle perpendiculaire à l'axe du trou taraudé, un cadre octogonal de cuivre (fig. 17) , qu'on pose sur un madrier de bois entaillé pour le recevoir. Les côtés opposés du cadre sont parallèles ; six d'entr'eux sont distans de 0,192 les uns des autres , et les deux restans de 0,194. L'un de ces derniers est traversé par une vis dont le bout est couvert d'une feuille d'acier ; sur le côté opposé se trouve une saillie également en acier. Pour vérifier le diamètre du globe , on place ce dernier d'une manière stable , l'axe du trou taraudé étant vertical , puis on y passe le cadre en tournant sa vis suffisamment pour que le globe passe à frottement entre son extrémité et la saillie d'acier qui se trouve sur le côté opposé ; et on mesure enfin cette distance , avec l'étoile mobile , en plaçant le cadre sur le madrier.

On vérifie ainsi plusieurs diamètres du même grand cercle , celui qui détermine le vent , et on s'assure qu'il a les dimensions exactes ou tolérées.

349. On vérifie la lumière avec des sondes , fig. 18 , qui sont des cylindres en acier. On en a de trois espèces marquées sur les poignées par les nombres 4 ; 4,1 et 5 ; les deux premières servent à la vérification des mortiers neufs , et la dernière pour s'assurer , lors de l'épreuve de la poudre , que le diamètre de la lumière n'est pas trop grand.

La lumière est trop évasée lorsque cette sonde y peut entrer.

350. Pour des mortiers neufs on tolère dans le diamètre de l'âme une différence d'un dix-millimètre en plus ou en moins.

On rejette les mortiers qui ont servi aux épreuves lorsque l'âme, à la naissance de l'hémisphère, s'est évasée d'un millimètre.

On ne tolère aucune différence en plus dans le diamètre de la lumière d'un mortier neuf ; celle en moins peut être d'un dix-millimètre.

Lorsque le mortier a servi, on y met un nouveau grain dès que le diamètre la lumière s'est agrandie d'un millimètre.

351. On combine l'usage des globes de sorte que le vent reste toujours entre les limites de 1,5 et de deux millimètres. Cette précaution est des plus essentielles, car une légère augmentation du vent occasionne une diminution considérable dans l'effet utile de la poudre. Lorsque le mortier est neuf on se sert du petit globe, et on continue de l'employer jusqu'à ce que le vent soit près d'atteindre la limite tolérée ; passé ce terme on le remplace par le grand.

Il est sous-entendu qu'on a mesuré le diamètre du grand cercle du globe perpendiculaire à l'axe du trou taraudé, et celui de l'âme à la naissance de l'hémisphère, car c'est la différence de ces deux diamètres qui constitue le vent.

352. Les échantillons de poudre qu'on veut essayer ont été pris par une commission d'officiers d'artillerie au moulin même. La commission fait ouvrir ordinairement un baril sur 20, et y prend, à la même place, deux échantillons de poudre, chacun du poids de 280 grammes. Les barils qu'on a ouverts sont numérotés pour les reconnaître. Les deux échantillons pris dans un même baril porteront le même n° que le baril ; l'un est mis dans une bouteille, l'autre dans une boîte de fer blanc.

On renferme les bouteilles dans une caisse qu'on scelle avec les cachets de la commission et du fournisseur et qu'on dépose ensuite dans un lieu sec ; les boîtes, laissées ouvertes, sont mises dans un panier qu'on enveloppe d'une couverture de laine mouillée et qu'on dépose dans une caisse à deux serrures, qui ne puisse être ouverte qu'en présence de la commission et du fournisseur.

Les boîtes restent renfermées jusqu'à ce que la poudre ait absorbé 5 à 7 p % d'eau. On sèche enfin la poudre et on la transporte au champ d'épreuve, les boîtes étant renfermées dans une caisse et celle-ci scellée des cachets de la commission et du fournisseur.

353. Pour procéder à l'épreuve on place le mortier sur la plate-forme, et on vérifie son élévation avec un quart de cercle; si elle n'était pas exactement de 45°, on y remédierait à l'aide de petits coins placés sous le madrier.

On flambe le mortier et on y introduit la charge au moyen d'un entonnoir coudé Pl. 3, fig. 19, sans la presser aucunement.

Ayant enfin placé le globe de telle sorte que l'axe du trou taraudé soit parallèle à l'axe du mortier, et remplacé l'anneau par le bouchon, on passe un brin de mèche de communication dans la lumière, et on y met le feu.

Chaque échantillon de 280 gr. fournit trois charges, chacune du poids de 92 grammes.

On tire successivement des séries chacune de 6 coups, en ayant soin de prendre les charges de la même série dans la bouteille et dans la boîte qui portent le même numéro.

On a soin de laver après chaque coup l'âme et la chambre du mortier ainsi que le globe; cette précaution est des plus essentielles parce que la crasse qui s'attache aux parois de l'âme ou les terres qui recouvrent le globe, diminuent le vent et influent sensiblement sur la portée.

On prend la moyenne entre les portées des trois coups de chaque échantillon, et la plus petite de ces moyennes est réputée la portée d'admission ou de rejet.

Les portées exigées, aussi bien pour la poudre qu'on a mouillée que pour celle qui ne l'a pas été, sont :

Pour la poudre neuve, au moins . . . . . 226 mètres
            radoubée 211,5

Les portées réelles sont ordinairement peu éloignées de 250 mètres.

Lorsque la portée de la poudre neuve est entre 215 et 226^m, et celle de la poudre radoubée entre 200,5 et 211,5, le fournisseur est en droit d'exiger une nouvelle vérification du mortier et des globes qui devront être remplacés par d'autres lorsque les dégradations dépassent les limites tolérées.

354. Je ne pense pas qu'il soit nécessaire actuellement d'insister sur plusieurs détails de l'épreuve, tels que le choix d'un terrain non pierreux pour ne pas dégrader les globes ; le jalonnement et la mesure exacte de la ligne de tir, pour pouvoir facilement observer les déviations latérales, etc., mais je crois utile de faire remarquer la modification, introduite par l'ancien gouvernement, d'essayer aussi la poudre après l'avoir exposée à l'humidité et séchée ensuite. Elle n'est pas en usage en France, et je ne crois pas qu'elle soit heureuse, car la poudre étant par-là devenue plus poreuse, et ayant acquis plus de volume, il est probable que sa portée sera au moins égale à celle de la poudre qu'on a toujours conservée à l'état de siccité (1).

355. L'essai avec le mortier d'épreuve est des plus imparfaits parce qu'il ne signale ni les poudres fortes au canon, ni les poudres brisantes ou ayant une vitesse de combustion utile à connaître. En effet les résultats des expériences d'Esquerdes font voir que l'éprouvette frappe constamment de rebut les poudres les plus fortes au canon à tel point que ces deux armes les classent précisément dans un ordre inverse ; d'un autre côté nous avons déjà remarqué que ni l'augmentation de combustibilité provenant de la différence de granulation des poudres à mousquet et à canon, ni celle qui est due à l'emploi du charbon roux, ne sont signalées au mortier d'épreuve (2).

(1) On ne réussit pas facilement à faire absorber la quantité d'eau indiquée par le moyen que le règlement prescrit ; on y parviendrait aisément en plaçant sous le récipient de la machine pneumatique les échantillons de poudre que l'on veut humecter et un vase plein d'eau ; mais comme l'on ne dispose pas toujours d'une machine pneumatique, l'on pourrait mouiller la poudre par une pluie d'eau extrêmement divisée, comme on l'obtient en lançant l'eau avec force de la bouche presque fermée.

(2) L'on conçoit que le mortier d'épreuve ne signale pas l'influence de

Cette manière de classer les poudres, qui tient le milieu entre celles du canon et de l'arme portative, en se rapprochant toute fois beaucoup plus de cette dernière, rend le mortier d'épreuve impropre à constater les qualités les plus essentielles de la poudre, à savoir, sa force au canon et une vitesse de combustion qui peut être avantageuse pour l'arme portative et qui est un défaut dans la poudre à canon. Il ne suffit pas que le mortier d'épreuve différencie assez bien les poudres sous le rapport de leur combustibilité, il faut encore que l'autre élément de l'effet utile, à savoir, la force intrinsèque, soit signalé d'une manière saillante, et cela n'aura jamais lieu au mortier d'épreuve qui est plus sensible à une différence de combustibilité qu'à une différence de la force réelle de la poudre.

Pour que le mortier d'épreuve classât les poudres dans un ordre approchant de celui du canon, il faudrait probablement employer une charge plus forte que celle en usage, et il faudrait en second lieu prolonger la durée de l'action de la force motrice, à quoi l'on pourrait parvenir en augmentant le poids du projectile, l'angle de projection et la longueur de l'âme (1), en même temps qu'on limiterait autant que possible la fuite des gaz inutilement dépensés.

Si l'on voulait au contraire un mortier d'épreuve plus sensible à la vitesse de combustion, on ne pourrait probablement y parvenir que par les moyens inverses de ceux que je viens d'indiquer avec cette exception toute fois qu'il faudrait également

la granulation, en effet la densité de la poudre augmentant avec la grosseur du grain, la poudre à grain fin ne remplit plus la chambre et laisse un vide entre la charge et le projectile. Mais si l'augmentation de combustibilité due à l'emploi du charbon roux n'est point signalée, cela ne peut tenir qu'à la circonstance que la vitesse de combustion qui donne le maximum d'effet ne va pas jusques là dans le mortier d'épreuve.

(1) Une commission chargée d'examiner le mode actuel d'essayer les poudres a fait couler un mortier en fonte, dont l'âme a quatre calibres de longueur, qui lancera sous un angle de 60° un globe en fonte du poids de 30 kgs.

limiter la fuite des gaz autant que possible parce que la perte serait d'autant plus considérable que la poudre serait plus vive.

Le mortier d'épreuve, si l'on veut approcher avec lui du classement des poudres par le canon ou de celui par l'arme portative, doit donc satisfaire à des conditions opposées, et il est par conséquent probable que le même mortier ne pourra pas suffire pour constater à la fois la force et la vitesse de combustion ; dans ce cas l'on arriverait à l'adoption de deux mortiers dont l'un différencierait les poudres dans l'ordre de leur combustion plus ou moins vive, et dont l'autre les classerait sous le rapport de leur force et de la combustibilité qui convient aux canons (1).

Mais il se pourrait aussi que les modifications indiquées ne remplissent pas le but qu'on se propose d'atteindre, et dans ce cas il faudrait nécessairement recourir au canon et à l'arme portative, et classer les poudres, d'après les vitesses initiales

---

(1) Il semblerait d'après ce que dit le capitaine Meyer, Ergaenzende Notizen zu den Vortraegen der Artillerie-Technik, page 65, que l'éprouvette anglaise dont la chambre, d'après le même auteur, peut contenir un peu plus d'un kilogramme de poudre, tandis que la charge n'est que de 56,7 grammes, classe très-bien les poudres sous le rapport de la force. Le capitaine Meyer dit, page 69, de son ouvrage que d'après Braddok le même mortier peut servir à classer les poudres dans l'ordre de leur force ou dans celui de leur vitesse de combustion : dans le premier cas la charge doit être sensiblement moindre que celle qui peut être contenue dans la chambre et le poids du projectile être très considérable par rapport à celui de la charge ; dans le second cas la chambre doit être pleine.

Ce moyen peut être bon, pourvu toute fois que la charge employée pour classer les poudres dans l'ordre de leur force ne soit pas trop faible, et partant trop sensible à la perte de la chaleur absorbée par les parois.

Le meilleur moyen de vérifier par le même mortier et la vitesse de combustion et la force de la poudre, serait peut être de l'éprouver grenée et dans l'état de pulverin après avoir détruit la granulation ; dans ce cas les qualités physiques du grain, d'où dépend surtout la combustibilité, étant annulées ne pourraient exercer aucune influence sur l'effet utile de la charge.

des projectiles de ces armes évaluées au pendule. L'on pourrait aussi au lieu de l'arme portative employer l'une des éprouvettes qui sont sensibles à la vitesse de combustion , telles que l'éprouvette à ressort de Regnier , ou l'éprouvette hydro-statique du même inventeur.

C'est au vice signalé du mortier d'épreuve , de classer les poudres dans un ordre complètement inverse à celui du canon , qu'il faut attribuer le grave inconvénient d'avoir une poudre très offensive aux bouches à feu , difficile à conserver et donnant un effet utile sensiblement moindre que les poudres anciennes ; il suffisait en effet pour atteindre les portées réglementaires de l'éprouvette , d'abréger de beaucoup le travail mécanique à l'aide duquel on donne à la galette la consistance nécessaire : cela est tellement vrai qu'en 1769 , lorsque la portée réglementaire en France étant de 90 toises (175 mètres) et la portée réelle environ de 200 mètres , le travail utile employé dans le battage d'un kilogramme de poudre , était juste le double de ce qu'il est aujourd'hui , où la portée réglementaire est de 225^m , et la portée réelle peu différente de 250^m , c'est-à-dire $^1/_5$ en plus.

356. Un des principaux défauts du mortier d'épreuve consiste dans les altérations qu'il subit par le tir et qui rendent impossible toute comparaison exacte entre des résultats obtenus à différentes époques. On diminuerait de beaucoup ce défaut en coulant le mortier et les globes en fonte , et en empêchant toute fuite de gaz par la lumière ; mais malgré cette précaution il n'y aurait pas d'exactitude dans la comparaison des résultats , surtout si ceux-ci étaient obtenus à des époques un peu éloignées. Pour éviter entièrement cet inconvénient , l'essai de la poudre qu'on reçoit devrait toujours se faire comparativement avec l'essai d'une poudre type , et la portée de réception , au lieu d'être fixée d'une manière absolue , ne devrait l'être que d'une manière relative à celle obtenue avec la poudre type dans les mêmes circonstances.

357. Un vice très-saillant de notre mortier d'épreuve consiste , nous l'avons déjà remarqué , dans un vent et une lumière trop considérables.

Il en résulte que l'instrument devient à la fois moins sensible à la force et à la combustibilité : à la force, parce qu'une grande partie des gaz s'échappe sans avoir agi utilement sur le projectile, et à la combustibilité, parceque cette perte de gaz croît en raison directe de la vitesse de combustion de la poudre.

La fuite des gaz augmente considérablement par l'usage du mortier : en effet les diamètres de l'âme et de la lumière s'agrandissent, et la vive arête à l'intersection des parois de l'âme et de la chambre s'égrène ; enfin le globe en pénétrant souvent dans la terre diminue de volume.

Pour corriger ces défauts il faudrait réduire le vent autant que possible : un vent d'un millimètre semble suffisant. Quant à la fuite de gaz par la lumière, on devrait l'empêcher entièrement en adaptant au mortier l'appareil de Colson fig. 5, pl. 4, qui bouche la lumière aussitôt que le feu a été communiqué.

358. L'agrandissement de l'âme, l'égrènement de l'arête entre elle et la chambre et enfin l'usé du projectile seraient considérablement limités si au lieu de bronze on employait de la fonte pour couler le mortier et les globes.

359. Dans le but d'opposer une plus grande résistance, et surtout de fermer plus exactement l'orifice de la chambre, il serait utile d'augmenter l'angle de projection du projectile. Cet angle doit toujours rester rigoureusement constant ; pour y parvenir, il serait probablement avantageux de donner des tourillons au mortier ; les vibrations qui en naîtraient, seraient sans influence sur la portée par la même raison qui fait que le recul ne modifie pas cette dernière.

360. Il est important d'équilibrer le globe, dans un bain de mercure, et de le placer chaque fois dans le mortier de manière que son centre de gravité se trouve au-dessous du centre de figure et dans le plan méridien du mortier. On a en effet constaté par des expérience faites à Braeschaet, en 1838, que cette position donne les portées les plus petites mais les plus égales. *

* Il est résulté de ces épreuves que la position du centre de gravité influe très-sensiblement sur les déviation latérales et sur la portée des pro-

361. Afin de ne pas vicier les résultats, il est utile de maintenir constantes toutes les circonstances dans lesquelles le tir a lieu, et qui peuvent avoir des influences sur l'effet utile. Les principales ont été déjà indiquées ; je signalerai encore :

a. Le nettoyement du vide intérieur du mortier et du globe ;

b. La manière dont la poudre est disposée dans la chambre ;

c. Le poids du projectile ;

d. Le mode de communication du feu à la charge ;

e. Le métal de l'arme ;

f. La température de la chambre,

J'ai déjà dit que le mortier doit être lavé après chaque coup ainsi que le globe ; cette précaution est une des plus essentielles ; sa non-observation entraînerait nécessairement une diminution de vent et partant une augmentation de l'effet utile qui pourrait devenir très sensible et qui ne serait pas due à la bonne qualité de la poudre.

Pour disposer la charge dans la chambre d'une manière toujours égale, on pourrait dresser le mortier verticalement (je suppose qu'il a des tourillons) et verser la poudre dans la chambre à travers un entonnoir tenu à une hauteur déterminée.

Cela fait on égaliserait la surface supérieure de la charge sans la comprimer et de telle sorte qu'elle fût perpendiculaire à l'axe

jectiles ; la déviation est constamment à droite ou à gauche suivant que le centre de gravité se trouve à droite ou à gauche du plan méridien de la pièce. La portée est la plus grande ou la plus petite suivant que le centre de gravité se trouve au-dessus ou au-dessous du centre de figure, toujours dans le plan méridien ; dans ce dernier cas les portées sont les plus égales. On explique très bien ces faits par le mouvement de rotation que le projectile acquiert chaque fois que la résultante des forces qui agissent sur lui ne passe pas par son centre de gravité ; ce mouvement de rotation a lieu autour d'une perpendiculaire au plan qui contient l'axe du projectile (direction de la résultante) et le centre de gravité ; suivant donc que ce dernier se trouve à droite ou à gauche du plan méridien du canon, en dessus ou en dessous du centre de figure, le mouvement de rotation aura lieu de gauche à droite ou l'inverse, de bas en haut ou de haut en bas, et il en naîtra évidemment, soit une déviation latérale soit une tendance à s'élever ou à s'abaisser constamment.

du mortier ; on la maintiendrait enfin dans cette position à l'aide d'une rondelle en carton mince dont les bords entaillés devraient serrer contre les parois de la chambre.

Il est inutile d'insister sur la nécessité de vérifier le poids du projectile ; nous savons en effet que l'influence qu'il exerce sur l'effet utile est des plus grandes.

L'amorce ne doit presque rien ajouter à l'effet de la charge , ou doit augmenter cet effet toujours de la même manière. La combustion d'un seul brin de mèche de communication ne peut presque pas rehausser l'effet de la charge ; il n'en serait pas de même si l'on employait une amorce fulminante dont l'effet ne peut être négligé et n'est cependant pas rigoureusement constant. La manière de communiquer le feu que nous avons conseillée , en adaptant au mortier-éprouvette l'appareil de Colson , ne laisse rien à désirer.

Quant au métal du mortier nous avons déjà indiqué la fonte comme devant être préférée au bronze , parceque les dégradations seraient beaucoup moindres et tarderaient beaucoup plus à se déclarer ; de plus la fonte ayant moins de capacité pour la chaleur que le bronze , on diminuerait l'absorption du calorique par les parois.

Les dégradations des objets en fonte peuvent être évitées en prenant les soins convenables.

Pour maintenir la température de la chambre constante, il faudrait , après l'avoir lavée , la sécher et attendre qu'elle fût descendue au degré convenu.

362. Dans quelques pays on se sert , conjointement avec le mortier d'épreuve , du fusil d'infanterie pour essayer la poudre destinée aux armes portatives :

En Angleterre on charge un fusil d'infanterie , du calibre de 19 millimètres , avec 7,1 grammes de poudre et une balle d'acier qui doit percer un certain nombre de planches d'orme mouillées , de 12,6 millimètres d'épaisseur , et placées à 19 millimètres d'intervalle , la première à 12, 14 mètres du canon du fusil. Avec la poudre du gouvernement , la balle traverse ordinairement de 15 à 16 planches ; la balle en traverse 9 à 12 avec la poudre radoubée.

En Prusse on charge un fusil d'infanterie, du calibre du 15,5^{mm}· avec 7,3 gr. de poudre, et on tire 10 coups avec de la poudre sèche , et autant avec de la poudre humide , dont les cartouches ont été mises pendant 21 jours dans une cave humide. La balle tirée avec de la poudre sèche doit percer 5 à 7 planches de sapin de 26 millimètres d'épaisseur , placées à 78 millimètres d'intervalle ; la poudre humide n'en perce que 4 à 6.

Eprouvette de Darcy (Figures 8 et 9 , Pl. 4.)

363. C'est un petit canon de cuivre G , suspendu par deux étriers de fer F , qui se rejoignent et qui sont vissés sur une forte barre de fer D. La barre D en traverse une autre horizontale *f* qui sert d'essieu , et dont les extrémités reposent sur des traverses d'écartement *d*. Ces extrémités sont taillées en forme de couteaux de balance , pour diminuer le frottement ; elles sont reçues dans les entailles *g* des traverses *d*. La barre D après avoir traversé l'essieu , se prolonge , et porte à son extrémité supérieure une boule de plomb qui , conjointement avec la barre, forme le contre poids du canon G.

La charpente consiste en quatre montants B réunis par quatre chapeaux d'assemblage C , formant un cadre à l'extrémité supérieure des montants.

Deux traverses de fer *c* servent d'appui aux supports *d* de l'essieu , les traverses *c* reposent sur des coussinets *a* maintenus par des butoirs *b*. Une vis de rappel *h* (figure 9) est destinée à donner aux appuis *c* des supports de l'essieu une position exactement horizontale. NN est un plateau de bois fixé contre deux des montants B ; un limbe de cuivre en forme d'arc de cercle OO est incrusté dans le plateau N.

Une pièce de cuivre *opq*, fig. 9 est fixée d'équerre contre la barre D à l'aide de la vis de pression *v* ; elle reçoit à son extrémité un style *r* , renfermé dans un étui *s*. Le style et son étui sont maintenus horizontalement par une vis de pression *u* , et un petit ressort à boudin enveloppe le style et le presse constamment contre le limbe OO.

Pour faire l'épreuve on retire le style, et après avoir incliné le canon, on le charge avec 10 grammes de poudre et une balle. On laisse reprendre ensuite au canon la position horizontale, et après avoir remis le style et graissé le limbe, on communique le feu à l'aide d'un brin de mèche.

On juge ordinairement de l'effet dynamique par la quantité de mouvement imprimé au système, et celle-ci est supposée proportionnelle à l'amplitude de l'oscillation que le style trace sur le limbe.

Quelquefois cependant on mesure la quantité de mouvement imprimée au projectile : dans ce cas on tire la balle contre un pendule ballistique, et on déduit la quantité de mouvement du projectile de celle du pendule, ou plutôt de la vitesse de son centre d'oscillation, qui est un point dans lequel on peut supposer réunie toute la masse du pendule ; or la quantité de mouvement du projectile étant égale à celle qu'il transmet au pendule, il est évident que la masse mise en mouvement multipliée par la vitesse du centre d'oscillation, doit être égale à la quantité de mouvement du projectile, et que la vitesse initiale de ce dernier s'obtient en divisant sa quantité de mouvement par son poids.

On différencie assez exactement les poudres, en basant leur classement, soit sur la quantité de mouvement de l'arme, soit sur celle que le projectile transmet à un pendule ; mais il existe peu d'accord entre les résultats de ces deux procédés. La raison de ce fait doit être attribuée à ce que l'amplitude de l'oscillation du canon n'est pas proportionnelle à la vitesse du projectile ; cela provient de la manière différente d'agir des gaz contre l'arme et contre le projectile et de l'énorme différence des actions mécaniques exercées contre ces deux résistances.

Eprouvette de Hutton (figures 11, 11 et 12, Pl. 4).

364. On l'emploie encore en Angleterre dans les expériences ballistiques.

Je vais la décrire succinctement :

C'est un petit canon en bronze de $0^m,7$ de longueur et du

calibre de 43 millimètres , de sorte que l'âme peut contenir un boulet du poids de 325 grammes.

Le canon est suspendu à une tige en acier qui fait corps avec un axe , également en acier , autour duquel tout le système oscille ; l'axe *h i* , dont les tourillons tournent dans des coussinets , est soutenu par une charpente solide que la figure indique suffisamment. La tige de suspension du canon se divise , peu au-dessous de l'axe , en deux branches dont les extrémités sont solidement fixées à la pièce. Un arc de cercle gradué , en cuivre , fixé sur les branches de la tige de suspension , sert à évaluer l'amplitude de la vibration ; les divisions parcourues sont indiquées par un index concentrique *f e i* , figure 12 , ayant la forme d'un levier coudé , et muni à l'angle d'une douille *e* qui est traversée par l'axe , et qui embrasse étroitement ce dernier.

La douille de l'index *p* , figure 12 , est de plus pressée par un petit ressort *m* et *n* contre le plateau *o* , qui est soudé sur l'axe *h i*.

L'index pressé ainsi contre la tige vibre avec elle , à moins que son bras *e i* ne soit retenu par un obstacle.

Lorsque la branche *e i* de l'index est horizontale , elle repose sur une barre d'arrêt qui est fixée sur le chassis parallèlement à l'axe de rotation , et l'extrémité *f* de l'index correspond alors au zéro de la division.

Le feu étant mis à la poudre , le canon et l'arc gradué rebroussent ensemble , et l'index , arrêté par la barre , reste en place , de sorte que les divisions de l'axe passent vis-à-vis de lui , et peuvent être remarquées par les ouvertures *f*. Lorsque la pièce revient ensuite , l'index vibre avec elle parce que son bras *e i* n'est plus retenu par la barre, et l'extrémité *f* s'arrêtant vis-à-vis d'une division de l'arc gradué , indique l'amplitude de l'oscillation entière.

Hutton chargeait son canon avec de la poudre seule et ne se servait pas de boulet.

265. Il semble hors de doute que la meilleure éprouvette de la poudre soit l'arme ou la bouche à feu même à laquelle elle est destinée ; en effet , c'est alors seulement que l'on peut évaluer

d'une manière directe le travail que l'on veut faire exécuter par la poudre, et cette évaluation serait sans contredit, plus rigoureuse que la déduction, du travail proposé, de celui qu'on a obtenu dans une machine qui utilise la force motrice d'une manière différente que l'arme dans laquelle elle doit agir. Si donc on adopte deux espèces de poudre, dont l'une soit la plus forte au canon, et dont l'autre donne le maximum d'effet au fusil, on est naturellement conduit à l'adoption du canon et du fusil comme machines d'épreuve.

Les seules objections qui puissent être faites contre leur adoption, semblent consister : 1° dans la dégradation de l'arme qui pourrait résulter de l'emploi d'une force motrice considérable, et vicier par là la comparaison entre les effet obtenus, avec la même éprouvette, à deux époques différentes, et 2° dans la difficulté d'évaluer d'une manière rigoureuse le travail utile du moteur ou plutôt la vitesse initiale qui est le seul facteur inconnu de ce travail.

Quant à la première objection, je ne pense pas que les dégradations du fusil ou d'un canon en fonte ayant un grain de lumière en cuivre, résultant d'un tir peu prolongé, comme le serait nécessairement celui d'une arme d'épreuve, puissent être assez fortes pour exercer une influence sensible sur le travail utile ; mais si même il en était ainsi, on éviterait l'erreur qui pourrait en résulter par un essai comparatif d'une poudre type.

Resterait donc la difficulté d'évaluer la vitesse initiale d'une manière simple et suffisamment rigoureuse. Ici on ne peut disconvenir que la déduction de la vitesse de la portée du projectile est peu exacte ; que son évaluation à l'aide du pendule est coûteuse et difficile, enfin que les appareils de Mathey et de Grobert exigent des mécanismes compliqués.

Le procédé proposé par le chef d'escadron Debooz, journal des armes spéciales, n° 11 et 12, 1838, se recommande au contraire par sa grande simplicité, et donnerait peut-être une rigueur suffisante dans le résultat.

Je le rapporterai brièvement :

366. Deux cadres sont placés dans des directions parallèles

à 50 mètres l'un de l'autre ; le chapeau du premier cadre *a* , que je suppose le plus éloigné de l'arme , porte deux poulies de renvoi , et une poulie semblable est fixée au milieu de la traverse supérieure du second cadre *b*.

Un chassis dans lequel on a mis une feuille de carton , et qu'on a rendu pesant par une barre horizontale de fer , est suspendu par deux fils , qui passent sur les poulies du cadre *a* et se réunissent en un nœud dans l'intervalle entre les deux cadres ; de ce nœud il ne part qu'un seul fil qui après avoir passé sur la poulie du cadre *b* enroule une cheville fichée dans la traverse inférieure de ce même cadre.

Si maintenant le canon, placé à une petite distance du cadre *b* , est pointé horizontalement , et que le projectile coupe le fil simple , le chassis suspendu descend aussitôt et son carton est percé au-dessus du point où il l'aurait été s'il était resté en place ; la hauteur de ce dernier point est indiquée par le passage de la balle à travers une autre feuille de carton qui est placée dans un chassis fixe entre les montants du cadre *a*.

Il résulte de cette description que la distance des centres des trous que la balle a faits dans les chassis fixe et mobile , celui-ci ayant d'abord été replacé à la hauteur d'où il est descendu , est égale à la hauteur de la chûte du chassis dans le temps que le projectile a employé à franchir l'espace entre les cadres. Soit *h* la hauteur de cette chûte , *t* sa durée , l'on a

$$h = \tfrac{1}{2} g t^2$$

$$t = \sqrt{\frac{2h}{g}}$$

connaissant maintenant le chemin parcouru par le projectile et le temps employé à le parcourir , on en déduit facilement la vitesse initiale à l'aide de la formule

$$v = \frac{1}{m\, t \cos \theta} \left(e^{mx} - 1 \right)$$

applicable aux trajectoires rasantes , dans laquelle les lettres ont les significations suivantes :

v. Vitesse initiale du projectile ;

x. Abscisse de la trajectoire qui est supposée se confondre avec le chemin parcouru ;

t. Temps employé à parcourir le chemin x ;

θ. Angle de projection ; dans le cas qui nous occupe l'on a $\theta = 0$;

m. Facteur de la force retardatrice du projectile, due à la résistance de l'air, et dont la formule est $\varphi = m\,v^2$;

e. Base du système népérien.

La valeur du coëfficient m est facile à trouver : en effet la force retardatrice théorique est $\varphi = \dfrac{3}{8} \dfrac{\delta}{D\,\delta'} v^2$, où δ désigne la densité de l'air, δ' celle du projectile et D son diamètre ; et la force retardatrice réelle est égale à celle théorique multipliée par un coëfficient n, variable avec la vitesse du projectile. La valeur de ce dernier coëfficient, donné par Hutton pour toutes les vitesses, diffère peu de 2 pour celles de nos projectiles avec les charges usitées.

L'on aura donc
$$m = \frac{3}{8} n \frac{\delta}{D\,\delta'}$$
$$= \frac{3}{4} \frac{\delta}{D\,\delta'}$$

En substituant les valeurs de m, t, θ, e et x dans la formule de la vitesse initiale, l'on trouve très facilement cette dernière ; mais pour éviter tout calcul, l'on pourrait construire une table renseignant pour chaque hauteur de chûte la vitesse correspondante.

Il est fâcheux que dans l'appareil de Mr Debooz, une différence assez notable de la vitesse initiale n'est indiquée que par une légère variation dans la hauteur de la chûte du chassis ; c'est là en effet le vice de l'appareil qui devient d'autant plus saillant que la vitesse initiale du projectile est plus grande ; cependant lorsque celle-ci ne dépasse pas 1200 pieds, une différence de vitesse initiale de trois mètres est encore indiquée par une variation d'environ un millimètre dans la hauteur de la chûte h. Si donc les trous des balles dans les chassis sont très nets, il doit être facile de prendre la distance de leurs centres à un millimètre près, et l'erreur serait alors peu considérable.

Aux expériences qui ont été faites par Mr Debóoz à Rennes, en 1833, les projectiles ont traversé 1° du papier ou du carton mou non collé, 2° de la percale ou du papier collé.

Les trous étaient les plus nets dans le carton mou non collé.

Il serait, je pense, utile de faire les expériences nécessaires pour s'assurer si l'évaluation de la vitesse initiale, à l'aide de cet appareil, a la rigueur voulue pour différencier convenablement les poudres dans l'ordre de leur travail utile. Si l'on obtenait sous ce rapport un résultat satisfaisant, la question sur l'utilité qu'il y aurait d'adopter le canon et le fusil, comme machines d'épreuve, serait résolue.

FIN.

NOTES.

NOTE 1.

La roue hydraulique fait 9,5 révolutions dans une minute, et comme le centre de l'aube est à $2^m,73$ de l'axe de l'arbre, la vitesse de ce point est

$$v = \frac{9,5 \times 2\pi \times 2,73}{60} = 2,717.$$

NOTE 2.

En nommant E la dépense d'eau dans une seconde (a); π le poids de l'unité de volume du fluide, V la vitesse de l'eau affluente, v la vitesse de la roue, l'on trouve la force motrice égale à la masse de l'eau qui choque multipliée par la vitesse relative avec laquelle elle choque, ou $\frac{\pi\,E}{g}\,(V - v)$; le chemin le long duquel cette force motrice s'exerce dans $1''$ étant v, l'on trouve le travail utile

$$t = \frac{\pi\,E}{g}\,(V - v)\,v.$$

Ce travail est nul pour $v = 0$ et pour $V = v$, c'est-à-dire, lorsque la roue est immobile ou lorsqu'elle a la même vitesse que l'eau affluente. Entre ces deux valeurs de v il en existe une autre qui rend le travail t un maximum; pour la trouver prenons le coëfficient différentiel de t relativement à v et égalons-le à 'zéro, il vient

$$\frac{dt}{dv} = \frac{\pi\,E}{g}\,(V - 2v) = 0$$

d'où
$$v = \frac{1}{2}\,V$$

(a) Cette dépense égale la surface du pertuis multipliée par le coëfficient de la contraction de la veine fluide.

cette valeur de v substituée dans celle de t donne

$$t = \frac{\pi E}{4g} V^2$$

$$= \frac{1}{2} \pi E H$$

$$= \frac{1}{2} P H$$

P étant le poids de l'eau qui choque dans une seconde. Le travail absolu du moteur étant P H , nous en concluons que la moitié de ce travail a été perdue par le choc; et en effet cette perte égale $\frac{\pi E}{g}(V - v)^2$, en supposant la masse choquante relativement à celle choquée égale à zéro; en substituant pour v sa valeur $\frac{1}{2}$ V , la perte devient $\frac{\pi E}{4g} V^2$ ou $\frac{1}{2}$ P H.

Tels sont les résultats théoriques; dans la pratique, le travail du moteur subit encore d'autres pertes que celle due au choc, dont la principale provient de la fuite d'une partie d'eau qui s'échappe latéralement sans avoir agi sur la roue ; la vitesse du maximum d'effet utile n'est plus que les 2/5 de celle de l'eau affluente , et le travail utile ne dépasse pas dans les meilleures roues le tiers du travail absolu du moteur.

L'on voit par ce qui précède que la perte la plus forte du travail du moteur est due au choc de l'eau contre les aubes de la roue ; aussi tâche-t-on , dans les autres roues, de diminuer ce choc autant que possible ou de l'éviter tout à fait.

Dans la roue Poncelet, qui est également en dessous, on atteint ce but en faisant les aubes courbes ; la lame d'eau qui afflue ayant une direction tangentielle à la surface intérieure de l'aube , l'eau pénètre dans cette dernière sans choc et s'élève sur cette surface cylindrique jusqu'à ce que sa vitesse $V - v$ soit épuisée ; arrivée à ce point elle descend et elle abandonnerait l'aube avec une vitesse $V - v$ dans une direction tangentielle à la roue, si cette vitesse n'étant pas diminuée par celle de la roue dirigée en sens contraire ; il résulte là que la vitesse absolue de l'eau qui tombe de l'aube est $V - 2v$ et elle serait nulle si $v = 1/2$ V.

Cette dernière correspond évidemment au maximum d'effet; car l'eau n'ayant plus de vitesse, aura épuisé toute sa force motrice contre la roue.

Le travail utile est facile à trouver : en effet il est égal au travail absolu du moteur moins celui dont l'eau qui abandonne l'aube est encore capable, donc

$$t = \pi E H - \frac{\pi E}{2g}(V - 2v)^2$$

$$t = \frac{\pi E}{2g}\left(V^2 - V^2 + 4Vv - 4v^2\right)$$

$$\frac{2\pi E}{g}v(V-v)$$

Le maximum de ce travail correspond à $v = {}^{1}/_{2}\,V$ et devient

$$\frac{2\pi E}{g} \times \frac{1}{4}\,V^2 = \pi EH.$$

Ainsi la limite théorique du travail utile est l'entièreté du travail absolu du moteur, mais cela suppose l'absence totale du choc et en second lieu que toute l'eau agisse utilement sur la roue.

Dans la pratique le travail utile n'est qu'environ les $2/3$ du travail du moteur et si le chûte est grande, au delà de 1,50, et que la vitesse de la roue est sensiblement moindre que celle qui correspond au maximum d'effet, le travail utile descend à la moitié du travail absolu du moteur.

Dans la roue en dessus (roue à augets) on tâche également d'éviter autant que possible le choc de l'eau; ces roues recoivent l'eau à leur sommet dans des augets.

Si h est la hauteur de la charge, H la hauteur totale de la chûte, l'on aura pour le travail utile

$$t = \pi E(H-h) + \frac{\pi E}{g}(V-v)v$$

En effet ce travail consiste dans celui de la pression de l'eau le long du chemin $H-h$ plus le travail dû au choc de l'eau dans l'auget $= \frac{\pi E}{g}(V-v)v$.

Dans la pratique on n'obtient environ que les $2/3$ ou les $3/4$ de ce travail.

Le travail utile sera d'autant plus grand que h et v seront plus petits, cependant on ne peut pas diminuer la vitesse de la roue au-delà d'un mètre par $1''$ sans entraîner d'autres inconvéniens; très souvent même cette vitesse est de 2^m et la roue est encore, malgré cela, plus avantageuse qu'une roue en dessous à aubes planes.

Les roues de côté sont exactement emboîtées dans un coursier circulaire et recoivent l'eau à une hauteur intermédiaire entre le haut et le bas de la roue dans des augets ou sur des aubes qui avec les parois du coursier constituent également des pots. L'eau agit ici également par choc et par pression, et l'on trouve, comme dans les roues en dessus, le travail utile par la formule

$$T = \frac{\pi E}{g}(H-h) + \frac{\pi E}{g}(V-v)v.$$

Mais on a ici de nouvelles pertes de travail provenant de la pression de l'eau, dans la partie immergée, en sens contraire du mouvement, et de la fuite de l'eau entre les aubes et les parois du coursier; malgré ces pertes on utilise, par ces roues, les $2/3$ ou les $3/4$ de la force motrice suivant que la vitesse v et la charge h ont des valeurs plus ou moins avantageuses. Il convient ici également que la vitesse de la roue soit peu considérable et qu'on évite autant que possible le choc de l'eau.

Il résulte de cette discussion rapide sur les roues que celles en dessous à aubes planes sont les plus désavantageuses de toutes, et que dans le cas le plus favorable, la force motrice utilement employée n'est que la moitié de ce qu'elle est dans les autres roues.

Leurs avantages consistent dans la grande simplicité de leur construction et dans ce que la vitesse de la roue peut être considérable sans que l'effet utile soit sensiblement diminué; malgré ces avantages on pourra presque toujours les remplacer avec avantage par une autre roue verticale.

Le choix de la roue est déterminé par des circonstances locales telles que la hauteur de la chute, la quantité d'eau affluente, etc., et par la vitesse de la roue qui convient au travail que l'on veut exécuter; je renvoie pour les apprécier aux traités spéciaux et je me borne ici aux indications qui suivent :

Les roues en dessus conviennent particulièrement à de grandes chûtes, fournissant une quantité d'eau peu considérable.

Elles peuvent encore marcher lorsqu'elles sont noyées en dessus de la hauteur de leur couronne. Elles exigent impérieusement que la vitesse de la roue soit peu considérable.

Les roues de côté conviennent particulièrement à des chûtes de $1^m,3$ à $2,5$. Elles utilisent la plus petite chûte d'eau. Elles peuvent marcher sans désavantage trop sensible à des vitesses très différentes. Elles marchent mal quand elles sont noyées sensiblement au-dessus de la hauteur de leurs palettes.

Les roues en dessous à aubes courbes (roues Poncelet) peuvent marcher à une vitesse très considérable; mais si celle-ci s'éloigne trop sensiblement de celle du maximum d'effet, l'eau rejaillit dans la roue et l'effet utile en est sensiblement diminué. Il importe surtout que le vannage, la construction des aubes et celle du coursier soient exactement conformes aux indications de Mr. Poncelet.

NOTE 3.

Calcul du moulin à pilons, Pl. 1, figures 14 et 15.

Distance de l'axe de la roue hydraulique au centre de l'aube. 2^m,73
Rayon du rouet $d\,d'$. . . . . , . .   1,70
Rayon de l'arbre de levées.   0,22
Rayon des tourillons de l'arbre de la roue hydraulique. .   0,02
     Id.   id.   id.   de levées.   0,02
Rayon de la lanterne.   0,54
Nombre d'alluchons du rouet $d\,d$.   48
     Id. de fuseaux de la lanterne $e\,e$.   16
Nombre de révolutions par minute de la roue hydraulique. .   9,5
Vitesse angulaire de cette roue.   0,9953
Vitesse angulaire de l'arbre de levées.   2,9860
Poids de la roue hydraulique, y compris l'arbre et le rouet. 1800 kgs
Poids de l'arbre de levées. . . . . 1500 kgs
Poids du pilon armé de sa boîte. . . . .   40 kgs
Hauteur de la chûte du pilon.   0,40
Longueur de la levée à partir de l'axe jusqu'à l'extrémité .   0,490
Nombre de levées.   20
Distance de l'axe de l'arbre de levées à l'axe du pilon. .   0,60
Epaisseur du mentonnet.   0,054
Distance entre les deux prisons..   1,550
Distance de la prison inférieure à l'axe de l'arbre de levées.   0,500
Nombre de pilons par batterie.   10

Le travail absorbé par les résistances nuisibles est égal à la différence du travail du moteur, exercé contre l'aube de la roue, et du travail utile.

Le travail du moteur est égal à la somme des travaux qui suivent :

1° Le travail absorbé par la résistance verticale des pilons en les élevant ;

2° Le travail absorbé par le frottement des levées contre les mentonnets ;

3° Le travail absorbé par les chocs des levées contre les mentonnets ;

4° Le travail absorbé par le frottement des alluchons du rouet $d\,d$ contre les fuseaux des lanternes $e\,e$;

5° Le travail absorbé par le frottement des tourillons de l'arbre de levées;

6° Le travail absorbé par le frottement des tourillons de l'arbre de la roue hydraulique.

Le travail utile est égal au produit du poids des pilons qui tombent dans une seconde par la hauteur de leur chûte.

---

1. *Travail absorbé par la résistance verticale des pilons.*

Pour évaluer ce travail il faut d'abord connaître le nombre des pilons qui sont soulevés à la fois; on y parvient aisément : en effet l'arbre de levées est muni de vingt levées placées sur autant de génératrices équidistantes et avançant également dans le sens de l'axe de l'arbre; le nombre des levées qui sont comprises dans l'angle que l'une d'elles décrit à partir de sa position horizontale, où elle commence d'agir sur le mentonnet jusqu'à celle où elle l'abandonne, est évidemment celui des pilons qui sont soulevés à la fois. Pour avoir cet angle supposons l'extrémité de la levée arrivée au point a où elle abandonne le mentonnet, et abaissons de ce point une perpendiculaire ab sur l'horizontale bc qui coupe l'axe de l'arbre de levées en c, et que divise le mentonnet en deux parties symétriques; cette perpendiculaire a pour longueur la hauteur de la chûte du pilon ajoutée à la moitié de l'épaisseur du mentonnet, ou $0{,}400 + 0{,}027$. Les trois lignes ab, bc et ac forment un triangle rectangle dont l'angle x opposé à la ligne ab, est celui dont il s'agit, et se trouve par la proportion qui suit

$$1 : sin\ x = ac : ab,$$
$$1 : sin\ x = 0{,}490 : 0{,}427,$$
$$x = 60° 38'.$$

Comme maintenant les axes de deux levées consécutives se coupent, sur l'axe de l'arbre de levées, sous un angle de 18°, il est évident qu'il y a toujours trois pilons qui sont soulevés à la fois.

Lorsque la levée commence à soulever le pilon, le bras de levier de la résistance que celui-ci oppose est de $0^m{,}490$; au moment où la levée abandonne le mentonnet, le bras de levier de la résistance devient $0{,}49\ (1 - sinus\ verse\ 60° 38')$, et outre ces deux limites il varie pour chaque point de l'ascension du pilon; le bras de levier moyen est d'après cela $l = 0{,}490 \times \dfrac{sin\ 60° 38'}{arc\ 60° 38'} = 0^m{,}4036$.

En effet, le travail de la force verticale dans l'élévation du pilon est $= R \times 0{,}49 \times sin\ 60° 38'$; si nous voulons remplacer ce travail par celui que nécessite la même résistance R mais qui agit toujours perpendiculairement à l'extrémité du bras de levier moyen l, nous aurons pour ce dernier travail R $\times l \times arc$ 60° 38', et partant

$$R \times l \times arc\ 60°\ 38' = R \times 0,49 \times sinus\ 60°\ 38'.$$

$$\text{D'où } l = 0,49 \frac{sinus\ 60°\ 38'}{arc\ 60°\ 38'}.$$

Si maintenant on faisait abstraction du frottement du pilon contre les prisons, chaque pilon exercerait constamment une résistance de 40 kilogrammes à l'extrémité d'un bras de levier de 0^m,4036, mais le frottement indiqué augmente cette résistance, et on trouve celle-ci par la formule (a)

$$(1)\quad R = P \times \frac{d + 2 f d'}{d - f^2 (d - 2d'')} \quad \text{(Eitelwein statik fester koerper vol. 1, pag. 400).}$$

Dans laquelle les lettres ont les significations suivantes :

d Distance entre les deux prisons 1,550;

d' Distance variable du point de contact de la levée avec le mentonnet à l'axe du pilon . . . . 0,1964 (b);

d'' Distance variable de la prison inférieure au mentonnet du pilon soulevé (c). . . . . 0,70 ;

f Coëfficient du frottement . . . . 0,1 ;

P Poids du pilon. . . . . 40 kgs.

Ces valeurs substituées dans la formule (1) donnent

$$R = 41,04$$

Pour la résistance d'un pilon.

En une seconde il y a dans les deux batteries 19 pilons soulevés à la hauteur de 0^m,40, par conséquent l'on trouve le travail absorbé pour les élever

$$T = 19 \times 0,40 \times 41,04 = 311,90 \text{ kilogrammètres.}$$

(a) Eitelwein a obtenu cette formule en tenant compte des pressions contre les prisons qui résultent de la force que le frottement de la levée contre le mentonnet développe, force qui est dirigée horizontalement vers l'arbre de levées. En faisant abstraction de cette force, comme le fait Navier (note $a\ o$ sur l'ouvrage cité de Belidor), la pression contre chaque prison serait $\frac{P\,d'}{d}$ et l'on aurait eu $R = P + \frac{2 f d'\,P}{d} = 150$.

(b) Egale à la distance des axes du pilon et de l'arbre de levées moins le bras de levier moyen, ou à 0,6000—0,4036=0,1964.

(c) Egale à la distance de la prison inférieure à l'horizontale passant par l'axe de l'arbre de levées, plus la moitié de la hauteur de la chûte du pilon, ou à 0,5+0,2=0,7.

2. *Travail absorbé par le frottement des levées contre les mentonnets.*

Chaque pilon presse contre la levée avec un poids moyen de 41,04 kgs et occasionne un frottement horizontal $= f \times 41{,}04 = 4{,}104$ kgs dirigé vers le pilon; le point frottant parcourt sur le mentonnet une longueur de $0{,}49 - 0{,}49 \, cos \, 60^\circ \, 38'$ ou de $0^m,2478$ et le travail absorbé par le frottement est par conséquent $= 4{,}104 \times 0{,}2478 = 1{,}01697$ kilogrammètres; mais dans une seconde il y a 19 pilons soulevés, d'où l'on trouve pour le travail du frottement

$$T' = 19 \times 1{,}01697 = 19{,}32 \text{ kilogrammètres.}$$

---

3. *Travail absorbé par les chocs des levées contre les mentonnets.*

Lorsqu'une masse M se meut librement avec la vitesse V et choque une autre masse M' en repos, il en résulte une perte de travail égale à $\frac{1}{2} \, \frac{MM'}{M+M'} V^2$.

En effet : avant le choc la force vive était MV^2, après le choc elle est $(M+M') \frac{M^2 V^2}{(M+M')^2}$, et partant l'on a la perte de travail, qui égale la moitié de la perte de force vive, $= \frac{1}{2}\left(\frac{M^2 V^2}{M+M'} - M V^2 \right) = \frac{1}{2} \frac{M M'}{M+M'} V^2$.

Dans le cas qui nous occupe, la masse qui choque tourne autour d'un axe fixe, et il faut pour le ramener au précédent que nous remplacions la masse M par celle m qui, concentrée au point choquant, opposerait la même résistance au mouvement de l'arbre de levées que le fait la masse répartie dans toute l'étendue de cet arbre, et que nous prenions pour la vitesse V celle du point choquant.

Soit d la distance du point choquant à l'axe de l'arbre de levées, v la vitesse angulaire de ce dernier, I le moment d'inertie de l'arbre par rapport à son axe, nous aurons

$$m = \frac{I}{d^2}$$

$$V = v \, d.$$

D'où il résulte pour la perte de travail due à un seul choc

$$P = \frac{1}{2} \, \frac{M'}{\frac{I}{d^2} + M'} \times \frac{I}{d^2} \, v^2 \, d^2$$

$$= \tfrac{1}{2} \frac{\dfrac{R}{g} d^3}{1 + \dfrac{R}{g} d^3} \cdot \mathrm{I} v^2 \quad (2).$$

R étant la résistance d'un pilon et g l'accélération de vitesse dans la chûte des graves.

L'on a

$$R = 45,60$$
$$d = 0,49$$
$$g = 9,81$$
$$r = 2\pi \times 0,475 = 2,986.$$
$$\mathrm{I} = \frac{P\, r^2}{2\, g}$$

P étant le poids de l'arbre de levées $= 1500$ kgs. et r son rayon $= 0^m,22$

Ces valeurs substituées dans la formule (2) donnent

$$P = 3,80 \text{ kilogrammètres};$$

Et comme il y a 19 chocs par seconde nous trouvons la perte de travail due aux chocs

$$T'' = 19 \times 3,80 = 72,20 \text{ kilogrammètres.}$$

------

4. *Travail absorbé par le frottement des tourillons de l'arbre de levées.*

Cet arbre est sollicité par la force horizontale qui nait du frottement des levées contre les mentonnets, $F = 3 \times 4,104$ kgs. $= 12,312$;

Et par les forces verticales qui suivent :

1º La force transmise par le rouet dd. . . . . Q.

2º La résistance des trois pilons à la fois soulevés. . . R$=123,12$.

3º Le frottement des alluchons du rouet contre les fuseaux de la lanterne . . . . F'.

4º Le poids de l'arbre de levées P. . . . . 1500 kgs.

5º La réaction des pilons lors du choc. . . . . R'.

Quant à cette dernière, la perte de travail due aux chocs dans une seconde, a été trouvée 36,10 kilogrammètres pour une batterie; et elle est consommée à l'extrémité de la levée dont la vitesse est égale à la vitesse angulaire de l'arbre de levées multipliée par la distance de l'extrémité de la levée à l'axe de l'arbre, soit $0^m,49 \times 2,986 = 1,463$

En divisant donc le travail 36,10 kilogrammètres par l'espace par-couru dans une seconde par la résistance $= 1,463$, l'on a cette dernière

$$R' = \frac{36,100}{1,463} = 24,67.$$

Parmi les forces indiquées, celles Q et F' sollicitent l'un des arbres de haut en bas, l'autre en sens inverse, de sorte que dans une batterie elles augmentent la pression des tourillons contre leurs logements et que dans l'autre elles la diminuent ; il résulte de là que pour avoir la pression moyenne, il faut faire abstraction des forces Q et F'.

Cela posé l'on trouve cette pression moyenne

$$P' = \sqrt{(123,12 + 1500 + 24,67)^2 + 12,312^2} = 1650.$$

Et partant pour le travail du frottement qui nous occupe

$$T''' = 2\pi \times r \times 0,475 \ \frac{f}{\sqrt{1+f^2}} \times 1650.$$

En substituant la valeur du rayon du tourillon $r = 0,02$ et celle du coëfficient du frottement des axes $f = 0,155$, il vient

$$T''' = 2\pi \times 0,02 \times 0,475 \times \frac{0,155}{\sqrt{1+0,155^2}} \times 1650.$$

$$= 14,27 \text{ kilogrammètres.}$$

------

5. *Travail absorbé par le frottement des alluchons du rouet contre les fuseaux des lanternes.*

L'on trouve ce frottement par la formule

$$F' = fQ\,\pi\,\frac{m+m'}{m\,m'}.$$

Dans laquelle :

$m.$ Le nombre de dents du rouet . . . . 48.
$m'.$ Le nombre de fuseaux de la lanterne. . . . . 16.
$f.$ Coëfficient du frottement . . . . 0,1.
Q. La réaction de l'arbre de levées, égale à la force transmise pour la vaincre.

En substituant les valeurs connues, il vient

$$F' = 0,0260Q.$$

Pour trouver maintenant la valeur de Q, établissons l'équation des couples qui agissent sur l'arbre de levées, et qui est la seule qui doive être satisfaite pour qu'il y ait équilibre.

Les forces qui agissent sur l'arbre de levées et leurs bras de leviers sont :

1° La force Q transmise par le rouet, agissant sur un bras de levier de $0^m,54$;

2° Le frottement des dents du rouet contre les fuseaux de la lanterne ayant un bras de levier de 0,54 ;

3° La réaction de trois pilons soulevés à la fois 123,12, agissant à l'extrémité du bras de levier moyen, long de 0,4036 ;

4° La réaction des pilons lors du choc 24,67, dont le bras de levier est $0^m,49$;

5° Le frottement des tourillons de l'arbre $\dfrac{f}{\sqrt{1+f^2}}\ 1650 = 239,25$, agissant sur un bras de levier de 0,02 ;

6° Le frottement des levées contre les mentonnets des trois pilons soulevés 12,312, agissant sur un bras de levier moyen de 0,20.

En introduisant ces valeurs dans l'équation des couples du système, l'on a

$$0,54Q = 0,54 \times 0,026Q + 123,12 \times 0,4036 + 24,67 \times 0,49$$
$$+ 239,25 \times 0,02 + 12,312 \times 0,2$$
$$0,526Q = 69,026$$
$$Q = 131,2 \text{ kgs.}$$

Cette valeur de Q substituée dans celle du frottement des alluchons du rouet contre les fuseaux de la lanterne donne

$$F' = 3,4112 \text{ kgs.}$$

Le travail de ce frottement est par conséquent

$$T^{IV} = 2\pi\ 0,54 \times 0,475 \times 3,4112 = 5,50 \text{ kilogrammètres.}$$

---

6. *Travail absorbé par le frottement des tourillons de l'arbre de la roue hydraulique.*

Les forces qui sollicitent le système composé de la roue hydraulique et de son arbre, sont :

1° La force motrice Q' qui agit au centre des aubes à une distance de $2^m,73$ de l'axe ;

2° Les réactions Q et Q des lanternes, agissant en sens inverse à la circonférence du rouet, ou à une distance de l'axe de $1^m,7$;

3° Le frottement des alluchons du rouet contre les fuseaux des lanternes, agissant également en sens inverse à la même distance de l'axe que les réactions Q et avec une intensité de 0,026Q ;

4° Le poids de la roue de son arbre, et du rouet, 1800 kgs. ;

5° Le frottement des tourillons, F''.

Pour avoir ce dernier, observons que dans le calcul de la pression des tourillons contre leurs logemens on peut faire abstraction des réactions

Q de l'arbre de levées et des frottements qu'elles font naître ; en effet les deux forces Q , aussi bien que les frottements dont il s'agit, agissent en sens inverse sur le système, et se détruisent mutuellement ; cela posé l'on trouve pour la pression des tourillons contre leurs logements

$$P''' = \sqrt{1800^2 + Q'^2}$$

Et pour le frottement $F'' = \dfrac{f}{\sqrt{1 + f^2}}\; P''' = 0{,}145\; P'''$.

Pour avoir la valeur de Q , établissons l'équation des couples du système , il vient :

$$2{,}73 Q' = 2 \times 1{,}7 Q + 2 \times 1{,}7 F' + 0{,}02 \times 0{,}145 \sqrt{1800^2 + Q'^2}$$

Et en mettant pour Q et F' leurs valeurs 131,2 et 3,41

$$2{,}73 Q' = 3{,}24\,(131{,}2 + 3{,}41) + 0{,}0029 \sqrt{1800^2 + Q'^2};$$

En négligeant d'abord Q' sous le radical il vient

$$2{,}73 Q' = 436{,}14 + 5{,}22.$$
$$Q' = 161{,}6.$$

La valeur exacte de Q' qui résulte de la résolution de l'équation du second degré, en ne négligeant pas Q' sous le radical , ne diffère pas d'un dixième de kilogramme de celle que nous venons de trouver, et cette dernière est par conséquent suffisamment exacte. Ayant ainsi trouvé Q' , nous avons pour la pression des tourillons contre leurs logements

$$P''' = \sqrt{1800^2 + 161{,}6^2} = 1808\ \text{kgs.}$$

Et partant pour le travail du frottement des tourillons

$$T^v = 2\pi \times 0{,}02 \times 0{,}1583 \times 1808 \times 0{,}145 = 5{,}20\ \text{kilogrammètres.}$$

En sommant maintenant tous ces travaux , l'on a

$$
\begin{aligned}
T   &= 311{,}90 \quad \text{kilogrammètres} \\
T' &= 19{,}32 \\
T'' &= 72{,}20 \\
T''' &= 14{,}27 \\
T^{\mathrm{IV}} &= 5{,}50 \\
T^v &= 5{,}20 \\
\hline
    &\ 428{,}39
\end{aligned}
$$

Qui est le travail total effectué par la force motrice communiquée aux aubes. Si enfin de ce travail on retranche le travail utile , qui est égal au poids de 19 pilons multiplié par la hauteur de la chûte du pilon, l'on trouve le travail des résistances nuisibles

$$428{,}39 - 304 = 124{,}39$$

Le travail perdu est par conséquent les 0,3 du travail du moteur, et cette perte est surtout occasionnée par les chocs des levées contre les mentonnets.

———

NOTE 4.

Calcul du Moulin à Meules de Wetteren.

DONNÉES :

Diamètre des meules, ... 2^m,600
Epaisseur . . . . 0^m,350
Poids d'une meule. . . . . 4940k.
Poids de l'essieu . . . . 1250k.
Poids de l'arbre vertical et de l'appareil pour atteler les chevaux. . 300k.
Rayon du pivot de l'arbre vertical . . . . 0^m,025
Rayon de la fusée, à l'endroit où elle perce la meule . . . . 0^m,050
Distance du milieu de l'œil de la meule { De la plus proche. . 0^m,670
à l'axe de l'arbre vertical . . . . { » » » éloignée. . 0,930
Rayon de la circonférence que le cheval parcourt . . . . 4^m,000
Nombre de révolutions que les meules font dans une minute
autour de l'arbre vertical 3
Charge, mise sur la table . . . . 25^{kgs}.
Durée de la trituration. . . . . 5 heures.

Le travail du moteur est égal aux travaux des composantes de la force motrice transmises par les fusées aux points milieux des boîtes, ajouté au travail du frottement du pivot dans sa crapaudine.

Travail du frottement du pivot = t.

Ce travail se calcule à l'aide de la formule $t = 2/3 f \, N \, r \, v$ (Taffe, Application des principes de mécanique, page 39), dans laquelle les lettres ont les significations qui suivent :

f Coëfficient du frottement. 0,24
N Poids de l'arbre vertical, de l'essieu et de l'appareil d'attelage. 1550^{kgs}.
r Rayon du pivot 0,025
v Vitesse angulaire de l'arbre vertical $= \dfrac{3 \times 2\pi}{60} =$ . . 0^m,314

En substituant ces valeurs dans la formule du travail qui nous occupe, il vient

$t = 2/3 \times 0,24 \times 1550 \times 0,025 \times 0,314 = 1,95$ kilogrammètres.

Travaux transmis par les fusées aux points milieux des boîtes, t' et t''.

Les vitesses de rotation de ces points sont :

Pour la meule la plus rapprochée $= v \times 0,67 = 0,2104$

—   —   —   éloignée. $= v \times 0,93 = 0,2920$]

Soient maintenant :

x La force transmise à la meule la plus rapprochée ;

y —   —   —   —   éloignée.

Et partant les travaux de x et de y, $0,210\,x$ et $0,292\,y$, l'on aura

Travail du moteur $= T = 1,95 + 0,210\,x + 0,292\,y$

Or l'effort que le cheval de manège exerce d'une manière continue

étant 45^{kgs}., l'on trouve le travail du moteur $T = 45 \times \dfrac{3 \times 2\pi \times 4}{60} =$

56,52^{kgs}.

D'où $T = 56,52 = 1,95 + 0,210\,x + 0,292\,y\ (1)$.

Dans cette équation les forces x et y restent encore indéterminées ; mais comme les résistances respectives des meules sont égales entr'elles, les forces motrices qui les meuvent sont comme les vitesses des meules ou comme les distances des points milieux des œils à l'axe de rotation, donc

$$x : y = 0,67 : 0,93\ (2).$$

En combinant les équations (1) et (2), il vient

$$x = 88,7$$
$$y = 123,1.$$

Le travail utile est maintenant facile à trouver : en effet il est égal au travail du moteur moins la somme des travaux des frottemens du pivot de l'arbre vertical et des fusées de l'essieu contre les boîtes des meules.

Pour évaluer les travaux des frottements dus aux pressions x et y, il faut connaître les chemins parcourus en une seconde par les points d'application de ces pressions ; or les révolutions que les meules achèvent en

une seconde autour de leurs axes étant $\dfrac{3 \times 2\pi \times 0,67}{60 \times 2\pi \times 1,3} = 0,02577$ et

$\dfrac{3 \times 2\pi \times 0,93}{60 \times 2\pi \times 1,3} = 0,03577$, l'on a pour les vitesses des points d'application des pressions x et y, $0,02577 \times \pi \times 0,1 = 0,0081$ et $0,03577 \times \pi \times 0,1 = 0,0112$, et partant pour les travaux des frottemens des fusées contre les boîtes :

A la meule la plus rapprochée de l'axe $t = f \times x \times 0,0081 = 0,085 \times 88,7 \times 0,0081 = 0,061$;

A la meule la plus éloignée de l'axe $t' = f \times y \times 0,0112 = 0,085 \times 123,1 \times 0,0112 = 0,117$;

En retranchant du travail du moteur 56,52, les travaux nuisibles qui sont :

Travail du frottement du pivot de l'arbre vertical 1,950
— des frottemens des fusées contre leurs boites $= 0,061 + 0117.$ 0,178
                                                             ——————
                                                               2,128

On a le travail égal à leur différence ou à 54,40 kilogrammètres, ce qui fait 0,96 du travail du moteur, de sorte qu'il n'y aurait que les 0,04 du travail du moteur perdus. Cette perte serait extrèmement minime ; aussi est-elle plus grande en réalité parceque la force centrifuge qui tend sans cesse à éloigner les meules de l'arbre vertical, secoue ce dernier et quoiqu'elle ne produise pas de travail proprement dit, parceque l'arbre n'est pas déplacé, il en résulte cependant une diminution du travail utile. Si nous voulons maintenant connaître le nombre de kilogrammètres de travail utile qu'on dépense au moulin de Wetteren par kilogramme de galette, nous le trouvons égal à $\dfrac{5 \times 3600 \times 54,40}{25} = 39000$ kilogrammètres.

La manière avantageuse dont le moulin à meules utilise la force motrice est très remarquable.

NOTE 5.

——

Exemple de calcul du travail utile transmis par la machine qui en Suisse est employée pour arrondir les grains (Pl. 2. figures 10 et 11).

——

DONNÉES FICTIVES :

Force motrice agissant contre la palette. . . . . $P = 50$kgs.
Distance du point d'application de la force motrice à l'axe
  de la roue. . . . . $a = 2^m,000$
Poids de la roue et de son arbre . . . . $p = 1400$kgs.
Poids de l'arbre vertical autour duquel se meuvent les
  bobines . . . . $p' = 400$kgs.
Poids de l'essieu ff qui traverse les bobines. . . . . $p'' = 25$kgs.
Rayon des tourillons de l'arbre de la roue . . . . . $R = 0,040$
Rayon du pivot de l'axe vertical. . . . . $r = 0,025$
Rayon de l'essieu ff. . . . . $r' = 0,020$
Rayon de la lanterne mm . . . . $s = 0,300$

Rayon du rouet kk . . . . $s' = 0,900$
Distance du milieu de la bobine à l'axe vertical. . . . $d = 0,500$
Nombre de fuseaux de la lanterne . . . . $n = 8$
— d'alluchons du rouet. . . . . $n' = 24$
— de révolutions de la roue hydraulique dans une minute 20.

Cherchons d'abord les vitesses angulaires du mouvement de rotation autour des axes de la roue hydraulique et de l'arbre vertical. Nous aurons

$$\text{pour la première } v = \frac{20 \times 2\pi}{60} = 2^m,09,$$

$$\text{et pour la seconde } v' = \frac{\frac{20}{3} \times 2\pi}{60} = 0,696.$$

Parce que sur 3 révolutions de l'arbre de la roue on ne compte qu'une seule de l'arbre vertical.

Le travail de la force motrice est égal au travail utile ajouté à la somme des travaux nuisibles qui sont :

1° Le travail du frottement des tourillons de l'arbre de la roue ;

2° Le travail du frottement des fuseaux de la lanterne contre les alluchons du rouet ;

3° Le travail du frottement du pivot de l'arbre vertical contre sa crapaudine ;

4° Le travail du frottement de l'essieu ff contre les boîtes des disques des bobines.

Travail du frottement des tourillons de l'arbre de la roue.

$$\text{Sa formule est } T = f'r \sqrt{1400^2 + (50 - q)^2} \times 2,09 \quad (1);$$

$$\text{dans laquelle } f' = \frac{f}{\sqrt{1 + f^2}} = 0,15,$$

$$r \text{ le rayon des tourillons} = 0,04$$

q La réaction des alluchons du rouet contre les fuseaux de la lanterne.

Pour trouver q, remarquons que les forces qui sollicitent le système autour des axes de l'arbre de la roue, de l'arbre vertical et de l'essieu ff, doivent se faire respectivement équilibre, et que la seule condition d'équilibre lorsqu'il y a un axe fixe, est que le couple résultant perpendiculaire à cet axe soit égal à zéro, ou encore que les moments des forces qui sollicitent le système autour de cet axe en sens inverse, soient égaux entre eux.

Autour de l'axe de l'arbre de la roue l'équation d'équilibre est par conséquent

$$Pa = qs + FR + F's$$

F étant le frottement des tourillons, et F' celui de l'engrenage.

Faisons d'abord abstraction du dernier, nous aurons

$$50 \times 2 = q \times 0,3 + 0,15 \times 0,4 \sqrt{1400^2 + (50-q)^2}$$

Pour éviter la solution de l'équation du second degré, prenons pour première valeur approchée de q celle qui résulte de l'équation d'équilibre sans les frottements

$$50 \times 2 = 0,3q$$
$$q = 333,33$$

Et substituons-la sous le radical, nous aurons

$$50 \times 2 = 0,3q + 0,15 \times 0,04 \sqrt{1400^2 + (50-333,33)^2}$$
$$\text{ou} \qquad q = 304,73.$$

Ayant maintenant q, nous trouvons pour le moment du frottement des fuseaux contre les alluchons

$$Fs' = f q \pi \frac{8+24}{8 \times 24} \times 0,3$$
$$\text{Où } f = 0,08$$

Donc $Fs' = 0,08 \times 304,73 \times 3,14 \times \dfrac{32}{192} \times 0,3 = 3,783$

En substituant les valeurs de $FR = 0,006 \sqrt{1400^2 + 283,33^2} = 8,58$, et $F's = 3,783$ dans l'équation d'équilibre autour de l'axe de la roue, l'on a

$$100 = 0,3q + 3,783 + 8,58$$
$$q = 292,12 \text{ kgs.}$$

Cette dernière valeur substituée dans l'équation (1) donne pour le travail du frottement des tourillons de l'arbre

$$T = 0,15 \times 0,04 \times 2,09 \sqrt{1400^2 + (50-292,12)^2}$$
$$T = 17,81^{\text{km}}.$$

Travail du frottement de l'engrenage.

Il est donné par la formule

$$T' = f \pi q \frac{n+n'}{nn'} \times 0,3 \times 2,09.$$

$$= 0,08 \times 3,14 \times 292,12 \times 0,3 \times 2,09 \times \frac{32}{192}$$

$$= 7,32^{km}.$$

Travail du frottement du pivot.

———

Sa formule est $T'' = f \, N \, 2/3 \, r v^1$

Où
$$f = 0,24$$
$$N = 425$$
$$r = 0,025$$
$$v^1 = 0,696$$

Ces valeurs substituées dans la formule donnent

$$T'' = 1,18^{km}.$$

Il reste maintenant à calculer le frottement de l'essieu ff dans ses boîtes ; pour cela nous calculerons l'effort horizontal x transmis par la force q au point de l'essieu qui correspond avec le milieu de la bobine, nous aurons

$$q \times 0,9 = f \, N \, 2/3 \, r + 0,5 \, x$$
$$292,12 \times 0,9 = 1,7 + 0,5 \, x$$

$$x = 522,4$$

La circonférence que l'équateur de la bobine parcourt étant $= 2 \pi \, 0,5$ et la circonférence de l'équateur étant $= 2 \pi \, 0,45$, il s'en suit que dans le même temps que la bobine fait une révolution autour de l'arbre vertical, elle fait 1,01 révolutions autour de son propre axe et comme dans une minute elle fait $20/3$ révolutions autour du premier axe, elle fera 7,4 révolutions autour du sien.

Le travail du frottement de l'essieu ff est par conséquent

$$T''' = \frac{7,4 \times 2 \pi \times 0,02}{60} \times x f$$

$$= \frac{7,4 \times 6,28 \times 0,02}{60} \times 522,4 \times 0,08 = 0,80^{km}.$$

Le travail du moteur dans une seconde est

$$T = 50 \times 2 \times 2,09 = 209^{km}.$$

Et en retranchant de ce travail la somme des travaux des résistances nuisibles

$$T + T' + T'' + T''' = 17,81 + 7,32 + 1,18 + 0,80 = 27,11$$

L'on a pour le travail utile $= 209 - 27,11 = 181,89$

ou le 0,87 du travail du moteur.

NOTE 6.

La démonstration de ce principe ne peut être faite à priori, du moins par les mathématiques élémentaires, mais seulement par induction. La forme du grain anguleux reste indéterminée; en effet le grain ne doit satisfaire qu'à une seule condition, celle de pouvoir passer dans un sens par le trou du grenoir (condition qui ne limite que deux dimensions du corps, et laisse la troisième arbitraire).

Considérons d'abord les corps que la géométrie élémentaire comprend, et montrons que lorsque le grain anguleux a la forme d'un de ces corps, il doit, à volume équivalent, avoir plus de surface que le grain sphérique d'un rayon égal à celui du trou du grenoir $= R$; supposons pour plus de facilité que les grains anguleux aient pour base des cercles ou des polygones réguliers, perpendiculaires à leur axe ou à leurs arêtes. Représentons généralement par S la surface du grain anguleux, par H sa hauteur, par c l'un des côtés de sa base, par S' la surface du grain sphérique, équivalent en volume au grain anguleux, et par V enfin le volume commun.

1°. Soit le grain anguleux un cylindre, l'on aura :

$$V = {}^{3}/_{4} \pi R^3 = \pi R^2 H, \text{ d'où } H = 1,33 R$$
$$S = 2 \pi R^2 + 2 \pi R \times 1,33 R = 14,65 R^2$$
$$S' = 4 \pi R^2 = 12,56 R^2$$
$$S - S' = 2,09 R^2.$$

2°. Soit le grain anguleux un cône, ayant H' pour génératrice, l'on aura :

$$V = {}^{4}/_{3} \pi R^3 = \frac{\pi R^2}{3} H, \text{ d'où } H = 4 R,$$
$$H' = 4,12 R, \ S = 16,07 R^2 \text{ donc}$$
$$S - S' = 3,51 R^2.$$

3°. Soit le grain anguleux un parallélipipède ayant pour base le carré inscrit au trou du grenoir, l'on aura :

$$V = {}^{4}/_{3} \pi R^3 = c^2 H \text{ et } c = R \sqrt{2}, \text{ d'où}$$
$$H = 2,09 R, \text{ donc } S = 15,87 R^2 \text{ et}$$
$$S - S' = 3,31 R^2$$

Note. De $H > 2R$ et de $c < 2R$ il suit que H ne peut jamais être égal à c, ou, en d'autres termes, que le grain anguleux équivalant au grain sphérique, ne peut pas être un cube.

4°. Soit le grain anguleux un prisme, ayant pour base le triangle régulier, inscrit au cercle du trou du grenoir, on aura :

$$V = 4/3\ \pi\ R3 = \frac{cHh}{2}\ (h\ \text{étant la hauteur de la base du prisme})$$

$$\text{et } c = R\sqrt{3}, \text{ d'où}$$

$$H = \sqrt{(R\sqrt{3}) + (\eta^2 R\sqrt{3})^2} = 1,5\,R, \text{ donc enfin}$$

$$H = 3,24\,R,\ S = 19,39\,R2,$$

$$\text{et } S - S' = 6,83\,R.$$

5°. Soit la base du grain prismatique un polygone régulier dont le nombre de côtés est renfermé entre les limites 3 et l'infini, sa surface sera comprise entre celle du grain cylindrique, et celle du grain qui a la forme du prisme ayant pour base un triangle équilatéral, ou

$$S \begin{array}{c} < \\ > \end{array} \left\{ \begin{array}{l} 19,39\ R^2 \\ 14,65\ R^2 \end{array} \right.$$

$$S - S' \begin{array}{c} > \\ < \end{array} \left\{ \begin{array}{l} 2,09\ R^2 \\ 6,83\ R^2 \end{array} \right.$$

6°. Soit le grain une pyramide ayant pour base un triangle équilatéral, nous aurons:

$$V = \frac{4}{3}\ \pi\ R3 = \frac{ch}{2} \times \frac{H}{3}$$

$$c = R\sqrt{3}, \text{ d'où } H = 9,73\,R$$

et l'apothème d'une face $H' = \sqrt{\frac{1}{4}\,R^2 + \overline{9,73}\,R^2} = 9,74\,R$ (puisque l'apothème de la base $= \frac{3}{2}\,R$, et la distance, sur cette apothème, du pied de la perpendiculaire au côté $= \frac{1}{2}\,R$),

$$\text{Donc } S = \frac{ch}{2} + \frac{3\,cH'}{2} = 26,51\,R^2$$

$$\text{Et } S - S' = 13,95\,R^2.$$

7°. Soit le grain une pyramide ayant pour base un polygone régulier quelconque.

Sa surface S sera moindre que celle du tétraèdre, et plus grande que celle du cône, donc :

$$S \begin{array}{c} < \\ > \end{array} \left\{ \begin{array}{l} 26,51R^2 \\ 16,07R^2 \end{array} \right.$$

$$\text{Ou } S - S' \begin{array}{c} < \\ > \end{array} \left\{ \begin{array}{l} 13,95R^2 \\ 3,51R^2 \end{array} \right.$$

8°. Soit le grain un tronc de cône, r le rayon de sa base supérieure, l'on aura :

$$V = \frac{4}{3} \pi R^3 = \frac{2}{3} \pi H (R^2 + r^2 + Rr)$$

Ne pouvant établir aucune autre équation, les inconnues H et r restent indéterminées.

Les limites de r sont R et 0, lorsque r atteint la 1ère on a le cylindre, et lorsqu'il est égal à la seconde, on obtient le cône; d'où il suit que la surface du grain tronconique $= S$ est comprise entre celles de ces deux corps qui lui sont équivalens, donc :

$$S \begin{array}{c} < \\ > \end{array} \left\{ \begin{array}{l} 16,07R^2 \\ 12,56R^2 \end{array} \right.$$

$$\text{Ou } S - S' \begin{array}{c} < \\ > \end{array} \left\{ \begin{array}{l} 3,51R^2 \\ 2,09R^2 \end{array} \right.$$

En prenant pour r une valeur déterminée quelconque entre les limites assignées, on s'assurera aisément de la vérité de ce qui précède.

9°. Soit le grain une pyramide tronquée, sa surface sera comprise entre celles du grain prismatique et du grain pyramidal de même base que le tronc de pyramide, et à plus forte raison entre celles du cylindre et du tétraèdre, donc :

$$S - S' \begin{array}{c} < \\ > \end{array} \left\{ \begin{array}{l} 15,95R^2 \\ 2,09R^2 \end{array} \right.$$

10°. Soit le grain un demi cylindre, la section étant faite suivant l'axe, l'on aura :

$$V = \frac{4}{3} \pi R^3 = \frac{\pi R^2}{2} H \text{ d'où } H = 2,66 R.$$

$$S = 16,74R^2, \text{ et } S - S' = 4,18R^2$$

11°. Soit le grain un demi cône, la section faite comme ci-dessus, l'on aura :

$$V = \frac{4}{3} \pi R^3 = \frac{\pi R^2}{6} H, \text{ d'où } H = 8,06R.$$

$$S = 22,22R^2 \text{ et } S - S' = 9,68R^2.$$

12°. Soit le grain un demi tronc de cône, il aura sa surface comprise entre celles du demi cylindre et du demi cône, ou

$$S \begin{array}{c} < \\ > \end{array} \left\{ \begin{array}{l} 22,22R^2 \\ 16,74R^2 \end{array} \right.$$

$$S - S' \begin{array}{c} < \\ > \end{array} \left\{ \begin{array}{l} 9,68R^2 \\ 4,12R^2 \end{array} \right.$$

Lorsque les grains polyedres n'ont pas pour base des polygones réguliers, on obtient toujours pour leurs surfaces des valeurs plus grandes que celle du grain sphérique qui leur est équivalent, je n'en donnerai qu'un seul exemple :

13°. Soit le grain un prisme ayant pour base un triangle rectangle inscrit dans le trou du grenoir.

On voit de suite qu'il y a une infinité de triangles inscrits qui ont tous pour hypothénuse le diamètre du trou du grenoir. Prenons un seul cas, celui où la hauteur de la base a atteint son maximum $= R$, l'on aura :

$$V = \frac{4}{3} \pi R^3 = \frac{2Rh}{2} H = R^2 H$$

$H = 4,18R$, ensuite de cette valeur et de celle $c = R \sqrt{2}$;

$$S = 22,14R^2$$

et $S - S' = 9,58R^2$

Les grains anguleux de la figure des solides de révolution donnent lieu à des résultats qui confirment que le grain anguleux a toujours plus de surface que le grain sphérique qui lui est équivalent : soit, par exemple, le grain, un cylindre terminé par deux cônes égaux ; (le grain anguleux a souvent une forme qui approche de celle de ce corps); soit H la hauteur du cylindre $= R$, h celle de chaque cône, l'on aura $V = \frac{4}{3} \pi R^3$

$= \pi R^3 + \frac{2 \pi R^2}{3} h$, d'où $h = \frac{R}{2}$, ce qui donne pour la génératrice des

cônes $G = \sqrt{\frac{R^2}{4} + R^2} = 1,105 R$, donc :

$$S = 2 \pi R^2 + 2 \pi RG = 13,21R^2$$

et $S - S' = 0,65R^2$

Pour $H = 0$, l'on aura donc :

$$V = \frac{4}{3} \pi R^3 = \frac{2\pi R^2}{3} h, \text{ d'où } h = 2R$$

$$\text{et } S = 4\pi R \times \sqrt{\frac{4 R^2 + R^2}{4}}$$

$$= 2 \pi R^2 \sqrt{5} = 14,0045 R^2$$

Pour $h = 0$, le grain devient un cylindre et l'on a pour sa surface

$$S = 14,65 R^2.$$

Si enfin le grain n'est terminé par un cône que d'un côté il vient pour

$$H = R ; V = \frac{4}{3} \pi R^3 = \pi R^3 + \frac{\pi R^2}{3} h, \text{ d'où } h = R$$

et la génératrice du cône $G = 1,411 R$.

$$S = \pi R^2 + 2\pi R^2 + \pi RG = 13,86 R^2$$

Quelles que soient les hauteurs du cylindre et celles des cônes ou de l'un d'eux, la surface du corps sera toujours comprise entre $13,86 R^2$ et $14,65 R^2$ les limites de h seront 0 et $2 R$ et celles de $H, 0$ et $1,33 R$.

Supposons enfin au grain la forme d'un ovoïde allongé et applati, nous démontrerons encore aisément que la surface est plus grande que celle du grain sphérique ayant même volume ; en effet, en prenant, par exemple, un grain sphérique d'un demi-millimètre de rayon, on peut le considérer comme composé de 5 enveloppes concentriques, ayant chacune un décimillimètre d'épaisseur, la surface de ces enveloppes sera :

$$
\begin{aligned}
\text{de la 1ère} \quad & 4\pi \; 5^2 = 314,00 \text{ décimillimètres carrés.}\\
\text{2ième} \quad & 4\pi \; 4^2 = 200,96,\\
\text{3ième} \quad & 4\pi \; 3^2 = 113,04,\\
\text{4ième} \quad & 4\pi \; 2^2 = 48,24,\\
\text{5ième} \quad & 4\pi = 12,56,\\
\hline
& 688,80 ;
\end{aligned}
$$

Lorsque maintenant le grain est applati à un décimillimètre d'épaisseur, on pourra considérer sa surface supérieure comme étant égale à celle des cinq enveloppes sphériques, de sorte que la surface totale du grain serait $= 1377,60$ décimillimètres carrés, tandis que celle du grain sphérique ne serait que 314 ; d'où l'on a :

$S - S' = 1063,60$, lorsque le grain est applati à un décimillimètre.

Quelleque soit la forme du grain anguleux, elle pourra toujours se rapporter à l'une de celles qui nous avons considérées ; donc généralement : la surface du grain sphérique est moindre que celle du grain anguleux de même volume.

(Cette note a été faite d'après le mémoire sur la poudre de Mr Poumet.)

NOTE 7.

Il est d'abord évident que la poudre anguleuse doit présenter plus de surface à mesure que son grain est plus petit ; car, en divisant un gros grain en plusieurs petits, la surface totale de ces derniers sera plus grande que celle du gros grain, puis qu'elle sera augmentée de la surface totale des plans de section. Dans la poudre ronde, la même chose a lieu, et il suffit pour le prouver de se rappeler que la surface d'une sphère est plus grande que la somme de deux sphères égales, qui, ensemble, ont le même volume que la grande. En effet, soit r le rayon de la grande sphère, celui d'une sphère dont le volume est la moitié de celui de la grande sphère sera $r' = \dfrac{r}{\sqrt[3]{2}}$; donc la surface de la sphère qui a pour rayon

r, $S = 4\pi r^2$, et la surface totale des deux petites sphères $S' = 8\pi \dfrac{r^2}{\sqrt[3]{4}}$,

d'où $S' > S$.

NOTE 8.

Expérience faite en Danemarck en 1771, avec deux mortiers de 75 livres grès, dont l'un avait une chambre cylindrique l'autre une en forme de poire.

CHARGE EN KILOGRAMMES.	ÉLÉVATION.	PORTÉE DU MORTIER A CHAMBRE EN FORME DE POIRE.	PORTÉE DU MORTIER A CHAMBRE CYLINDRIQUE.	OBSERVATIONS.
2,335	48°	1867 mètres	1762 mètres	La bombe avait un poids de 77,92 kilogrammes.
3,652	48°	2610 —	2377 —	Les portées sont les moyennes de deux coups.
4,871	48°	2747 —	2846 —	La chambre cylindrique avait plus de capacité que celle en forme de poire.
6,090	48°	3090 —	3030 —	

Expérience faite en Angleterre avec deux petits mortiers du calibre de 0,076ᵐ (J. Muller, A Treatise, etc., pag. 17), dont l'un avait une chambre cylindrique, l'autre, une chambre en forme de poire.

CHARGE EN KILOGRAMMES.	PORTÉE DU MORTIER A CHAMBRE CYLINDRIQUE.	PORTÉE DU MORTIER A CHAMBRE EN FORME DE POIRE	ESPÈCE DE POUDRE.	OBSERVATIONS
0,0284	543 mètres	660 mètres	Poudre ordinaire.	Le mortier avait un poids de 15k,89 , sa bombe un de 1k,107. La longueur de l'âme du mortier était 0ᵐ,19. La capacité de l'une et de l'autre chambre était telle qu'elle pouvait renfermer 0,0355 k. de poudre. La chambre cylindrique était longue de 0,0506 mètres, et d'un diamètre de 0ᵐ,0253. L'orifice de la chambre sphérique avait un diamètre de 0,0126 m.
0,0284	737 —	804 —	Poudre ordinaire d'après l'ordonnance.	
0,0355	944 —	1047—	La meilleure de la seconde espèce.	

Expérience faite en France par Bélidor avec trois mortiers de 0,324 mètres (12 pouces français), dont les chambres étaient cylindrique, conique, et en forme de poire.

CHARGE EN KILOGRAMMES.	PORTÉE DU MORTIER A CHAMBRE CYLINDRIQUE.	PORTÉE DU MORTIER A CHAMBRE CONIQUE.	PORTÉE DU MORTIER A CHAMBRE EN FORME DE POIRE.	OBSERVATIONS.
0,979	503 mètres	478 mètres	585 mètres	
1,958	932 —	1092 —	1375 —	

TABLE

DES MATIÈRES.

———

LIVRE III.

COMBUSTION ET EFFET UTILE DE LA POUDRE.

LIVRE IV.

Essai des poudres.

FIN.

ERRATA.

———

Page 19 , ligne 18 , au lieu de 150², lisez 15°.

— 42 , dernière ligne de la note , au lieu de 10 , lisez 100.

— 52 , ligne 27 , au lieu de 2,917 , lisez 2,717.

— 55 , Entre les lignes 15 et 16 , intercalez *le frottement des alluchons du rouet contre les fuseaux de la laterne.*

— 55 , ligne 20 , au lieu de *les résistances n'absorbent que le* $^1/_7$ *du travail du moteur* , lisez *la perte du travail est diminuée de* $^1/_7$.

— 55 , ligne 33 , après *R étant le rayon de la roue* , lisez *et en divisant par* 60.

— 62 , ligne 26 , au lieu de en *dessous* , lisez en *dessus*.

— 77 , ligne 25 , au lieu de 36000 , lisez 39000.

— 95 , ligne 2 , au lieu de 20 *pieds* , lisez 20 *pouces*.

— 103 , ligne 16 , au lieu de *les inconvénients* , lisez *ces inconvénients.*

— 109 , ligne 29 , au lieu de $1 , 3 \times \dfrac{0,760}{0,767}$, lisez

$$1 , 3 \times \frac{0,760}{0,765}.$$

— 110 , ligne 4 , au lieu de 47000 kgs. , lisez 2256 kgs.

— 110 , ligne 14 , au lieu de $\frac{1}{4}$ *atmosphère* , lisez $1\frac{1}{4}$ *atmosphères*.

— 110 , ligne 15 , au lieu de *condensée* , lisez *du condenseur.*

— 165 , ligne 19 , au lieu de *sans* , lisez *sous*.

Page 175 , ligne 15 , au lieu de $F = qM$, lisez $F = \varphi M$.

— 178 , ligne 4 , au lieu de *le poudre* , lisez *la poudre*.

— 191 , ligne 4 , on a oublié le renvoi à la note 8.

— 222 , ligne 20 , au lieu *d'arrose* , lisez *arrase*.

— 234 , ligne 2 , au lieu de *celui* , lisez *celle*.

— 235 , ligne 21 , au lieu de 29^k , lisez 30^k , 80.

— 251 , ligne 15 , au lieu de : *toute la masse du pendule* , lisez *une masse qui offre la même résistance que celle du pendule au mouvement de rotation.*

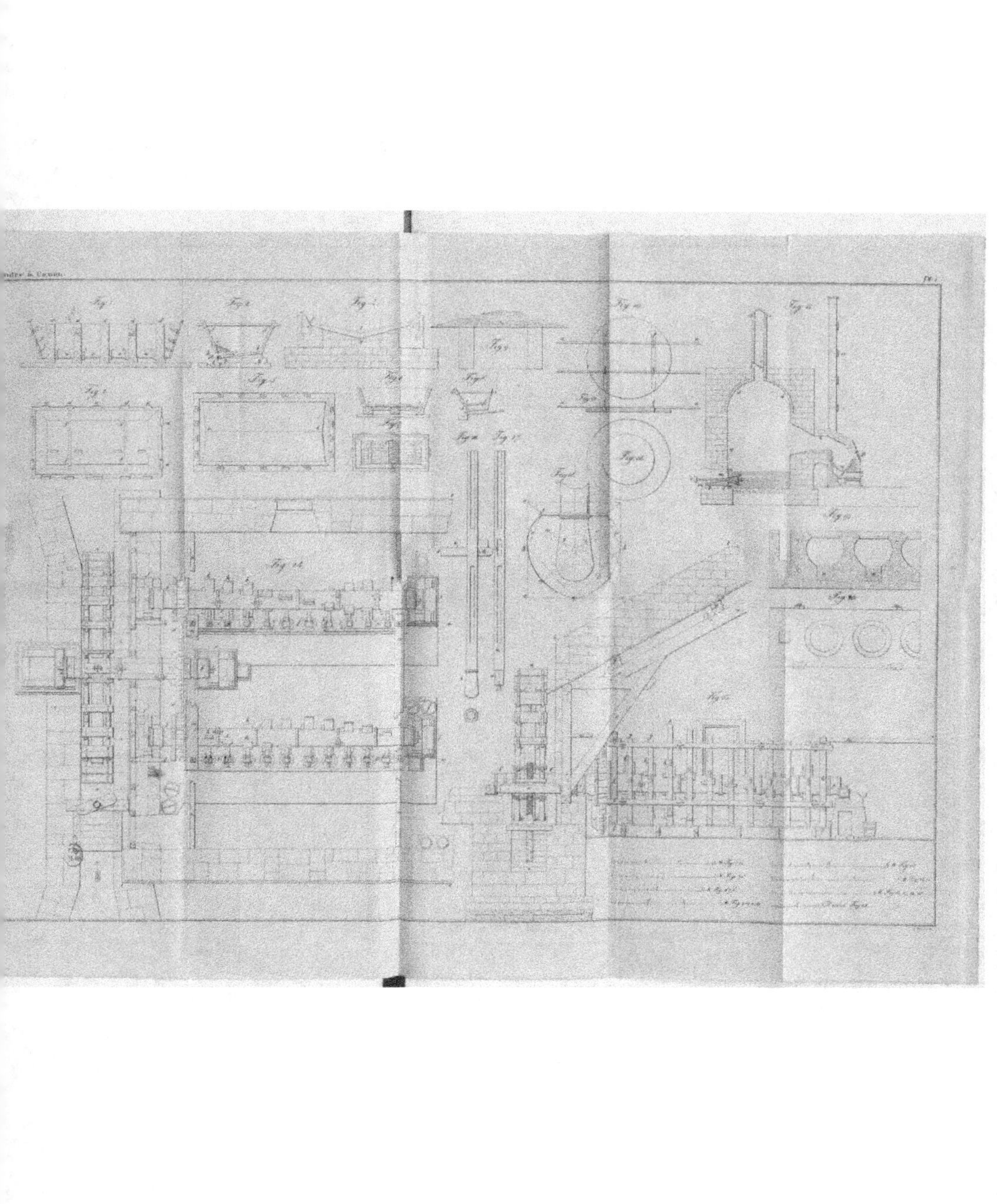

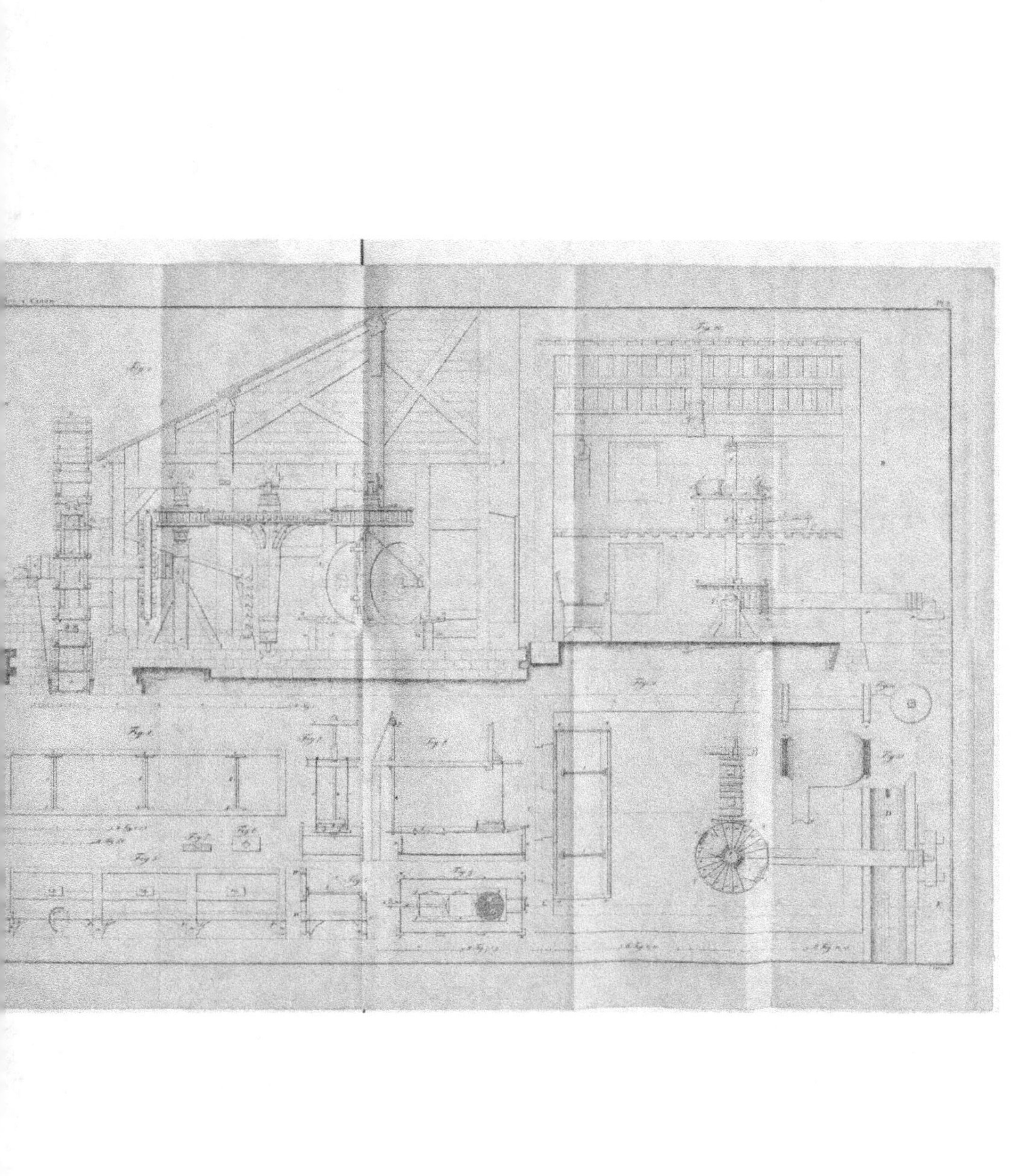

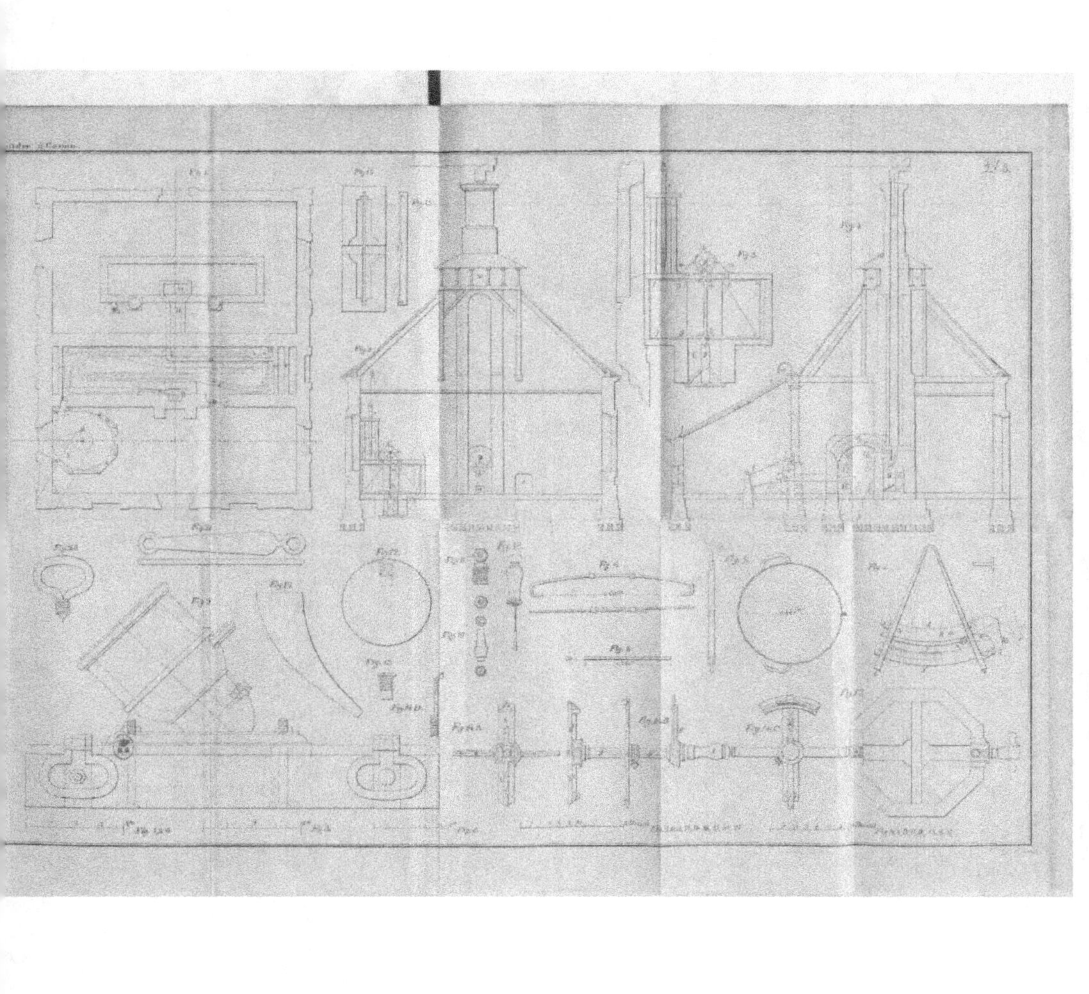

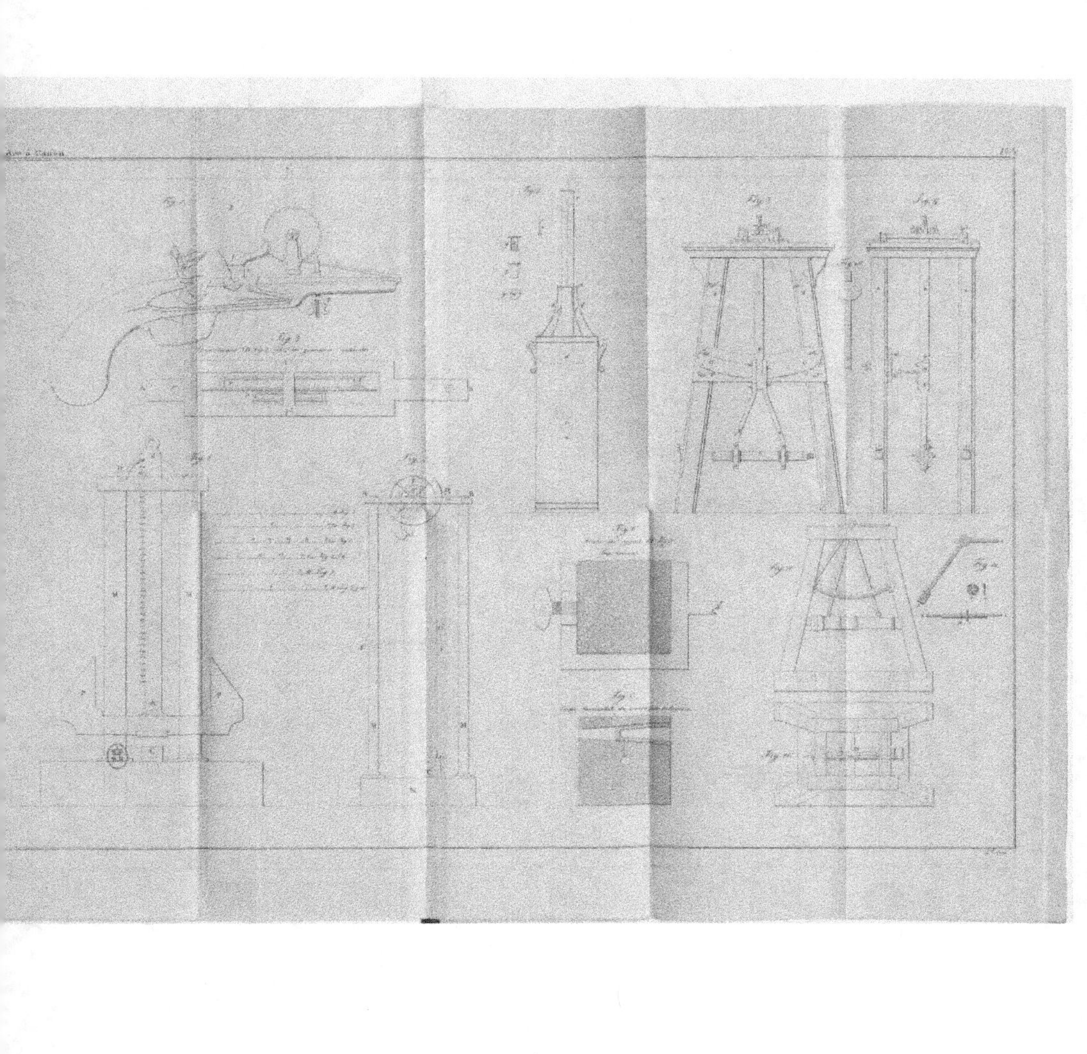